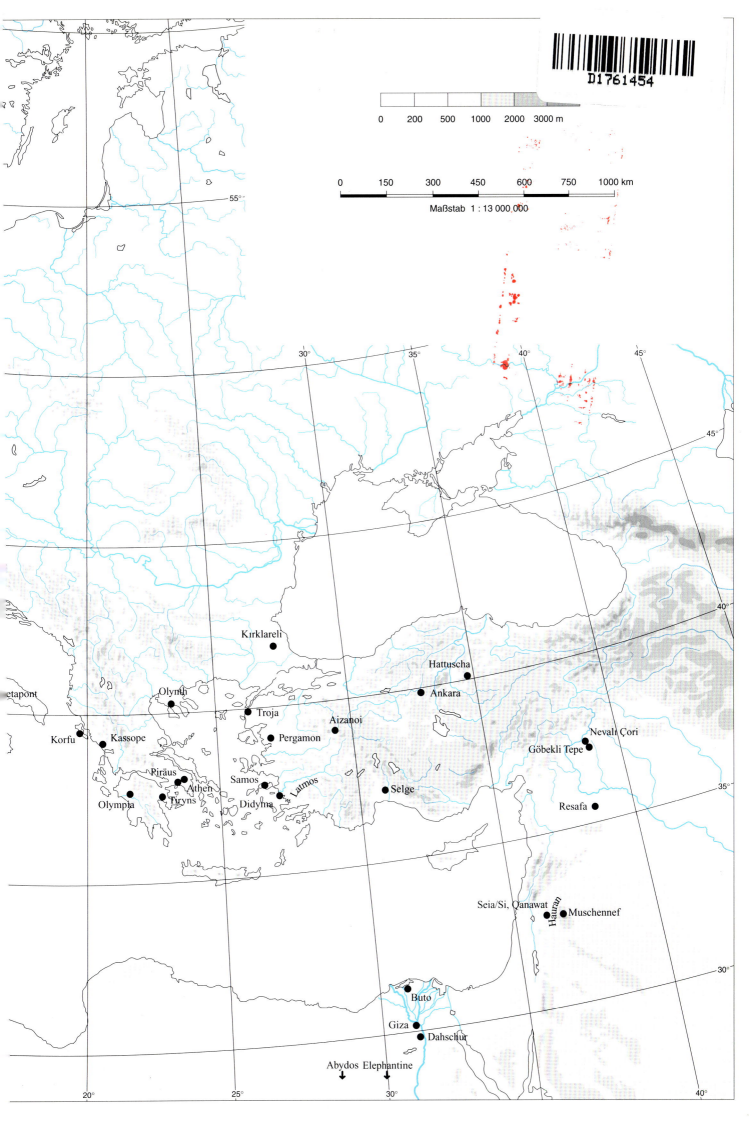

D1761454

0   200   500   1000   2000 3000 m

0   150   300   450   600   750   1000 km

Maßstab 1 : 13 000 000

55°

45°

40°

35°

30°

20°   25°   30°   35°   40°   45°

Kırklareli

Hattuscha

Ankara

Olynth

Troja

Aizanoi

Pergamon

Korfu   Kassope

Nevalı Çori

Göbekli Tepe

Piräus

Samos

Laumos

Athen

Selge

Olympia   Tiryns   Didyma

Resafa

etapont

Metapont

Seia/Si, Qanawat   Muschennef

Hauran

Buto

Giza

Dahschur

Abydos Elephantine

DEUTSCHES ARCHÄOLOGISCHES INSTITUT

ARCHÄOLOGISCHE ENTDECKUNGEN
DIE FORSCHUNGEN DES DEUTSCHEN ARCHÄOLOGISCHEN INSTITUTS IM 20. JAHRHUNDERT

SONDERBÄNDE DER ANTIKEN WELT

Zaberns Bildbände zur Archäologie

VERLAG PHILIPP VON ZABERN · GEGRÜNDET 1785 · MAINZ

DEUTSCHES ARCHÄOLOGISCHES INSTITUT

Archäologische Entdeckungen

DIE FORSCHUNGEN DES DEUTSCHEN ARCHÄOLOGISCHEN INSTITUTS IM 20. JAHRHUNDERT

VERLAG PHILIPP VON ZABERN · MAINZ AM RHEIN

IV, 148 Seiten mit 129 Farb-, 18 Schwarzweiß- und 18 Strichabbildungen

Umschlag vorne: Luftbild des Takht-i Suleiman, Iran. (Photo G. Gerster)
Vorsatz vorne: Karte Europas mit den in beiden Bänden vorgestellten Ausgrabungsorten. (Vorlage R. Szydlak)
Vorsatz hinten: Weltkarte mit den in beiden Bänden vorgestellten Ausgrabungsorten. (Vorlage R. Szydlak)
Frontispiz: Ausgrabungen im Theater von Priene. (nach Th. Wiegand, Priene [1904] 240 Abb. 236)
Umschlag hinten: Keramik aus der Nekropole von Jardín, Prov. Málaga (6./5. Jh. v. Chr.). (Photo P. Witte)

Gedruckt mit Unterstützung der Franz und Eva Rutzen Stiftung

Die Deutsche Bibliothek – CIP Einheitsaufnahme

Archäologische Entdeckungen : die Forschungen des Deutschen Archäologischen Instituts
im 20. Jahrhundert / Deutsches Archäologisches Institut. – Mainz am Rhein : von Zabern, 2000
(Antike Welt ; Sonderb.) (Zaberns Bildbände zur Archäologie)
ISBN 3-8053-2565-7

© 2000 by Verlag Philipp von Zabern, Mainz am Rhein
ISBN 3-8053-2565-7
Redaktion: Klaus Rheidt, Angelika Schöne-Denkinger und Annette Nünnerich-Asmus
Gestaltung: Annette Nünnerich-Asmus und Ilka Schmidt, Verlag Philipp von Zabern, Mainz
Lithos: Central-Druck Trost GmbH & Co., Heusenstamm
Alle Rechte, insbesondere das der Übersetzung in fremde Sprachen, vorbehalten.
Ohne ausdrückliche Genehmigung des Verlages ist es auch nicht gestattet, dieses Buch oder Teile daraus
auf photomechanischem Wege (Photokopie, Mikrokopie) zu vervielfältigen.
Printed in Germany by Kunze & Partner, Mainz
Printed on fade resistant and archival quality paper (PH 7 neutral) · tcf

Inhalt

Vorwort

Angesichts der bevorstehenden Jahrtausendwende erhebt sich allenthalben, und nicht zuletzt in den Wissenschaften, ein Fragen nach dem Woher und Wohin unserer Kultur und Gesellschaft. Dies sind zwar Gedanken, die ständig unser Tun begleiten sollten, doch hat die kollektive Erwartung einer «Zeitenwende» ihre eigenen Gesetze. Sie übt gerade in einer geschichtsbewußten Gesellschaft eine rational kaum zu begründende Faszination aus und schärft in eigentümlicher Weise das Bedürfnis, ausführlicher über Vergangenheit und Zukunft nachzudenken.

Abb. I   Berlin-Dahlem. Theodor Wiegand ließ sich im Jahre 1911 das Wohnhaus von P. Behrens bauen, seit 1957 ist es Sitz der Zentraldirektion des Deutschen Archäologischen Instituts.

Geschichtswissenschaften wie die Archäologie, die in Jahrhunderten und Jahrtausenden denken, fühlen sich in solcher Epochenzeit besonders aufgerufen, über die eigene Geschichte, ihren Standort und künftige Entwicklung zu reflektieren. Daß dies in unserer Wissenschaft allgemein als Bedürfnis empfunden wird, ist unverkennbar. So wurde bereits 1994 aus Anlaß des 150jährigen Bestehens der Revue Archéologique ein internationales Kolloquium über «L'archéologie classique aujourd'hui» veranstaltet; 1995 stellte die Mommsen-Gesellschaft ihre Jahrestagung unter das Rahmenthema «Die Wissenschaften vom Altertum am Ende des 2. Jts. n. Chr.»; die École Française d'Athènes veranstaltete 1996 zu ihrem 150jährigen Jubiläum ein Festkolloquium über «Les politiques de l'archéologie du milieu du XIXe siècle à l'orée du XXIe siècle», und der 15. Internationale Kongreß für Klassische Archäologie 1998 in Amsterdam fand unter dem Motto «Classical Archaeology Towards the Third Millennium» statt. Bei diesen unterschiedlichen Anläufen zur gemeinsamen Standortbestimmung bildet, da die Zukunft sich nur schwer vorhersagen läßt, die Bilanz des Faches im vergehenden Jahrhundert den Schwerpunkt, der Rückblick also auf ein Jahrhundert, in dem die Archäologie zu einer modernen Wissenschaft herangewachsen ist.

Diese Entwicklung hin zur Wissenschaftlichkeit betrifft vor allem denjenigen Teil der archäologischen Forschung, der heute am meisten die allgemeine Vorstellung von der Archäologie bestimmt, nämlich die Ausgrabungen. Während die Archäologie als antiquarischer Zweig der Altertumskunde schon seit dem 18. Jh. ein Instrumentarium zeitgemäßer kritisch-hermeneutischer Me-

I

thodik zu entwickeln begann, sind die Ausgrabungen noch bis ins späte 19. Jh. hinein weitgehend dilettantische Unternehmen geblieben, die sich im Vorgehen nicht grundsätzlich von Raubgrabungen unterschieden, und bei denen es vor allem um die Suche nach interessanten oder wertvollen Funden ging. Entdeckung und wissenschaftliche Bearbeitung des Entdeckten lagen zunächst noch weit auseinander. Erst das rationale, durch die aufkommenden empirischen Naturwissenschaften geprägte Denken der Neuzeit verhalf allmählich der Erkenntnis zum Durchbruch, daß wichtiger noch als das Gewinnen immer neuer Objekte das Beobachten des originalen Fundzusammenhanges ist, und daß beispielsweise die Stratigraphie, d. h. die analytische Auswertung historisch gewachsener Schichten und ihres Fundmaterials, eine der wichtigsten methodischen Grundlagen der archäologischen Zeitbestimmung und Interpretation von Grabungsbefunden darstellt. Mit der zunehmenden Verfeinerung und Professionalisierung der Ausgrabungsmethoden verlagerte sich auch die eigentliche wissenschaftliche Tätigkeit zunehmend an die Originalschauplätze, die archäologische Ausgrabung wurde mehr und mehr integraler Bestandteil einer archäologischen Forschungsmethodik, die darauf abzielt, einzelne Funde, Beobachtungen und Entdeckungen in einen komplexen Erkenntnisprozeß einzubinden. Es ist diese am Kontext orientierte, zunehmend auch interdisziplinäre Feldforschung, die heutzutage sehr stark, wenn auch keineswegs ausschließlich, das Tätigkeitsfeld des Deutschen Archäologischen Instituts kennzeichnet.

Das Deutsche Archäologische Institut ist eine der ältesten deutschen Forschungsinstitutionen. Auf dem Gebiet der internationalen archäologischen Forschung ist es heute die bedeutendste Einrichtung in Deutschland. Es hat seinen Sitz in Berlin (Abb. I) und gehört zum nachgeordneten Bereich des Auswärtigen Amtes. Der Schwerpunkt seiner Tätigkeit liegt in den Ländern des Mittelmeerraumes und des Vorderen Orients. Der über die Grenzen hinaus weisende internationale Charakter ist dem DAI vor 170 Jahren sozusagen schon in die Wiege gelegt worden und spiegelt sich in seiner Geschichte wider. Diese reicht bis ins Jahr 1829 zurück, als in Rom das «Instituto di Corrispondenza Archeologica» von Gelehrten, Künstlern und Diplomaten aus ganz Europa gegründet wurde mit dem Ziel, Inschriften und Denkmäler des Altertums systematisch zu sammeln und zu veröffentlichen (Abb. II). Das idealistische Konzept eines

europäischen Instituts ließ sich damals zwar angesichts der zunehmend divergierenden politischen Tendenzen der europäischen Staaten auf die Dauer nicht aufrechterhalten, doch blieb die bahnbrechende, auf praktische Wissenschaftsorganisation gerichtete Neugründung als solche erhalten. Bereits mit der Berufung des eigentlichen Initiators des Instituts, Eduard Gerhard, nach Berlin begann 1833 eine Entwicklung, in deren Verlauf sich die Leitung des in Rom fortbestehenden Instituts nach Berlin verlagerte. Finanzierung und Ausbau des römischen Instituts gingen in der Folgezeit immer stärker auf Preußen über, 1871 erfolgte die förmliche Umwandlung des Instituts in eine preußische Staatsanstalt und 1874 die Ernennung zum Kaiserlich-Deutschen Archäologischen Institut.

Die Gründung des Instituts in Rom war für die Altertumswissenschaft in vieler Hinsicht wegweisend. Neu war zum Beispiel die Verwirklichung des Gedankens, daß nur durch systematische Sammlung und Publikation aller, auch der bescheideneren Denkmäler die Quellengrundlage für eine wissenschaftliche Geschichtsforschung entstehen kann. Auch die aktuelle Berichterstattung über Entdeckungen und Forschungsergebnisse hatte in den Fachzeitschriften des Instituts erstmals eine kontinuierliche Form gefunden. Entscheidend für den weiteren Weg aber waren die Institutionalisierung der Archäologie als Wissenschaft und die Schaffung einer dauerhaften, weltoffenen Forschungsstätte im Zentrum der antiken Welt. Zugleich mit der neuen Definition des Instituts als Deutsches Archäologisches Institut erfolgte 1874 die Gründung eines Zweiginstituts in Athen. Anders als in Rom lag hier von Anfang an der Schwerpunkt auf archäologischer Landeskunde, topographischen Forschungen und bald auch auf Ausgrabungen. Auf diesem Gebiet hat das DAI Athen im Laufe seiner über 100jährigen Geschichte eine sehr breite Aktivität entfaltet, deren Schwerpunkte auch heute noch die Ausgrabungen in Olympia, im Kerameikos in Athen, auf Samos und in Tiryns bilden.

Mit der Gründung der Römisch-Germanischen Kommission in Frankfurt, mit der das DAI sich an der rasch aufblühenden Erforschung der europäischen Vor- und Frühgeschichte und an der Archäologie der römischen Provinzen beteiligte, entstand 1902 ein dritter Schwerpunkt dieses Instituts. Die Abteilung Istanbul wurde 1929 gegründet. Damit erhielten unter anderem die großen Grabungsunternehmungen in Kleinasien, die früher schon durch die Berliner Museen begonnen worden waren, wie Pergamon,

Milet, Priene und Didyma, aber auch die Ausgrabung der Hethiterhauptstadt Boğazköy/Hattuscha einen institutionellen Mittelpunkt. Im selben Jahr wurde das Deutsche Institut für ägyptische Altertumskunde in Kairo dem DAI als Abteilung angegliedert. Die lebhafte Ausgrabungs- und Forschungstätigkeit, die dieses Institut schon seit 1907 entfaltet hatte, wird bis heute fortgesetzt, wobei die aktuellen Schwerpunkte auf den Ausgrabungen in Elephantine, Abydos, Theben und Dahschur sowie dem christlichen Pilgerheiligtum von Abu Mena liegen. Der Ausbau weiterer Auslandsabteilungen folgte der Entwicklung der Archäologie als Geschichtswissenschaft sowie der Ausweitung des archäologischen Interesses in immer neue Regionen der Alten Welt. Er spiegelt zugleich die Entwicklung und Vertiefung der internationalen wissenschaftlichen und kulturellen Beziehungen Deutschlands wider. Die Hundertjahrfeier des DAI 1929 in Berlin, an der zahlreiche Wissenschaftler und Diplomaten des In- und Auslandes teilnahmen, war eine der glanzvollsten kulturpolitischen Veranstaltungen der Weimarer Republik (Abb. III). Eine 1943 gegründete Zweigstelle in Madrid kam während des Krieges nicht über bescheidene Anfänge hinaus, entfaltete aber seit ihrer Wiedereröffnung 1957 eine intensive Aktivität auf vielen Gebieten der vor- und frühgeschichtlichen, römischen, mittelalterlichen und islamischen Kulturepochen der Iberischen Halbinsel. Aus den Grabungsunternehmungen dieser Abteilung in Portugal ging 1971 die Errichtung einer Außenstelle in Lissabon hervor. Diese mußte 1999 aufgrund von Sparmaßnahmen geschlossen werden, doch werden die wissenschaftlichen Unternehmen des DAI in Portugal weitergeführt. Eine bedeutende Bereicherung des altertumswissenschaftlichen Forschungsspektrums des DAI war die Integration der 1951 in München gegründeten Kommission für alte Geschichte und Epigraphik. Schwerpunkte der wissenschaftlichen Tätigkeit dieser Abteilung sind die Bearbeitung von Inschriften und Münzen aus den Grabungen des Instituts sowie die Mitwirkung an epigraphischen und numismatischen Quelleneditionen.

Im Nahen Osten, wo deutsche Archäologen, vor allem der Deutschen Orient-Gesellschaft, schon seit dem späteren 19. Jh. mit großangelegten Ausgrabungs-

Abb. II   Das erste, 1835 erbaute Haus des Deutschen Archäologischen Instituts auf dem Kapitol in Rom.

projekten begonnen hatten, konnte sich das DAI erst nach dem zweiten Weltkrieg dauerhaft engagieren, als mit der Entstehung unabhängiger Staaten die Voraussetzungen für die Einrichtung von Zweigstellen, die im gegenseitigen Interesse der deutschen und der einheimischen Forschung lagen, geschaffen waren. Von der 1955 gegründeten Abteilung Baghdad wurden beispielsweise jahrzehntelang Ausgrabungen in der alten mesopotamischen Großstadt Uruk durchgeführt, und die 1961 gegründete Abteilung in Teheran war unter anderem für die Ausgrabungen in dem großen sassanidischen Heiligtum von Takht-i Suleiman und der urartäischen Bergstadt Bastam zuständig. Erst die islamische Revolution im Iran und die Kriegsereignisse im Irak zwangen dazu, Personal und Bibliotheken dieser Abteilungen vorläufig nach Berlin

zurückzuziehen und die Präsenz des DAI vor Ort auf ein Minimum zu reduzieren. Verstärkt wurde die Arbeit des DAI in Nahost durch die Gründung kleinerer Zweigstellen in Jemen und Syrien. Arbeitsschwerpunkt der 1978 eröffneten Außenstelle in Sanaa ist die alt-südarabische Kultur des Sabäerreiches, während die Außenstelle Damaskus seit 1980 vor allem die römischen, frühchristlichen und islamischen Monumente Syriens zum Gegenstand ihrer Forschung gemacht hat. Seit 1996 ist die Orientforschung des DAI in der Orientabteilung in Berlin zusammengefaßt.

Eine geradezu globale Erweiterung des Forschungsgebietes des DAI bedeutete im Jahre 1979 die Gründung der Kommission für Allgemeine und Vergleichende Archäologie in Bonn, deren Aufgabengebiet die Kulturen außerhalb der

antiken Welt in Lateinamerika, Afrika und Asien umfaßt. Damit wurde der Entwicklung unserer Wissenschaft Rechnung getragen, die längst die Grenzen der Alten Welt überschritten hat und zur Grundlagenforschung aller historischen Kulturen der Welt geworden ist. Die Forschungsschwerpunkte dieser Kommission liegen zur Zeit in Guatemala, Sri Lanka, Nepal und Westafrika. Die jüngste Erweiterung des DAI ist eine Folge der deutschen Einigung. 1992 wurden eine Gruppe von Mitarbeitern des ehemaligen Zentralinstituts für Alte Geschichte und Archäologie der Akademie der Wissenschaften der DDR sowie entsprechende Forschungseinrichtungen übernommen. Hierzu gehören auch die archäologischen Naturwissenschaften Paläobotanik, Archäozoologie, Radiokarbon- und Dendrochronologie, die damit zum ersten Mal in

unserem Institut verankert werden konnten und für alle Forschungsunternehmungen des DAI zur Verfügung stehen. Durch diese neuerliche Erweiterung wird es dem DAI möglich, auf die nach Auflösung der Sowjetunion völlig veränderte politische Situation zu reagieren und die seit Jahrzehnten brachliegenden Beziehungen zu den Ländern dieser Region wiederaufzunehmen. 1995 wurde dieser neue Komplex des DAI förmlich in eine Abteilung umgewandelt, die Eurasien-Abteilung mit Sitz in Berlin, deren Forschungsgebiet das östlichste Europa, Zentralasien und Iran umfaßt. Gemeinsam mit den Akademie-Instituten der betreffenden Länder hat das DAI bereits mit Ausgrabungen in Tanais am Don sowie in Sibirien und Kasachstan, in der Ukraine, in Georgien und Usbekistan begonnen.

Die über individuelle Forschungsschwerpunkte und -interessen hinausreichende Kontinuität eines solchen Instituts ermöglicht es, auch größere Ausgrabungsprojekte in Angriff zu nehmen und jahrzehntelang weiterzuführen. Dabei können immer neue Mitarbeiter in ein Unternehmen hineinwachsen, ohne daß mit einem Personalwechsel abrupte Änderungen in der Konzeption einer Grabung eintreten. Das DAI ist daher bestrebt, das Hauptgewicht seiner Forschungen auf größere, langfristige Ausgrabungen zu konzentrieren. Das schließt kleinere Projekte nicht aus; doch kommt der langjährigen Erforschung so wichtiger Grabungsstätten wie Uruk, Elephantine, Boğazköy, Pergamon, Milet, Tiryns, Olympia, Kerameikos oder Manching eine zentrale Bedeutung in der wissenschaftlichen Arbeit des DAI zu. Diese systematische, möglichst umfassende archäologische Erschließung, die sich nicht auf die Freilegung einzelner Gebäude oder sporadische Ausgrabung kleinerer Areale beschränkt, sondern auf das Ganze gerichtet ist, wird der historischen Bedeutung solcher Orte, aber auch den Möglichkeiten der Archäologie als historischer Wissenschaft, am besten gerecht. Es versteht sich fast von selbst, daß hierbei auch ein hohes Maß an Zusammenarbeit von klassischer und prähistorischer Archäologie, Bauforschung, Epigraphik, Numismatik – und neuerdings auch der archäologischen Naturwissenschaften – erforderlich ist. Alle großen Grabungen sind heute multidisziplinäre Forschungsunternehmungen, an denen nicht nur die unmittelbaren Mitarbeiter des DAI, sondern ebenso auch Studierende und Wissenschaftler aus Universitäten und anderen Institutionen teilnehmen.

Eine wesentliche Bedingung der Archäologie als historische Grundlagenfor-schung ist die internationale Zusammenarbeit, die von Anfang an die Organisation und Arbeitsweise des DAI bestimmt hat. Die Einrichtung und Unterhaltung von Auslandsabteilungen dient nicht nur dem deutschen Interesse an Archäologie, sondern entspricht auch dem Wunsch der Wissenschaftler und Institutionen anderer Nationen nach einer dauerhaften und verantwortlichen Präsenz des DAI in ihren Ländern. Wie entsprechende Institutionen anderer Länder sind auch die Auslandsabteilungen des DAI in das wissenschaftliche und kulturelle Leben ihrer Gastländer integriert. Ihre Bibliotheken zählen zu den wichtigsten Fachbibliotheken dieser Länder und bieten einheimischen Wissenschaftlern den Zugang zur internationalen Forschungsliteratur. Ihre Photoarchive leisten einen bedeutenden Beitrag zur wissenschaftlichen Dokumentation des kulturellen Erbes und erfüllen den Bedarf der internationalen Forschung an hochwertigem wissenschaftlichem Bildmaterial. Auch die in Deutschland ansässigen Kommissionen und Abteilungen sind in ihrer wissenschaftlichen Tätigkeit ganz überwiegend auf die partnerschaftliche Zusammenarbeit mit dem Ausland ausgerichtet und bilden wichtige Kommunikationszentren der internationalen archäologischen Forschung.

Forschungsinstitute wie das Deutsche Archäologische Institut sind darauf angewiesen, daß der Sinn ihres Tuns auch einer breiteren Öffentlichkeit begreiflich ist und als Gemeinschaftsaufgabe verstanden wird. Dies ist ein Anliegen aller Wissenschaft und Forschung, und zwar nicht nur im Sinne einer Bringschuld gegenüber dem Steuerzahler, der die öffentlich geförderte Forschung bezahlt, sondern auch zur Vergewisserung der eigenen Position in der Gesellschaft. Die Forderung nach allgemein verständlicher Vermittlung von Forschungsergebnissen über die engeren Fachgrenzen hinaus ist heute aktueller denn je, wo im Zuge der fortschreitenden Spezialisierung aller Wissenschaften selbst Fachleute bestimmter Forschungsgebiete zu «Laien» auf dem Gebiet benachbarter Disziplinen geworden sind. Die Vermittlung von Wissen aus der aktuellen Forschungsarbeit als Beitrag zur wissenschaftlichen Allgemeinbildung ist notwendig, um den Dialog der Fachleute untereinander und mit der Öffentlichkeit aufrechtzuerhalten.

Die Archäologie hat es verhältnismäßig leicht, in der öffentlichen Wahrnehmung eine Rolle zu spielen, da sie gegenüber anderen abstrakten Wissenschaften sowohl in ihren Gegenständen als auch in ihren praktischen Methoden und daraus abgeleiteten Denkmodellen den Vorzug der Anschaulichkeit hat. Die Besucherzahlen von archäologischen Stätten, Ausstellungen und Vorträgen, aber auch die hohen Auflagen vermittelnder Zeitschriften wie der «Antiken Welt», zeugen von einem weit verbreiteten Interesse an archäologischen Themen. Gewiß wäre es naiv, hohe Besucher- und Auflagenzahlen eo ipso als Beweis für die gesellschaftliche Relevanz der Archäologie als Wissenschaft zu betrachten, und nicht ganz zu Unrecht macht mancher Wissenschaftler ein bedenkliches Gesicht zum «Unterhaltungswert» der Archäologie, der gewiß die Gefahr von Mißverständnissen in sich birgt. Aber es ist auch kaum zu leugnen, daß das Interesse, das so viele Menschen zur Archäologie hinzieht, im Grunde derselben Neugier und Faszination entspringt, die auch den professionellen Archäologen zur Wahl seines Studiums bewog, und die eine ständige Triebfeder seines Forschens ist.

Es gibt viele Möglichkeiten, um bestimmte Fragestellungen und Forschungsergebnisse der Archäologie der öffentlichen Aufmerksamkeit nahezubringen und dabei sachliche Informationen mit einer allgemein verständlichen, womöglich sogar unterhaltsamen Darstellungsweise zu verbinden. Doch wie stellt man in diesem Sinne die Arbeit eines großen, weitverzweigten Instituts dar? Um einen repräsentativen Eindruck von Sinn und Zweck des Deutschen Archäologischen Instituts und zugleich eine Rückschau auf das ausgehende Jahrhundert zu geben, haben wir uns vorgenommen, dies anhand einer Auswahl charakteristischer Beispiele zu tun, die auf vielfältige Weise veranschaulichen, wie durch die langjährigen Forschungen dieses Instituts das historische Bild vergangener Kulturen verändert, ergänzt und bereichert worden ist. Diese Darstellung umfaßt nur einen relativ kleinen Ausschnitt aus der Fülle der wissenschaftlichen Projekte dieses Instituts. Eine Reihe wichtiger Tätigkeitsfelder des DAI, etwa die Vorbereitung und Herausgabe zahlreicher Fachpublikationen, die Arbeiten auf dem Gebiet der Konservierung und Denkmalpflege oder der Beitrag der Naturwissenschaften zur archäologischen Forschung, kommt hier nicht zur Sprache. All dies würde den Rahmen dieser Veröffentlichung sprengen; im übrigen sind diese Arbeitsbereiche auch auf das engste mit den Forschungsvorhaben verbunden, deren Ergebnisse hier vorgestellt werden. Archäologische Feldforschung ist immer schon interdisziplinär gewesen, und die Einbeziehung naturwissenschaftlicher Untersuchungsmethoden und Fragestellungen ist aus einer modernen Grabung nicht mehr wegzudenken. Auch die Sorge der Archäologen für die Erhaltung und Präsentation der Denkmäler und Ausgrabungsstätten ist heute selbstverständlich, und natürlich ist das eigentliche Ziel jeder archäologischen Unternehmung die wissenschaftliche Veröffentlichung der Forschungsergebnisse, die viel mehr Zeit und Arbeit am Schreibtisch und in der Bibliothek als auf der Ausgrabung erfordert.

In den vergangenen 100 Jahren ist das Deutsche Archäologische Institut kontinuierlich mit den immer größer werdenden Aufgaben der Archäologie gewachsen und hat die Entwicklung dieser Wissenschaft maßgeblich mitgestaltet. Es ist das Verdienst von Generationen weitblickender, gemeinschaftlich handelnder Forscher, daß dieses Institut heute eine bedeutende Stellung in der internationalen Altertumswissenschaft einnimmt. Der wissenschaftliche Erfolg beruht zu einem guten Teil auf dem Vertrauensverhältnis, das die Wissenschaftler des Instituts aufgrund langjähriger Landes- und Sprachenkenntnis und persönlicher Verbindungen mit den Menschen ihrer Gastländer geschaffen haben. So lange dieses übernationale Grundverständnis gemeinsamer Ziele besteht, so lange in Deutschland der politische Wille vorhanden ist, die Erforschung der weitverzweigten geschichtlichen Wurzeln unserer Kultur zu fördern, und so lange nachwachsende Forschergenerationen im Einklang mit den geistigen Strömungen ihrer Zeit die Entwicklung der Archäologie als rationale Geschichtswissenschaft voranbringen, kann auch das Deutsche Archäologische Institut mit Zuversicht in das nächste Jahrhundert blicken.

Die erfolgreiche Arbeit des Deutschen Archäologischen Instituts, aus der die beiden Bände einen anschaulichen Ausschnitt bieten, wäre nicht möglich gewesen ohne die großzügige Hilfe und Unterstützung, die das Institut stets und von vielen Seiten erfahren hat. Dem Deutschen Bundestag und den Bundesregierungen gebührt Dank für die Bewilligung der erforderlichen Haushaltmittel, dem Auswärtigen Amt mit seinen Kulturabtei-

III

lungen, Botschaften und Konsulaten für die stets verständnisvolle und wohlwollende Förderung. Zahlreiche Projekte konnten immer nur dank erheblicher zusätzlicher Forschungsmittel durchgeführt werden, für deren Bereitstellung wir der Deutschen Forschungsgemeinschaft, der Volkswagen-Stiftung, der Gerda Henkel Stiftung, der Fritz-Thyssen-Stiftung, der Ernst von Siemens-Stiftung, der Franz und Eva Rutzen Stiftung sowie der Gesellschaft der Freunde des Deutschen Archäologischen Instituts – Theodor Wiegand Gesellschaft – auch an dieser Stelle herzlich danken. Unser Dank richtet sich bei dieser Gelegenheit auch an die zahlreichen Fachkollegen und zuständigen Behörden der Länder, in denen unsere Auslandabteilungen und Außenstellen Gastrecht genießen und die Ausgrabungs- und Forschungsunternehmen des Instituts

Abb. III   Berlin 22. April 1929, Empfang im Pergamonmuseum anläßlich der Hundertjahrfeier des Deutschen Archäologischen Instituts. Auf den Treppenstufen des Altares spricht der Generaldirektor der Staatlichen Museen W. Waetzoldt, im Vordergrund mit Manuskript Th. Wiegand.

wohlwollende Aufnahme und Unterstützung gefunden haben.

Die Idee zu dieser Veröffentlichung stammt von dem Verleger Franz Rutzen, dem wir für diese Initiative besonders verbunden sind. Dank gehört auch der Franz und Eva Rutzen Stiftung für die finanzielle Unterstützung dieser Publikation. Die verlegerische Betreuung lag in den Händen von Annette Nünnerich-Asmus, die Koordination und Überarbeitung der Beiträge hat Klaus Rheidt übernommen, tatkräftig unterstützt von Angelika Schöne-Denkinger. Ihnen allen sowie den Kolleginnen und Kollegen, die in diesem Band aus ihrer Arbeit und ihren Fachgebieten berichten, sei für das Zustandekommen dieser schönen Publikation herzlich gedankt.

HELMUT KYRIELEIS, Berlin

BRÜCKEN DER KULTUR

Kaufleute, Kolonisten und Kohorten

Händler, Auswanderer und Soldaten waren es, die in vorgeschichtlicher Zeit ebenso wie in der griechischen und römischen Antike Brücken schlugen: Brücken zwischen den Kontinenten, Brücken über das stürmische Mittelmeer hinweg und Brücken in die unwirtlich kalten Gegenden nördlich der Alpen. Sie sind die Wegbereiter des europäischen Vielvölkergemischs und der zahllosen, bis in unsere Zeit wirkenden kulturellen Beziehungen, die diese Völker seit Urzeiten eng miteinander verbinden. Die Fortschritte in der Archäologie ermöglichen es heute, schon bei Kulturen, die Jahrtausende vor den ersten historischen Quellen existierten, solche Verbindungen zu belegen. Artefakte aus Stein, Metall und Bein, Keramikscherben, pflanzliche Reste und Knochen werden ausgegraben und mit modernster Technologie untersucht. Sie lassen erstaunliche Beziehungen zutage treten – zwischen Afrika, Asien und Europa, zwischen dem östlichen Mittelmeerraum und der Iberischen Halbinsel.

Nicht immer ist das Erbe dieser Kulturen so eindrucksvoll, wie die monumentalen archaischen und klassischen Tempel der griechischen Kolonisten in Süditalien und Sizilien (Abb. 1), deren genaue Vermessung zeigt, welch immenses Wissen um Bautechnik und Proportionen die Einwanderer aus ihrem Mutterland mitbrach-

ten. Auch eher unscheinbare Steingeräte, Muscheln, Knochen und Keramikscherben sind historische Dokumente. Die Auswertung all dieser menschlichen Hinterlassenschaften belegt eindrucksvoll, wie schnell und über welche Entfernungen und Hindernisse hinweg die Menschen vergangener Epochen Brücken geschlagen haben, wie Kulturen sich miteinander vermischt und weiterentwickelt haben und wie komplex die Entwicklung verlaufen ist, der wir die ethnische und kulturelle Vielfalt unserer heutigen Gesellschaft zu verdanken haben.   KR

An der Nahtstelle der Kontinente

Wer das geschäftige Treiben einer marokkanischen Altstadt beobachtet, kann sich des Eindrucks nicht erwehren, der halbe Kontinent habe sich hier versammelt. Menschen aller Couleur und jeglichen Typs von dunklen Abkömmlingen Westafrikas bis zu hellen Mediterranen sind zu sehen, der arabische Osten und der berberische Westen leben hier einträchtig zusammen. Eine berberische Urbevölkerung, Zuwanderer aus Osten und Süden, Rückkehrer aus Al Andalus, Phönizier und Römer, Völkerbewegungen aller Zeiten haben im Maghreb ihre Spuren hinterlassen. Auch wird nirgendwo deutlicher

als hier, im Schatten des Gebel al-Tarik, an der Nahtstelle der Kontinente, daß die alte Mittelmeerwelt keinen Bestand mehr hat. Ein populistischer Begriff mit einem sehr realen Kern harter Tatsachen, die «Festung Europa», tritt an ihre Stelle.

Was sich heutigen Tages mit den Mitteln eines modernen Staates durchsetzen läßt, kann jedoch kaum die historische oder gar die prähistorische Situation widerspiegeln. Anders als an der Nordostecke des Kontinents, wo Wüstenräume den Kontakt behindern, stößt an der Meerenge afrikanisches auf europäisches Kulturland. Auf beiden Seiten des Isthmus haben über lange Epochen der urgeschichtlichen Zeit vergleichbare, einer Besiedlung förderliche Bedingungen geherrscht. Sackgasse oder Autobahn, so stellt sich, auf einen einfachen Nenner gebracht, die Frage nach den urgeschichtlichen Kulturbeziehungen. Einer klaren Beurteilung dieser Kernfrage steht die forschungsgeschichtliche Situation beiderseits der Meerenge entgegen. Die Kenntnis nordafrikanischer Vorgeschichte, zumindest der jüngeren Perioden, resultiert, eine Kuriosität, aus den Bemühungen eines bestimmten Wissenschaftlertyps. Er meidet den bevölkerten Küstensaum und erforscht statt dessen bevorzugt den wüstenhaften Süden, wo er, unbehelligt von Einheimischen und

2

3

ohne störende Vegetationsdecke, in einer grandiosen Landschaft arbeiten kann.

So ist die Situation entstanden, daß wir mehr über saharanische Kulturerscheinungen wissen als über die nordafrikanische Küste, den unmittelbaren Nachbarn Europas. Dies trifft trotz einer hundertjährigen Forschungsgeschichte auf alle Staaten des Maghreb zu, ist in Libyen noch stärker ausgeprägt, nur Ägypten mit seiner ganz besonderen Situation einer Stromoase verbindet Kulturen des Nordens mit jenen des Südens.

Jedoch auch auf dem geographischen Gegenpart, dem Süden der Iberischen Halbinsel, steht die Kenntnis der vorgeschichtlichen Kulturentwicklung nicht zum besten. Die Forschungsleistung ist aus vielen Gründen an der mittleren und nördlichen Levanteküste, ferner in Asturien und Katalonien sowie am unteren Tejo konzentrierter als im stark von Erosion betroffenen Süden, vor allem dem andalusischen Hinterland der Meerenge. Durch den Einsatz engagierter spanischer Archäologen ist aber auch hier, in der wasserarmen Mancha, in den letzten Jahren einiges in Bewegung geraten.

So bleibt das Bild hier wie dort diffus, stützt sich im Falle Marokkos auf eine Folge von Grabungen, die überwiegend in den 30er und 50er Jahren unseres Jahrhunderts gegenüber von Gibraltar in der Region von Tanger durchgeführt wurden.

Auf den vorhergehenden Seiten:

Abb. 1   Selinunt. Blick von Nordosten auf die Akropolis mit dem archaischen Tempel C. Die mächtigen Festungsmauern wurden nach der Zerstörung durch die Karthager im Jahre 409 v. Chr. errichtet.

Abb. 2   Ifri el-Baroud, die «Pulverhöhle». Am Rande der Ebene in einer Bergflanke gelegen, birgt die 30 m tiefe Höhle reiche Fundschichten des Jung- und Epipaläolithikums.

Abb. 3   Grabungen im «Ibéromaurusien» der Ifri el-Baroud. Die schwarze Schicht besteht zu einem Großteil aus den Gehäusen einstmals hier verzehrter Landschneckenarten.

Abb. 4   Ifri n'Ammar, die «Höhle des Ammar». Vom gegenüberliegenden Fels erkennt man die ideale Lage des über Mittel- und Jungpaläolithikum bis in die historische Zeit besiedelten Platzes.

Abb. 5   Aus Ifri el-Baroud stammen einige Belege der im maghrebinischen Jungpaläolithikum recht seltenen Kleinkunst. Hier handelt es sich um den sorgfältig beschnitzten und mit Ritzlinien verzierten Hornkern einer größeren Antilope.

4

Sie förderten, kaum überraschend in ihrer geographischen Schlüsselposition, viele Funde zutage, die weitreichende Kulturbeziehungen erkennen lassen. Neben Glockenbechern westeuropäischen Zuschnitts fand sich auch Keramik von der Art des süditalienischen Spätneolithikums. Weiterhin ließ sich das nördliche Marokko als Provinz der altneolithischen cardialkeramischen Kultur des Westmittelmeerraumes erweisen. Sie erhielt ihren Namen nach der charakteristischen Verzierungsweise ihrer Keramik mit Herzmuschel-Impresso.

Schwerpunkte lagen ferner in den sensationellen Entdeckungen zur frühen Menschheitsgeschichte, die im Rahmen der flächigen Steinbruchbetriebe in Casablanca gelangen. Ebenfalls in die Zeit vor der staatlichen Unabhängigkeit Marokkos reichen Forschungen zum Mittelpaläolithikum und vor allem zum Jungpaläolithikum zurück, das hier als «Ibéromaurusien» bezeichnet wurde. Der Begriff umschreibt recht treffend die Überzeugung, es habe sich diesseits wie jenseits der Meerenge um Facetten eines gemeinsamen Geschehens gehandelt. Andererseits tritt aber auch die Unsicherheit zutage, die Einflüsse in ihrer Richtung, Kraft und zeitlichen Tiefe zu evaluieren.

Prähistorische Archäologie im marokkanischen Rif

Diese Grundüberlegungen zur Brückenfunktion der Meerenge zwischen Europa und Afrika führten 1994 zur Gründung eines gemeinsamen Projektes der Kom-

5

mission für Allgemeine und Vergleichende Archäologie des Deutschen Archäologischen Instituts in Bonn und des Institut National des Sciences de l'Archéologie et du Patrimoine in Rabat. Es hat zum Ziel, die prähistorische und frühgeschichtliche Kulturabfolge im marokkanischen Norden auf eine gesicherte wissenschaftliche Basis zu stellen.

Aus mehreren Gründen ist das unmittelbare Hinterland der Meerenge für ein

6

Forschungsprojekt dieser Art wenig geeignet. Überfliegt man die Region, kann man die immense Zersiedlung erkennen. Die charakteristische Banlieue der großen Städte Tanger und Tetouan wuchert fließend in eine über und über von touristischen Installationen und Sommerhäusern überzogene Landschaft hinein. Die einstmals berühmten Höhlenfundstellen des Cap Spartel sind durch Raubgrabungen oder andere Freizeitaktivitäten stark in Mitleidenschaft gezogen.

Ein in archäologischer Hinsicht weitgehend unberührter Raum ist hingegen das östliche Rifgebirge und seine Ausläufer. Im nahezu 10 000 km² großen Untersuchungsgebiet des Projektes «Rif Oriental» verzahnen sich unterschiedliche Lebensräume, wie das schroffe Gebirge im Westen, die nach Osten hin allmählich verflachende Küste, südlich davon die Gebirgsausläufer mit eingelagerten Ebenen und schließlich, als Abschluß gegen die Bergzüge des Atlas, das breite und in allen Zeiten als biologische und kulturelle Brücke fungierende Stromtal der Moulouya. In diesem großen Gebiet wurden Kernzonen ausgewählt, von denen jede einen ganz spezifischen Lebensraum bildet. So wird sichergestellt, daß alle Epochen, die im östlichen Rif ihre Spuren hinterlassen haben, auch tatsächlich bei den Feldarbeiten erfaßt werden.

Gegenwärtig konzentrieren sich die Forschungen auf eine zwischen Bergzüge eingelagerte Ebene im südwestlichen Hinterland von Nador und Melilla. Sie mißt annähernd 20 km im Durchmesser, ist kreisrund und abflußlos, so daß sich nach schnee- und regenreichen Wintern an ihrem tiefsten Punkt ein großer flacher

See bildet. Dieser Umstand wie auch ihre Lage in Reichweite des ca. 40 km entfernten Mittelmeeres machte die Siedlungskammer der «Plaine du Garb» für prähistorische Bevölkerungen attraktiv. Außerdem wird sie von einem alten Weg durchzogen, der Moulouya und Küstenraum verbindet und Seitenzweig der vielbegangenen Pilgerroute Fes-Tlemcen ist. Intensive Surveys führten zur Entdeckung von über 100 Fundstellen unterschiedlichster Zeitstellung, viele davon, der Erosion preisgegeben, im Freiland. Archäologisch wesentlich attraktiver sind die zahllosen Höhlen und Felsüberhänge der umgebenden Bergzüge. Vor allem die am Bergfuß in der Nachbarschaft artesischer Quellen gelegenen Höhlen tragen fast sämtlich Spuren intensiver Besiedlung.

Durch die systematisch praktizierten Arbeitsschritte Survey-Sondierung-Ausgrabung schält sich im allgemeinen schnell das archäologische Potential einer Fundstelle und auch einer ganzen Siedlungskammer heraus. Wir wissen nach einigen Jahren Feldarbeit, daß die Rahmenbedingungen der «Plaine du Garb» vor allem die Ansiedlung jungpaläolithischer Gruppen begünstigt hat. Nach der Eiszeit scheint sich die Besiedlung auf wenige, im Umkreis reicher Quellen liegende Fundstellen zurückgezogen zu haben. Offenbar war die Wasserversorgung zunehmend prekär. Siedlungsplätze der nachneolithischen Frühgeschichte fehlen ebenso wie alte, deutlich über das Jungpaläolithikum hinabreichende Spuren.

Ifri el-Baroud – die Pulverhöhle

Der beherrschende Fundplatz der Ebene liegt an deren Südwestrand, in der Felsflanke des Djebel Ichboun: Ifri el-Baroud, die Pulverhöhle (Abb. 2). Nach zwei Grabungskampagnen steht fest, daß sich im etwa 300 m² messenden Innenraum der stattlichen Höhle 2,5–3 m starke Schichten des 19. bis 8. Jts. v. Chr. angesammelt haben. Die Schichtfolge umfaßt die gesamte Entwicklungsgeschichte des als «Ibéromaurusien» bezeichneten Komplexes. Über kaltzeitlichen Schichten der 1. Hälfte des 2. Jahrzehntausends befindet sich eine «Escargotière», ein Schichtpaket aus Gehäusen von landlebenden Schnecken (Abb. 3). Wie noch heute in der Region üblich, wurden sie von den Bewohnern der Höhle in großen Mengen gesammelt und verzehrt. Vom 11. bis zum 8. Jt. wechselt die Schichtkonsistenz nochmals, das nun wieder geringe Vorkommen der Schnecken zeigt, daß der

feuchte und nicht allzu kalte Zeitabschnitt der «Escargotière» zu Ende geht. Wasser aus dem Inneren von Ifri el-Baroud hat zu erosionsbedingten Verlusten in den oberen Schichten geführt, so daß reichlich neolithische Keramik auf dem Schuttkegel vor der Höhle zu finden ist.

Die Verbindung der zahlreichen Steinartefakte mit reichen Überresten der Fauna und Flora und nahezu 30 begleitenden Radiokarbondaten ermöglichen erstmals eine chronologische Binnengliederung des bisher nur aus entfernten und lange zurückliegenden Grabungen bekannten jungpaläolithischen Fundkomplexes. Das Artefaktspektrum des Ibéromaurusien, dessen zeitliche Dimension bisher nur in statistischen Veränderungen bekannt war, läßt sich nun auch in einzelnen Gerättypen chronologisch gliedern. Einige Schmuckstücke und verzierte Artefakte aus Knochen und Elfenbein (Abb. 5) aus den Grabungen in Ifri el-Baroud und von den anderen im Rahmen der Kooperation erforschten «Ibéromaurusien»-Fundstellen sind von besonderem Interesse, weil das «Ibéromaurusien», anders als mittel- und westeuropäische Kulturen des gleichen Zeitraums, sehr wenig Schmuckgegenstände, Schnitzereien und dergleichen hervorgebracht hat.

Die in Ifri el-Baroud für das Jungpaläolithikum gewonnenen Ergebnisse konnten an mehreren anderen Grabungsstellen konsolidiert und erweitert werden. 1995 wurde eine ausgedehnte Freilandsiedlung des «Ibéromaurusien» sondiert, in der sich eine 1,5 m mächtige Schicht des 12. Jts. v. Chr. erhalten hat.

Höhlen, Abris und Freilandsiedlungen – Fundgruben der Archäologie

Ein Fundplatz von herausragender Bedeutung wurde während des Surveys von 1996 entdeckt: der Abri Ifri n'Ammar (Abb. 4). Nach ersten Grabungsergebnissen von 1997 reicht seine Schichtenfolge vom Jungpaläolithikum in sehr viel ältere Epochen zurück. Er liegt einige Kilometer östlich der «Plaine du Garb» an einem alten Weg, der zur Moulouya führt. Vor dem verhältnismäßig kleinen Abri liegt ein weitläufiger Schuttkegel, der bis in den Talgrund am Fuße des gegenüberliegenden Felsens reicht.

Nach ersten Erkenntnissen ist der obere Teil der Schichtfolge von Ifri n'Ammar jener von Ifri el-Baroud vergleichbar. Sie ist jedoch viel fundreicher als letztere. An der Unterkante der «Ibéromaurusien»-Schichten tritt, bisher nur auf sehr kleiner Fläche erforscht, eine gelbe lehmige Ablagerung zutage, die in reichem

Maße Funde mittelpaläolithischer Zeitstellung enthält. Eine Datierung dieser Fundstücke war bisher nicht möglich. Sie werden, auf größerer Fläche erforscht, Objekt künftiger Studien sein. Nur sehr wenige Fundstellen des Maghreb haben Sequenzen erbracht, die Mittel- und Jungpaläolithikum repräsentieren. Stratigraphische und zeitliche Tiefe von Ifri n'Ammar lassen sich noch nicht abschätzen.

Funde des Altpaläolithikums (s. Tabelle im Anhang) sind im mediterranen Maghreb selten. Die Deflation der Böden, die im saharanischen Maghreb reiche oder, besser gesagt, stark angereicherte Fundstellen freigelegt hat, ist im Norden noch nicht so weit fortgeschritten. Faustkeile (Acheuléen) fanden sich in unserem Arbeitsgebiet bisher nur an der Moulouya-Mündung, wo sie, vermischt mit späterem Material, an der Oberfläche gesammelt wurden. Bei Feldbegehungen im Küstenbereich westlich von Nador und Melilla konnte in den ausgedehnten Badlands der zum Oued Kert führenden Erosionsrinnen ein bedeutender Acheuléen-Fundplatz lokalisiert werden. Bisher wurden im Hang einer tief eingeschnittenen Erosionsrinne etwa 20 Faustkeile und zahlreiche Abschläge geborgen (Abb. 7). Das gesamte Artefaktmaterial ist scharfkantig «frisch» und erweckt nicht den Eindruck sekundärer Verlagerung. Auch ist die Fundstelle in ihrer Ausdehnung begrenzt und liegt unter 1–2 m lehmigem Sediment begraben. Ob und in welchem Maßstab an diesem l'Ammorene genannten Fundort gegraben werden kann, ist noch nicht entschieden.

In ihrer Gesamtheit bezeugen die Fundstellen aller altsteinzeitlichen Perioden im Arbeitsgebiet eine allmählich zunehmende Besiedlungsdichte. Gegen Ende des Zeitabschnitts wird der Lebensraum sehr differenziert genutzt, neben Höhlen und Abris treten Siedlungen des Freilandes und montane Stationen.

Mit dem Beginn des Holozäns bricht dieses dichte Besiedlungsmuster ab. Zwar fanden wir an vielen Plätzen ge-

Abb. 6 Entnahme von Lackprofilen in Ifri n'Ammar. Sie dienen zur Dokumentation der wichtigen Stratigraphie im marokkanischen Nationalmuseum.

Abb. 7 Faustkeile aus l'Ammorene, Halbinsel von Melilla. Unweit der Mündung des Oued Kert ins Mittelmeer liegen in ausgedehnten Badlands Fundstellen des Altpaläolithikums. Die hier gezeigten Stücke lagen unter einer meterstarken Lehmschicht begraben, die diesen bedeutenden Fundplatz versiegelt und konserviert hat.

ringe Spuren, die jedoch kaum längeren Aufenthalt bezeugen. Unter den wenigen Fundstellen von einiger Bedeutung ist vor allem das Abri von Hassi Ouenzga erwähnenswert. In einem kleinen Talkessel hinter islamischen Ruinen und einem Fort der Fremdenlegion gelegen, erbrachte die kleine, in sich zusammengestürzte Höhle eine beeindruckende Stratigraphie des 7.–3. Jts. v. Chr. Die älteste Schicht belegt in datierbarem Kontext erstmalig einen frühneolithischen Horizont, dessen reich verzierte Keramik offenbar der Kultur der Cardialkeramiker, dem geläufigen Altneolithikum des Maghreb und des westlichen Mittelmeerraumes vorangeht.

Die gut ausgeprägte, darüberliegende cardialkeramische Schicht, nach der gängigen Verzierung mittels Cardiummuschel-Impresso benannt, wird durch ein kammimpressoverziertes Jungneolithikum überlagert. Die jüngste prähistorische Besiedlung bildet eine gestörte Schicht mit vereinzelten Glockenbecherscherben. Sie belegen erstmals eine ostmarokkanische Verbreitung dieser kupferzeitlichen Kultur Westeuropas.

Die Funde aus einer weiteren, versteckt gelegenen Höhle, Taghit Haddouch, bestätigen die Stratigraphie von Hassi Ouenzga und verlängern sie möglicherweise in einen präkeramischen Horizont hinein. Trotz der geringen Zahl holozäner Fundstellen ist eine reiche neolithische Entwicklung nachweisbar, die in Teilen mit der Iberischen Halbinsel gleichläuft, in anderen Zeitabschnitten autochthonnordafrikanischen Zuschnitts ist. Zur Gewißheit verdichtet sich durch die neuen Grabungsergebnisse, daß im mediterranen Maghreb eine eigenständige, auch von der südsaharanischen Kultur der «Wavy-line-Keramiker» deutlich abgesetzte Entwicklung stattgefunden hat.

Die nachneolithische Besiedlung der «Plaine du Garb» ist, wenn auch sicher vorhanden, archäologisch kaum faßbar. Die zunehmende Pastoralwirtschaft ist der Entstehung fester Besiedlungsstrukturen nicht förderlich. Die bis in jüngste Zeiten traditionell wehrhafte Grundhaltung der einheimischen Berberstämme hat die Ansiedlung Fremder verhindert, so daß es hier, in Sichtweite der Küste, weder in römischer noch in frühislamischer Zeit zu einer Überschichtung kam. Erst zu Zeiten des spanischen Protektorates wagten sich Rinderzüchter in die Ebene, wovon die Ruine einer Finca am Westrand zeugt. Heute wird etwas Weizen angebaut, ständig bedroht von ausbleibenden Niederschlägen im Kontinentalklima, das dem der spanischen Mancha vergleichbar ist. Das Herz der ansässigen

Berber gehört aber ihren Schaf- und Ziegenherden, die ihrerseits zur fortschreitenden Wüstenbildung beitragen.

Von der frühgeschichtlichen Besiedlung zeugen zahlreiche Grabhügel. Sie sind meist einfach rund, gelegentlich mit apsidenartigen Erweiterungen und reichen von 3–4 m Durchmesser bis zu riesigen Anlagen von 40 m und mehreren Metern Höhe. Sie liegen, einzeln oder in Gruppen, bevorzugt in Paßlagen oder auf Geländespornen mit gutem Ausblick über das Weideland. Noch heute rituelle Bezugspunkte und oft durch den Bau eines islamischen Marabut in ihrer Bedeutung betont, sind sie leider auch häufig Opfer der weitverbreiteten Schatzgräberei. Im Rahmen des Projektes «Rif Oriental» wurden einige dieser Denkmäler ergraben. Teils erwiesen sie sich als beraubt, teils als Kenotaphe ohne Ausstattung, und nur in einem Fall fanden wir ein Paar kupferner Ohrringe, die wohl in das 1. Jt. v. Chr. datieren.

Aufschlüsse zur nachneolithischen Besiedlung erhoffen wir durch die bevorstehende Verlagerung des Arbeitsraumes in den Süden, an den Rand der Moulouya-Stromoase. Hier ist die scharfe Trennung von Bewässerungsfeldbau und Weideland bereits vollzogen. Wie im südlich anschließenden Atlas scheint sich eine Almwirtschaft mit Winter- und Sommerweide entwickelt zu haben, die der Anlage temporär genutzter Siedlungen förderlich ist. Entsprechenden Indizien wird nachzugehen sein. Viel stärker als im Küstenraum dürfte hier, zwischen den Bergzügen des Rif und des Atlas der Einfluß saharanischer Kulturen sein. Die ganzjährig wasserführende Stromoase der Moulouya begünstigt die Ausbreitung ackerbauender Gruppen.

Die Auswertung der umfangreichen Fundstoffe in der zur Küste gewandten

Siedlungskammer der «Plaine du Garb» ermöglicht eine Neubewertung mediterraner Einflüsse für die kulturelle Entwicklung des Maghreb. Von den bereits angelaufenen Forschungen an der Südabdachung des Rif erwarten wir eine Verzahnung mediterraner und saharanischer Elemente. Beides soll dazu beitragen, den schillernden Einfluß Nordafrikas auf unsere europäische Kulturentwicklung, einmal frappierend wie in frühneolithischen Keramiken Westeuropas, einmal mehr gefühlsmäßig wie bei manchen paläolithischen Stufen, besser zu verstehen.   JE

Ex Oriente Lux?

«Ex Oriente Lux», das Licht aus dem Osten. Dieses war eigentlich seit Anbeginn der Beschäftigung mit der europäischen Jungsteinzeit und Bronzezeit der Lehrsatz bzw. das Paradigma, unter dem die Prähistoriker des 19. und 20. Jhs. die genannten Epochen behandelten, eine Auffassung, die auf die Bibel zurückzuführen ist, denn nach der Genesis (*1. Mose 11,8*) wurden die Menschen am Bau des Turms von Babel gehindert und von dort aus in alle Welt verstreut. Das führte zu der Vorstellung, daß die Menschheitsgeschichte durch Völker-wanderungen bestimmt wurde. Zahlreiche Fakten belegen in der Tat eine Herkunft bedeutender früher kultureller Errungenschaften aus dem Vorderen Orient. Dazu gehört z. B., daß die Wildgetreide, aus denen unsere wichtigsten Getreidesorten, Weizen und Gerste, gezüchtet wurden, nur im Bereich zwischen Ägypten und dem Iran zu finden sind und genauso auch Wildschafe und Wildziegen. Daher wurden auch die ersten kultivierten Formen dieser Getreide sowie die ersten domestizierten Schafe und Ziegen in dem genannten Gebiet nachgewiesen. Dasselbe scheint für viele weitere Erfindungen zu gelten, wie z. B. das Schmelzen von Metall oder die Herstellung einer sehr stark gebrannten, qualitätvollen Keramik. Schließlich kommen von dort auch die frühesten Schriftsysteme und Städte und damit die ältesten Hochkulturen im näheren Umkreis von Europa.

Das bedeutet aber nicht, daß es in Europa nicht auch schon sehr frühe, selbständige Kulturentwicklungen gegeben haben könnte. Die damaligen Einwohner unseres Kontinents haben die genannten Errungenschaften des frühen Ackerbaus und der Haustierhaltung zwar nachweisbar aus Kleinasien übernommen, aber ansonsten durchaus vom Vorderen Orient leicht unterscheidbare Kulturen ausgebil-det, wie aus den archäologischen Fundinventaren hervorgeht. Andererseits wurden immer wieder Ähnlichkeiten einzelner Gegenstände zu Objekten des Nahen Ostens festgestellt, was für viele Archäologen Anlaß war, Wanderbewegungen von Südost nach Nordwest zu postulieren. Kulturwandel kann durch Akkulturationsprozesse ausgelöst werden, d. h. Kulturen übernehmen von anderen neue Erfindungen, wodurch auch ihre Geisteswelt wie z. B. Religionen und Kulte beeinflußt werden. Die archäologische Feststellung einer Akkulturation sagt aber noch nichts über ihren historischen Verlauf. Es können durchaus Kriege oder Einwanderungen von mehr oder weniger großen Menschengruppen Auslöser der Akkulturation gewesen sein, aber auch mehr oder weniger friedliche Handelsprozesse.

In Spanien und Portugal löste man sich erst in den letzten 25 Jahren verstärkt von den Einwanderungstheorien und begann die dortige, durchaus eigenständige Kulturentwicklung in den Vordergrund zu stellen, was teilweise sogar zu einer übertriebenen Ablehnung von Forschungen führte, die Fremdeinflüssen nachging. Das ist sozusagen die Gegenbewegung gegen ein Modell, das die Befestigungsanlagen des 3. Jts. v. Chr. auf der Iberischen Halbinsel als Kolonien des Vorde-

ren Orients beschrieb. Wenn nun auch das Thema der Entstehung jener Kulturen hier nicht erschöpfend behandelt werden kann, so läßt sich doch zeigen, daß die Iberische Halbinsel im 3. Jt. v. Chr. eine offensichtlich schon sehr weit entwickelte Kultur besaß.

Diese Kultur war vor allem im Süden der Iberischen Halbinsel verbreitet, genauer gesagt, zwischen der portugiesischen Estremadura und der spanischen Provinz Murcia. Der Sevillaner Professor O. Arteaga taufte sie die «Atlantisch-mediterrane Kultur der Iberischen Halbinsel». Sie zeichnet sich durch imposante Befestigungsanlagen, weitreichende Kontakte über See, große Grabmonumente und eine entwickelte Kupfermetallurgie aus, die dazu führte, daß man die Epoche des 3. Jts. v. Chr. als Kupferzeit bezeichnete.

Ein wichtiges Zentrum der genannten Kultur lag im Hinterland des heutigen Almería. Von dort ist die bislang größte Befestigungsanlage dieser Epoche bekannt: «Los Millares». Sie wird von einem Kranz zahlreicher kleiner Vorbefestigungen («Forts») umgeben. Dazwischen liegt das bisher größte bekannte Gräberfeld aus Kuppelgräbern, Grüften, die aus igluartigen Gebäuden bestehen, deren

⁹

Abb. 8   Zambujal, Luftbild von 1977. Blick von Osten. Im Vordergrund laufen die dritte Mauerlinie (von rechts kommend) und die zweiten Mauerlinie (aus der Bildmitte kommend) zusammen. Dort sieht man die Grundmauern eines Turms mit einer Schießscharte; in der Bildmitte die noch 4 m hohen Mauern der ersten Mauerlinie mit dem zwingerartigen Hof, dahinter das neuzeitliche Bauernhaus.

Abb. 9   Zambujal. Rekonstruktion des Verteidigungssystems mit dem zwingerartigen Hof in Bauphase 2. Die Törchen in der zweiten Befestigungslinie waren so klein, daß nur jeweils eine Person nach der anderen eindringen konnte. Die von Linie 1 aus mit Pfeilen getöteten Eindringlinge versperrten so für die Nachkommenden den Weg. Die Architektur dieses strategischen Konzeptes definiert die Bauphase 2 von Zambujal. In dieser Zeit war noch die Keramik mit Glättmustern in Gebrauch.

Abb. 10   Zambujal. Ein Blick auf den Hohlturm B und die darunter liegende Schichtenfolge (Stratigraphie) am Ende der Grabungskampagne von 1972; am linken Bildrand sieht man, daß die Mauer von Haus V, in dem ein Kupfergießplatz nachgewiesen worden war, unter den Turm läuft und ein wenig weiter nach vorne erkennt man ein Stück der Mauer von Haus X, das unter Haus V liegt.

¹⁰

Gewölbe aus «falschen Kuppeln» gebaut sind, d. h. die Steine liegen übereinander und kragen bei jeder Lage ein bißchen weiter nach innen bis ein kuppelartiger Bau entsteht. Seit über 100 Jahren galt dieses «Los Millares» entsprechend seiner Größe als eine einzigartige Anlage des 3. Jts. v. Chr. auf der Iberischen Halbinsel. Doch die Ausgrabungen der letzten zehn Jahre überraschten mit Ergebnissen, die auch andere Anlagen heute wesentlich größer erscheinen lassen als man bislang

11

12

glaubte. So scheint z. B. die Siedlung von «Valencina de la Concepción» bei Sevilla eine riesige Fläche eingenommen zu haben, worauf ein großer Ring von Vorratsgruben und Gräben deutet, der wiederum von Grabhügeln mit teilweise enormen Ausmaßen begrenzt ist.

Zambujal. Eine über 4000 Jahre alte Befestigungsanlage in Portugal

Ein wesentliches Ergebnis bei der Erforschung der Kupferzeit der Iberischen Halbinsel erbrachten die neuen Ausgrabungen des Deutschen Archäologischen Instituts in Zambujal (Abb 8). Nach den ^{14}C-Daten sowie aufgrund des Fundvergleichs mit anderen gleichzeitigen Anlagen scheint das prähistorische Zambujal in der 1. Hälfte des 3. Jts. v. Chr. gegründet worden zu sein; und es war dann mindestens bis zum Beginn des 2. Jts. v. Chr. besiedelt. Wir beschäftigen uns also heute, 2000 Jahre n. Chr., mit Funden, von denen viele aus der Zeit um 2000 v. Chr. stammen! Die jüngsten prähistorischen Funde gehören der ausgehenden Bronzezeit, um 1000–700 v. Chr., an. Die ältere Besiedlung von Zambujal bestand also gleichzeitig mit dem Alten und Mittleren Reich Ägyptens. In dieselbe Zeit gehören auch die frühen Besiedlungsphasen des später sagenumwobenen Troja, wir befinden uns in einer Zeit lange vor dem «Trojanischen Krieg».

Eine Sensation der Ausgrabungen von 1964–1973 unter der Leitung von E. Sangmeister und H. Schubart in Zambujal war der Nachweis einer komplexen Befestigungsanlage, deren Mauern im Zentrum noch bis zu 4 m Höhe erhalten waren (Abb. 9). Dadurch ist ein über 4000 Jahre alter Raum, ein zwingerartiger Hof mit Schießscharten aus einer

Region weit entfernt von den gleichzeitigen Hochkulturen im Vorderen Orient überliefert.

Der Fundort wurde im Jahr 1932 von L. Trindade, dem Begründer des archäologischen Museums von Torres Vedras, entdeckt. Er unternahm damals zusammen mit A. R. Belo Grabungen in einer Bestattungshöhle im Sizandrotal, der Cova da Moura. Grabungsarbeiter, die natürlich dachten, daß die Ausgrabungen dazu dienten, irgendeinen Schatz zu bergen, sagten dann ganz enttäuscht: «So was sucht Ihr also hier» (gemeint waren die vielen Keramikfragmente, Beile und auch Totengebeine aus der Kupferzeit) «das findet man auch vor unserer Haustür». L. Trindade besuchte diese Bauern damals von Torres Vedras aus zu Fuß und stand so zum ersten Mal in Zambujal. «Casal do Zambujal», das Bauernhaus, das dem Fundplatz seinen Namen gab, wurde vermutlich im 19. Jh. errichtet. Das Wort Zambujal bedeutet soviel wie «wilder Ölhain», von dem noch drei Olivenbäume am Fuße des Bergsporns zeugen.

Der Kern der kupferzeitlichen Befestigung, die im Laufe der Zeit als Steinbruch für das Bauernhaus und wohl auch für die umliegenden Dörfer gedient hatte, war ein Hügel, als L. Trindade die Anlage zum ersten Mal inspizierte. Auf der höchsten Erhebung führte er 1944 eine Probegrabung durch, bei der einige Mauerreste erschienen. Am 20. August 1946 wurde der Platz per Dekret zum «Monumento Nacional» erklärt. Zu der Zeit war noch nicht klar, ob es sich um eine Befestigung oder um einen großen Grabhügel handelte. Erst 1959 konnte L. Trindade zusammen mit A. R. Belo, dem damals zuständigen Denkmalpfleger, regelrechte Ausgrabungen beginnen, die 1961 durch den Tod von A. R. Belo abbrachen.

L. Trindade bot großzügigerweise dem Deutschen Archäologischen Institut die Weiterführung der Grabungen an, die wichtige Ergebnisse versprachen, da die Kupferzeit der Iberischen Halbinsel damals noch weitgehend unbekannt war und bei den portugiesischen Forschungen unter den Mauern eine komplexe Schichtenabfolge sichtbar geworden war. Der spätere Direktor der Abteilung Madrid des Deutschen Archäologischen Instituts, H. Schubart, vereinbarte daraufhin eine Zusammenarbeit mit den Portugiesen. Hinzugezogen wurde auch der damalige Leiter des Instituts für Ur- und Früh-

Abb. 11   Zambujal. Feuersteingeräte aus den Ausgrabungen von 1964–1973; oben flächenretuschierte Schneidegeräte, links unten Pfeilspitzen, meist mit konkaver Basis, rechts unten Klingen und Bohrer. Die Flächenretusche ist ein typisches Merkmal kupferzeitlichen Feuerstättengerätes.

Abb. 12   Zambujal. Kupfergeräte aus den Ausgrabungen von 1964–1973; in der Mitte ein Flachbeil, links davon Pfrieme, darüber Sägen und rechts oben Palmela-Pfeilspitzen, ganz rechts ein Dolch. Dieses Fundensemble setzt sich aus den typischen Formen der Kupferzeit der Iberischen Halbinsel zusammen.

Abb. 13   Zambujal.   Aus zahlreichen Scherben rekonstruierte, kupferzeitliche Keramiktöpfe aus den Ausgrabungen von 1964–1973; ganz links ein zylindrisches Gefäß mit Glättmusterverzierung (typisch für die ältere Kupferzeit), ganz hinten der obere Teil eines Kugelgefäßes mit Kerbblattverzierung (Variante: Akazienblatt); ganz vorne rechts kleine, sehr dünnwandige Schälchen und dahinter am rechten Bildrand verschiedene Glockenbecher sowie Schalen und Schultergefäße mit Glockenbecherverzierung (typisch für die jüngere Kupferzeit).

geschichte der Universität Freiburg, E. Sangmeister, der schon 1953–1956 an den Ausgrabungen in Los Millares (Almería, Spanien) und Vila Nova de S. Pedro (Azambuja, Portugal) teilgenommen hatte. Dort hatte er erkannt, daß diese Bauwerke nicht aus einem Guß entstanden waren, sondern verschiedene Umbauten aufweisen. Den Fragen nach Dauer und Architekturgeschichte einer solchen Befestigungsanlage konnte man nun in Zambujal mit eigenen Methoden nachgehen.

Die gemeinsamen Ausgrabungen von 1964–1973 erbrachten nicht nur überraschende Ergebnisse für die Geschichte des Ortes selbst, ihre Bedeutung lag vor allem auch darin, daß die Grabungen, wie kaum andere, eine ganze Prähistorikergeneration der Iberischen Halbinsel geprägt haben. So jedenfalls drückte es der portugiesische Archäologe Rui Parreira in seiner Besprechung des ersten Bandes der monographischen Publikationsreihe zu Zambujal aus. Zahlreiche Studenten aus Spanien und Portugal haben in Zambujal ihre wesentlichen Grabungserfahrungen gesammelt, die sie später als Grabungsleiter, Universitätsprofessoren und Denkmalpfleger weiter verbreiteten.

E. Sangmeister und H. Schubart belegten mit zahlreichen Plänen, in denen die Grabungsflächen sowie die Profile Stein für Stein gezeichnet worden waren, daß die Befestigungsanlage fünfmal nach jeweils einem neuen Verteidigungskonzept umgebaut worden war (Abb. 10). Die Zeit zwischen Reparaturen oder Modifikationen der Mauern innerhalb derselben Baukonzeption nannten die Ausgräber Ausbauphasen. Die Baukonzeptionen konnten so in jeweils zwei bis vier Ausbauphasen unterteilt werden. Auf diese Weise war man in der Lage, eine von den Funden unabhängige, relative Chronologie nach Bauphasen zu entwickeln.

Neben der zeitlichen Gliederung, die für die Bearbeitung der Funde sehr wichtig ist, kann man der Tatsache, daß in der Befestigungsanlage nacheinander fünf unterschiedliche architektonische bzw. strategische Konzepte verwirklicht worden waren, entnehmen, daß sich die kupferzeitliche Gesellschaft in Befehlsgeber und Befehlsausführende gliederte. Weitere Hinweise auf soziale Unterschiede in der Kupferzeit liefern auch die Unterschiede im Reichtum der Grabinventare sowie im Aufwand der Grabbauten an zahlreichen anderen Orten, vor allem in Valencina de la Concepción (Sevilla, Spanien) und Alcalar (Portimão, Portugal). Hinzu kam, daß auf den zahlreichen Geräten aus Feuerstein (Abb. 11) kein Sichelglanz festzustellen war, wie er

durch das Schneiden von Gräsern an den Arbeitskanten der Feuersteinartefakte entsteht. Dieser charakteristische Glanz wäre ein sicherer Hinweis auf eine Funktion in der Getreideernte. Da aber Getreidekörner und Mahlsteine auch von Zambujal bekannt sind, spricht dieser Befund dafür, daß in der Befestigung zwar Getreide verarbeitet wurde, daß jedoch andere, außerhalb der Befestigung lebende Menschen, das Getreide anbauten und ernteten. Welche Funktion hatte aber Zambujal in der Kupferzeit?

Kupfer: der Reichtum Zambujals

Ein weiteres wichtiges Ergebnis der Ausgrabungen war der Nachweis von Kupferverarbeitung während der gesamten Zeit, in der das prähistorische Zambujal besiedelt war (Abb. 12). Diese Kupfermetallurgie fand in einem vergleichsweise geringen Umfang statt, etwa in kleinen Handwerksbetrieben ähnlich wie Goldschmiedewerkstätten. Schmelzöfen sowie größere Ansammlungen von Schlackerückständen wurden bisher für den genannten Zeitraum weder in Portugal noch in Spanien gefunden. Man nimmt an, daß das kupferhaltige Gestein klein zerstückelt und in einem Keramikgefäß, das offensichtlich nicht eigens für diesen Zweck hergestellt worden war – einem «Reduktionstopf» –, geschmolzen wurde. Dazu brauchte man Holzkohle, um auf die benötigte Temperatur zu kommen. Das geschmolzene Kupfer konnte dann zu einem Gußkuchen ausgegossen werden. Solche Gußkuchen haben sich in Vila Nova de S. Pedro (Azambuja, Portugal) erhalten. In einem zweiten Schmelzvorgang wurde dann aus

zerkleinerten Gußkuchenstückchen oder größeren Gußtropfen sowie aus Altmetall, d. h. kleinem Kupferschrott, in einem eigens dafür hergestellten, keramischen Gußtigel eine bestimmte Portion Kupfer geschmolzen, die dann in eine Form gegossen werden konnte. Dieses Gießen fand in einem kleinen «Sandkasten» statt.

E. Sangmeister und H. Schubart hatten in Zambujal einen solchen kreisförmigen «Sandkasten» erstmals 1972 im Zentrum eines Steinkreises in einem Rundhaus ausgegraben. Der Rand des «Sandkastens» war aus Lehm und die Füllung bestand aus feinem Sand. Darin fanden sich über 100 winzige Gußtropfen. Der Lehmring war von mehreren Feuerstellen umgeben, in denen sich auch Kupfertropfen befanden. Reste von Gußtigeln in dem genannten Bereich rundeten das Bild ab. Dieser Gießplatz aus Haus V von Zambujal ist das bisher besterhaltene Dokument, durch das sich die metallurgischen Aktivitäten in den kupferzeitlichen Befestigungsanlagen der Iberischen Halbinsel rekonstruieren lassen. Weitere Reste solcher Gießplätze wurden in Zambujal für die gesamte Dauer der Besiedlung nachgewiesen. Vermutlich standen in dem Sand Gußformen aus ungebranntem Ton oder Lehm, die im Laufe der Zeit vergangen sind. Eine Gußform aus Keramik kennt man inzwischen von dem Fundort «Tres Moinhos» bei Serpa (Portugal) am Guadiana.

Unter den weiteren Funden fällt eine relativ hart gebrannte, schokoladenbraun bis schwarz überzogene Keramik auf, die zum Teil mit Glättmustern verziert war (Abb. 13). In einer Reihe zylindrischer Gefäße sah E. Sangmeister Ähnlichkeiten zu Kykladen-Pyxiden und verglich sie auch mit «ägäischer Urfirnis-Ware».

13

14

Diese qualitätvolle Keramik, zu der auch ausgesprochen dünnwandige Schälchen gehören, ist typisch für die frühen Besiedlungsphasen in Zambujal und für die frühe Kupferzeit in Portugal überhaupt. Spiegeln sich darin vielleicht mediterrane Kontakte wider?

Sie wird abgelöst von den Glockenbechern und ihrer Begleitkeramik, Schalen verschiedener Größen mit und ohne Standfuß, mit und ohne Wandknick, mit und ohne verbreiterten Rand. Die Glockenbecher, so genannt, weil sie auf ihren Rand gestülpt die Form einer Glocke haben, bestimmen eine ganze Epoche im gesamten Westen Europas. Sie finden sich in der 2. Hälfte des 3. Jts. und in der 1. Hälfte des 2. Jts. v. Chr. von Portugal bis Ungarn, von England bis Sizilien. Dadurch wird Zambujal in dieser Zeit in ein Netz westeuropäischer Kulturkontakte eingebunden.

In Zambujal selbst konnte aber nachgewiesen werden, daß es keinen abrupten Kulturbruch zwischen der Phase mit der glättmusterverzierten Keramik und der Glockenbecherphase gab. Während die einen langsam weniger werden, nehmen die anderen ebenfalls langsam zahlenmäßig zu. Eine weitere, sehr charakteristische Keramik, Kugelgefäße mit Verzierungen, die die Form von Akazienblättern haben, ist sowohl in der frühen Phase als auch in der Glockenbecherphase vertreten und spricht zumindest für eine kulturelle Kontinuität.

Nach Abschluß der Ausgrabungen verlagerte sich der Schwerpunkt der Feldforschungen in den 80er Jahren auf die Klärung der Frage nach der Funktion der Befestigung innerhalb einer kupferzeitlichen Siedlungskammer. Dazu wurde Zambujal in das geoarchäologische Küstenforschungsprojekt des Deutschen Archäologischen Instituts einbezogen. Im 3. Jt. v. Chr., als die kupferzeitliche Befestigung von Zambujal gebaut wurde, war das Tal des eingangs erwähnten Rio Sizandro eine fjordartige Meeresbucht. G. Hoffmann fand bei geologischen Bohrungen in der Umgebung des Ortes Ribeira de Pedrulhos Ablagerungen einer Salzwasserfauna, darunter bestimmte Muscheln. Ihr Alter konnte mit Hilfe der ^{14}C-Methode auf 3900±190 Jahre bestimmt werden. Das bedeutet, daß damals noch Salzwasser bis in diesen Bereich, etwa 1 km von Zambujal entfernt, vordrang. Nicht auszuschließen ist, daß die Bucht sich im Süßwasserbereich noch weiter in das Tal der Ribeira de Pedrulhos verlängerte. Über diesem Tal erhebt sich die kupferzeitliche Anlage auf einem Bergsporn, von wo aus sie ein Becken beherrscht, das zum Sizandrotal, also zur alten Meeresbucht, und auch zum Hinterland nur durch je einen schmalen Durchbruch der Ribeira de Pedrulhos geöffnet ist (Abb. 14).

Bei weiteren Prospektionen stellten H. P. und M. Uerpmann fest, daß der Stein, aus dem die Befestigungsmauern gebaut waren, im näheren Umkreis nur an der Stelle, an der sich die Anlage befindet, zutage tritt. Sie konnten außerdem nachweisen, daß verschiedene Rohmaterialien wie Amphibolith, Elfenbein usw. aus anderen, teils weit entfernten Regionen nach Zambujal transportiert worden sein müssen. Eine Kaurischnecke ist wohl der Fund, der die weiteste Entfernung andeutet; sie stammt nämlich aus dem Orient, vielleicht dem Roten Meer. Gold, wie eine Goldperle unter den Funden belegt, aber auch weitere Goldfunde aus Gräbern in der Umgebung von Zambujal, könnte neben Kupfer ein wichtiges Metall für Prestigeobjekte gewesen sein, durch die sich die Oberschicht darstellte. Vielleicht war, wie R. Parreira vermutet, das Gold sogar das wichtigste Metall der Kupferzeit.

Alle diese Indizien sprechen dafür, daß die Befestigungsmauern dazu dienten, ein entwickeltes Handwerk zur Herstellung von Wertgegenständen zu schützen. Die Lage der Siedlung mit einem Zugang zum Meer über die frühere Meeresbucht in Zusammenhang mit «exotischen» Fundobjekten weisen den Ort als Handelsplatz für Nah- und Fernhandel aus. Die Auflassung des Ortes in der jüngeren Bronzezeit, in der 2. Hälfte des 2. Jts. v. Chr., bringen wir mit der Verlandung der alten Meeresbucht zusammen. Darin spiegelt sich ein Effekt der intensiven Nutzung der Landschaft wider, einmal durch Ackerbau, vor allem aber durch die Abholzung des Waldes im Zusammenhang mit der Deckung des Holzbedarfes in den Siedlungen, insbesondere für die Metallurgie. Im Hinterland von Zambujal sind vier weitere gleichzeitige, jedoch kleinere befestigte Höhensiedlungen bekannt, deren Geräteinventar nicht von dem aus Zambujal zu unterscheiden ist. Es könnte sich also um kleinere Siedlungen handeln, die jedoch zum Machtbereich von Zambujal gehörten.

Der Wunsch der Stadt Torres Vedras, in Zambujal ein Freilichtmuseum zu errichten, führte in den 90er Jahren zu zwei neuen Ausgrabungen, mit denen das Deutsche Archäologische Institut betraut wurde. Sie boten – unter Leitung von M. Kunst und H.-P. Uerpmann – die Möglichkeit, den neuen Fragestellungen, die sich u. a. auch aus der Küstenforschung ergeben hatten, nachzugehen. Vor allem interessierte jetzt die Frage nach

Abb. 14   Blick im Jahre 1985 von Zambujal über das Tal der Ribeira de Pedrulhos (im Mittelgrund rechts der gleichnamige Ort) und im Hintergrund über das Tal des Rio Sizandro bis zum Meer, das ganz im Hintergrund als ein wenig dunklerer, blauer Streifen als der Himmel zu sehen ist.

Abb. 15   Zambujal. Zeichnerische Aufnahme eines Hohlturms hinter dem neuzeitlichen Bauernhaus durch Leonel J. Trindade, dem Sohn des Entdeckers der Anlage, und Teresa Meireles während der Grabungskampagne 1995. Die Hohltürme sind typisch für Bauphase 4 von Zambujal, der Zeit, in der auch die Glockenbecher in Gebrauch waren.

der eigentlichen Siedlung einer Bevölkerung, die zahlenmäßig ausreichte, um die Befestigung zu bauen und zu verteidigen. Die neue Aufgabe war also zweifach: Im weiteren Umkreis der bekannten kupferzeitlichen Befestigung mußte nach Siedlungsresten gespürt werden, aber auch im Zentrum der Anlage waren erneute Ausgrabungen wegen der Musealisierungspläne der Stadt Torres Vedras notwendig. Das neuzeitliche Bauernhaus sollte dabei für die Unterbringung eines Austellungsraumes sowie von Arbeits- und Magazinräumen in die Planungen mit einbezogen werden.

Unterhalb des Steilabfalls, auf dem die Befestigungsanlage steht, traten interessante Siedlungsreste zutage, die zusammen mit Prospektionen im weiteren Umkreis bestätigten, daß sowohl der Bereich unterhalb des Hanges als auch die Seitentäler von Zambujal besiedelt waren. Hangaufwärts wurde eine weitere Verteidigungsmauer entdeckt. Schon allein durch diesen Befund muß der Umfang der Befestigungsanlage heute mindestens dreimal so groß angenommen werden wie bisher vermutet. Auch außerhalb dieser Verteidigungslinie finden sich prähistorische Keramikansammlungen, so daß nicht auszuschließen ist, daß hangaufwärts noch weitere Befestigungswerke folgen könnten.

Die Hinterhangstellung, ein strategisches Prinzip, das E. Sangmeister und H. Schubart schon als Begründung für die Spornlage und der Befestigung in Form von drei hangaufwärts aufeinanderfolgenden Mauerlinien vorschlugen, wird jetzt durch die vierte Verteidigungsmauer noch deutlicher, denn von dort hat man einen sehr guten Überblick über das Gelände bis zum Grad der Anhöhe, vorausgesetzt die Vegetation wurde niedrig gehalten. Andererseits überblickte man von Zambujal die Meeresbucht und kontrollierte so den gesamten Siedlungsraum.

Im Zentrum der Befestigungsanlage traten unter dem Bauernhaus überraschenderweise noch zahlreiche Siedlungsreste zutage; das Haus war ohne Fundamente auf die kupferzeitlichen Ruinen gesetzt worden. Dadurch wurde ein ausgesprochen wichtiger Bereich konserviert, der sich in den meisten bisher untersuchten Plätzen nicht mehr erhalten hat. Es läßt sich jetzt die Form der inneren Befestigung weitgehend rekonstruieren (Abb. 15). In deren Zentrum standen zudem Rundbauten mit reichen Glockenbecherfunden. In der frühen Besiedlungsphase scheint mitten im Zentrum ein Kupfergießplatz bestanden zu haben. Stellten vielleicht die Schmiede selbst die Oberschicht dar?

15

Die Befestigung auf dem Bergsporn scheint jedenfalls eine Art «Burganlage» gewesen zu sein, die einer ausgedehnten Siedlung Schutz bot. Die früher auf ca. 0,7 ha geschätzte Fläche des Innenraumes dieser Befestigung muß nach diesen neuen Grabungsergebnissen mindestens verdoppelt, wenn nicht verdreifacht werden.

Los Millares im Südosten Spaniens galt bisher immer als der größte derartige Baukomplex der Iberischen Halbinsel. Durch die neuen Ausgrabungen und Forschungen gewinnen nun aber auch andere Siedlungen an Dimension, so Zambujal, Vila Nova de S. Pedro, Leceia und Alcalar im äußeren Westen. Mit diesen Machtmanifestationen sowie der dazugehörenden technologischen und sozialen Entwicklung stellt die Iberische Halbinsel im 3. Jt. v. Chr. eine Besonderheit innerhalb Europas dar.

Die neuen Ergebnisse von Zambujal führten dazu, daß die portugiesischen Behörden das Projekt zur Errichtung eines Freilichtmuseums, das zunächst aufgrund verschiedener Umstrukturierungen der portugiesischen Denkmalpflege zurückgestellt worden war, wieder aufnahmen. Für den Beginn des 21. Jhs. ist nun eine weitere Untersuchungsphase in Zambujal geplant, in der systematisch der Gesamtumfang der äußeren Siedlung und der inneren Befestigung geklärt und Unterschiede zwischen beiden Bereichen erforscht werden sollen. Eine weitere Aufgabe wird es sein, die Nekropole zu suchen, zu der vielleicht einige der schon bekannten Kuppelgräber im Umkreis von 1 km gehören könnten.

Vor allem aber stellt sich heute die Frage, wie stark eigentlich das Kulturge-

fälle von den bekannten Hochkulturen Vorderasiens und Ägyptens zu Südwesteuropa war. Haben wir vielleicht die kulturellen Leistungen der dortigen Kupferzeitkulturen in Ermangelung an Schriftzeugnissen unterschätzt? Die Frage «Ex Oriente Lux?» ist jedoch mit Gewißheit nicht mehr mit einem klaren Ja zu beantworten. Mit viel Spannung erwarten wir nun die Forschungsergebnisse im neuen Jahrhundert.   MK

An der Schwelle vom Vorderen Orient nach Europa: Prähistorische Siedlungsforschung in Türkisch-Thrakien

Ausgelöst durch H. Schliemanns Grabungen im Siedlungshügel von Hissarlık, dem antiken Troja, zogen die Kulturen an der Nahtstelle zwischen Asien und Europa schon am Beginn prähistorischer Forschung besonderes Interesse auf sich. Noch vor Ende des vorigen Jahrhunderts versuchte man, die frühesten Kulturen Mittel- und Osteuropas mit der Entwicklung Vorderasiens zu verknüpfen, wobei der Stratigraphie von Troja, die C. W. Blegen in den 30er Jahren erstmals auf eine gesicherte Grundlage stellte, eine Schlüsselrolle zukam. Insbesondere in der Zeit nach dem Zweiten Weltkrieg kam es auf dem Balkan, in der Ägäis und auch in Anatolien zu einem starken Anstieg der Grabungstätigkeit, was unsere Kenntnis von der Vorgeschichte dieser Kulturräume erheblich vermehrte. Gleichzeitig geriet die Forschung aber in die eigentümliche Lage, daß genau jener Landstrich, wo Anatolien, Ägäis und Balkan aneinandergrenzten, nämlich der heute türkische Teil Thrakiens, praktisch

16

17

Berlin wurden 1993 die Forschungen in einer Mikroregion südlich der thrakischen Provinzhauptstadt Kırklareli aufgenommen, die zahlreiche Plätze vom Frühneolithikum bis zur Frühbronzezeit aufwies. Die Durchführung des Vorhabens ermöglicht in erster Linie die Unterstützung der Deutschen Forschungsgemeinschaft, hinzu kommen Mittel der türkischen Antikenbehörde.

Der neolithische Tell Aşağı Pınar

Im Zentrum der Forschungen stand von Anfang an der Tell von Aşağı Pınar am südlichen Stadtrand von Kırklareli, der die ältesten neolithischen Besiedlungsreste lieferte. An seiner höchsten Stelle öffneten wir die fast 1300 m² große «Zentralfläche». Hinzu kam eine ähnlich große Fläche im Bereich einer weiteren Geländeerhebung weiter nordöstlich («Nordostfläche»), wo allein schon oberflächig eine weitere Konzentration neolithischer Scherben beobachtet werden konnte.

Innerhalb der «Zentralfläche» fand sich zuoberst noch die Basis eines großen, vermutlich späthellenistisch-frührömischen Grabhügels (1. Jh. v. Chr. – 1. Jh. n. Chr.) – ein mächtiger Tumulus von 37 m Durchmesser, von dem Reste seines Lehmsockels erhalten geblieben waren. Fragmente von Menschenknochen und gelegentliche Metallgegenstände im näheren Umfeld des Grabhügels wiesen darauf hin, daß die Bestattung ausgepflügt und zerstört worden sein dürfte. Der Bereich unterhalb des Tumulus war von zahllosen Gruben übersät, deren älteste durch handgemachte früheisenzeitliche Keramik an den Beginn des 1. Jts. v. Chr. datiert werden konnten. Die überwiegende Mehrzahl gehörte jedoch dem 6./5. Jh. v. Chr. an, wie Amphoren vor allem aus Chios sowie schwarzfigurige und schwarzgefirnißte Keramikscherben zeigten. Überraschend war die

unerforscht geblieben ist. Erst im Verlauf der 80er Jahre erkannte man dank zahlreicher, von M. Özdoğan durchgeführter Geländebegehungen die Bedeutung jener Region zwischen Istrandscha-Gebirge im Norden, Marmara-Meer im Süden, Rhodopen und Marica im Westen sowie Schwarzem Meer im Osten als Drehscheibe der frühesten Kulturen in Ost und West. Weitere aufregende Neufunde erbrachten erste Ausgrabungen in Yarımburgaz, einer Höhle nahe Istanbul, in Toptepe bei Tekirdağ sowie im Tell von Hoca Çeşme, einem der frühesten neolithischen Siedlungsplätze Südosteuropas, der offenbar von anatolischen «Kolonisten» gegründet wurde. Es war also klar, daß der Thrakien-Marmara-Raum ein buntes Mosaik von Kulturen zwischen Anatolien und Balkan darstellt. Gleichzeitig wurden aber die Fragen immer

drängender, die einer Beantwortung harrten: Wie entstand das Frühneolithikum in diesem Teil Südosteuropas und welchen Anteil haben daran anatolische Gruppen, wie entwickelten sich auf dieser Grundlage die mittel- und spätneolithischen Kulturverhältnisse bis hin zur Herausbildung der Kupferzeit mit schon organisierten Großsiedlungen und Metallverarbeitung, wie stellte sich der Wandel von der Kupfer- zur Frühbronzezeit dar und welche Bedeutung kommt dabei der Ausstrahlung der trojanischen Kultur zu? Tragfähige Antworten auf diese Fragen waren nur durch die systematische Erforschung einer Siedlungskammer zu erwarten, die großflächige Ausgrabungen an mehreren Plätzen vorsah. Als Gemeinschaftsunternehmen der Universität Istanbul und der Eurasien-Abteilung des Deutschen Archäologischen Instituts in

Abb. 16 Aşağı Pınar. Auswahl mittelneolithischer Keramik, Mitte 6. Jt. v. Chr.

Abb. 17 Aşağı Pınar. Mittel- und spätneolithische Idolplastik, Mitte 6. Jt.–5. Jt. v. Chr.

Abb. 18 Aşağı Pınar. Anthropomorphes Gefäß in Form einer sitzenden Figur mit feiner Ritzverzierung aus Schicht 2, Mitte 5. Jt. v. Chr.

Abb. 19 Kanlıgeçit-Nord. Blick von Südosten auf die spätfrühbronzezeitlichen Megara, um 2000 v. Chr.

Einheitlichkeit ihrer Ausstattung mit stets einigen Amphoren, grauer Ware und handgemachten «thrakischen» Töpfen, während schwarzfigurige und schwarzgefirnißte Feinware nur in Form von einigen ausgewählten Scherben hinzutraten. Auch die Auswahl der Tierknochen ließ auf bewußte Selektion schließen und hatte nichts mit dem gewohnten Inventar von Vorrats- oder Abfallgruben gemein. Dies legte den Gedanken an kultische Nutzung nahe, wofür es zu jener Zeit durchaus Parallelen im westlichen Schwarzmeerraum gab. Diese Deutung wurde durch das Fehlen zugehöriger Bebauungsreste noch unterstützt. Ein 3,5 m tiefer Spitzgraben umschloß schließlich dieses «geheiligte» Areal mit den vermutlich kultisch genutzten Gruben unterhalb des späteren Tumulus, das damit im wesentlichen auf die «Zentralfläche» begrenzt blieb, von gelegentlichen weiteren Gruben in der Nordostfläche abgesehen.

Gruben und Spitzgraben waren direkt in die darunter folgenden neolithischen Siedlungsschichten eingetieft, die dadurch in den oberen Bereichen stark gestört waren. Dennoch gelang es bisher, mindestens sechs Besiedlungsperioden zu unterscheiden, die dem Früh-, Mittel- und Spätneolithikum angehörten und sich zeitlich über große Teile des 6. und 5. Jts. v. Chr. erstreckten. Bemerkenswerterweise begann die Besiedlung zunächst nur im Nordosten, wo ein älterer, frühneolithischer Tell entstand, dessen Erforschung noch nicht abgeschlossen ist. Bisher gelang es nur, ein großes, mehrräumiges Gebäude noch aus der 1. Hälfte des 6. Jts. anzuschneiden, das einen sehr komplexen Grundriß aufweist. Die Pfosten- bzw. Stampflehmwände dieses Hau-

ses waren stellenweise noch bis zu einer Höhe von 70–80 cm erhalten. Damit gehört der Bau zu den besterhaltenen neolithischen Gebäuden in Südosteuropa überhaupt. Im Inneren fand sich u. a. hochqualitätvolle, dünnwandige Keramik, wie sie auch in anderen Regionen typisch für das Frühneolithikum ist; ein Teil der rot- und schwarzpolierten Gefäße trägt weiße, braune und weinrote Bemalung. Unter dem Gebäude sind noch weitere Schichten zu erwarten, deren Untersuchung Ziel der folgenden Kampagnen sein wird.

Bald nach der Mitte des 6. Jts. v. Chr., zu Beginn des Mittelneolithikums, dehnte sich die Besiedlung dann auch auf die Zentralfläche nach Westen aus, wo in der Folgezeit ein jüngerer, mittel- und spätneolithischer Tell entstand. Das Nordostareal wurde zwar zur selben Zeit bis zum Ende des Neolithikums weiterbesiedelt, doch der Schwerpunkt verlagerte sich eindeutig nach Westen. Die Niederlassung bildete eine Reihensiedlung aus kleinen, einräumigen Bauten; es handelte sich um die einzige Besiedlungsperiode dieses Platzes, die nicht in einer Brandkatastrophe zugrunde ging. Die Wände dieser Hütten bestanden aus Pfosten, Flechtwerk und Lehm und trugen zudem innen wie außen einen weißen Kalkanstrich. Um die Häuser herum kennzeichnete eine auffallend harte Oberfläche mit festgetretenen Kieselsteinen, Knochen und Scherben das zugehörige Wegesystem. Nach Südwesten hin wurde die Niederlassung offenbar durch einen Palisadengraben begrenzt. Der Unterschied zum vorangegangenen Frühneolithikum mit seinem komplexen Gebäudegrundriß ist kaum grundlegender denkbar. Er

zeichnet sich auch in der Idolatrie, bei den Knochen- und Steingeräten sowie bei der Keramik überdeutlich ab. Gerade die groben, unsorgfältig gestalteten und verzierten, großenteils dickwandigen Gefäße dieser Schicht bilden einen auffälligen Kontrast zur Feinware des Frühneolithikums.

Die nachfolgende Besiedlungsperiode aus dem letzten Viertel des 6. Jts. v. Chr. brachte erneut einen deutlichen Wandel, der sowohl in der Zentral- als auch in der Nordostfläche gleichermaßen zu beobachten war. Zwar herrschte weiterhin strenge Reihenanordnung vor, doch waren die Häuserreihen anders orientiert als in der vorangehenden Schicht; eine Kontinuität der Hausparzellen lag somit nicht vor. Zudem standen die Bauten nicht so eng, sondern weiter voneinander getrennt. Die Gebäude selbst waren größer, mehrräumig und im Inneren komplexer ausgestattet. Nur im Wandaufbau gab es keine wesentlichen Unterschiede zur vorangehenden Schicht. Ein Großteil der wirtschaftlichen und handwerklichen Tätigkeit der Bewohner fand außerhalb der Häuser statt, wie Funde und Befunde in ihrem Umfeld bestätigten. Die Keramik dieser Periode (Abb. 16) gehört ebenso wie die zugehörige Architektur mit zum Qualitätvollsten, was das Mittel- und Spätneolithikum an diesem Platz zu bieten hat, wenngleich sie nicht an die Erzeugnisse des Frühneolithikums heranreichte. Besonders hervorzuheben ist die zahlreich belegte Idolplastik aus gebranntem Ton (Abb. 17).

Im Spätneolithikum (1. Hälfte des 5. Jts. v. Chr.) blieben die Gebäude ähnlich wie in der vorangegangenen Epoche locker gestreut, d. h. zwischen den einzel-

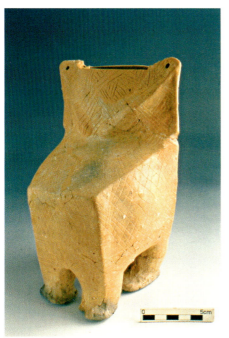

18

19

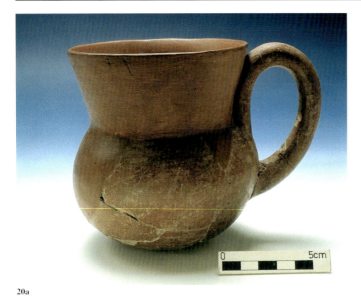

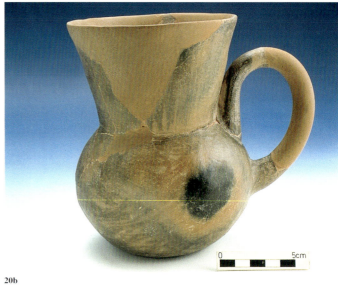

20a   20b

nen Bauten bestanden in der Regel größere Abstände. Gegenüber den älteren Schichten ging die strenge Reihenanordnung der Häuser jedoch ihrer Auflösung entgegen; sie fanden sich vielmehr in Streulage. Ihre Grundrisse waren gegenüber den älteren Straten deutlich schlechter festzulegen, weil kein spezieller Fußbodenestrich mehr im Inneren der Bauten aufgebracht wurde und zudem beim Wandaufbau offenbar keine größeren Pfosten Verwendung fanden. Dies führte dazu, daß zwar Herdstellen, Arbeitsplattformen, Öfen, pithosähnliche, also standortgebundene Vorratsbehälter und andere in situ-Befunde das Innere der Gebäude anzeigten, eine exakte Begrenzung der jeweiligen Räume, d. h. eine Fixierung des Wandverlaufs aber nicht möglich war. Statt dessen zeigte sich, daß die verbrannten Lehmbrocken der Wand- und Deckenkonstruktion häufig sehr regelmäßig verteilt waren und gewissermaßen die Verfüllungen der ehemaligen Räume darstellten. Reihen kleiner Steine markierten offenbar die Grenzen dieser «Verfüllungen» und zugleich auch der Räume; unter dem Versturz kam schließlich das gesamte Inventar der Häuser zum Vorschein. Der Verlauf der Mauern blieb bei den spätneolithischen Schichten von Aşağı Pınar aufgrund einer gegenüber den älteren Perioden veränderten Bauweise gewissermaßen im Negativ erhalten.

Zu den besonderen Funden des Spätneolithikums gehören zwei anthropomorphe Gefäße. Das eine, in Form einer sitzenden menschlichen Figur mit vor dem Oberkörper gehaltenen, dünnen Armen und reicher, fein ausgeführter Ritzornamentik, kam nahe einer plastisch verzierten Herdstelle eines Gebäudes aus der Mitte des 5. Jts. zum Vorschein (Abb. 18). Be-

sonders bemerkenswert dabei ist, daß die einzigen Parallelen zu diesem Stück aus der ostungarischen Szakálhát- und Tisza-Kultur bekannt sind, wo sie zudem in großer Zahl vorliegen und als geradezu charakteristisch gelten dürfen. Dies unterstreicht die weitreichenden Verbindungen dieser Region, die bis tief ins Karpatenbecken hineinreichten. Im Nachbargebäude kam ein weiteres Stück zutage, das zu den herausragendsten Vertretern anthropomorpher Tongefäße im südosteuropäischen Neolithikum gehört und das bislang singulär bleibt. Der Zylinderhals trägt ein plastisch gestaltetes Gesicht mit Nase, Augen, Ohren und Mund. Der Stil der Gesichtsdarstellung schlägt erneut eine Brücke nach Ostungarn, während der untere Teil des Gefäßes ohne Parallele ist: Der wohl weibliche Körper wird durch zwei runde Gefäßteile zum Ausdruck gebracht; auf dem oberen lassen sich zwei spitze Brüste und zwei dünne, vor den Oberkörper gehaltene Arme erkennen, während auf dem Unterteil drei menschliche Figuren mit auffallend spitzen Nasen appliziert wurden.

Die äneolithische Flachsiedlung Kanlıgeçit-West

Der Tell Aşağı Pınar wurde am Ende des Spätneolithikums verlassen. Das gesamte Fundgut war bis dahin auffallend deutlich an die Entwicklung in Innerthrakien (Bulgarien) gebunden, wenngleich Verbindungen nach Anatolien und in die nördliche Ägäis in der Keramik ebenfalls sichtbar wurden. Zu Beginn der nachfolgenden Kupferzeit (Äneolithikum) im ausgehenden 5. und beginnenden 4. Jt. v. Chr., als es in Bulgarien zu einer kulturellen Blüte kam, verbunden mit dem

Entstehen riesiger Siedlungshügel und einem Aufschwung von Kupfer- und Goldmetallurgie sowie Fernhandel, folgte man in Türkisch-Thrakien nicht mehr dieser Entwicklung: die Siedlungshügel wurden aufgegeben. Statt dessen entstanden in ihrer Nähe Flachsiedlungen, wie wir sie in Kanlıgeçit-West, ca. 400 m von Aşağı Pınar entfernt, freilegten. Die Veränderungen in der Wahl des Siedlungsplatzes, in der Bauweise und im gesamten Fundgut waren so tiefgreifend, daß man an einen Zuzug neuer Bevölkerungsgruppen zu denken geneigt ist. Die vorherrschende Keramik nach Präcucuteni-Art weist in die Richtung, aus der die Neuerungen kamen, nämlich in den nordwestlichen Schwarzmeerraum (Nordostrumänien, Moldawien, Südwestukraine). Es mußte sich um Vorgänge gehandelt haben, die nur den westpontischen Küstenstreifen betroffen haben dürften, diesen allerdings bis weit nach Süden.

Der frühbronzezeitliche Tell Kanlıgeçit-Nord

Zu einem erneuten Wandel der Kulturverhältnisse kam es während der Frühbronzezeit im späten 4. und vor allem

Abb. 20a.b   Kanlıgeçit-Nord. Spätfrühbronzezeitliche Keramik westanatolischer Prägung, spätes 3. Jt. v. Chr.

Abb. 21   Jardín, nördlich von Toscanos gelegene Nekropole, am Westufer des Río de Vélez (Provinz Málaga). Der Silberring aus Grab 88 trägt einen drehbar eingesetzten Skarabäus, dessen nächste Parallelen in Naukratis im 6. Jh. v. Chr. hergestellt wurden.

3. Jt. v. Chr., die im Tell Kanlıgeçit-Nord, unweit der äneolithischen Flachsiedlung, großflächig erforscht werden konnte. Die oberste Bauschicht lieferte hier drei große, nebeneinander stehende Megaronbauten, von denen das nördliche teilweise zerstört war (Abb. 19). Sie wurden von einer Befestigungsmauer umschlossen, die diesen herausgehobenen Siedlungsbereich (Zitadelle oder Temenos?) vom Rest der Niederlassung abschirmte. Der Zugang in diesen Bezirk im Südwesten war als «Propylon» gestaltet. Siedlungsmuster und Bauformen erinnern stark an das frühbronzezeitliche Troja, wenn auch in kleinerem Maßstab. So weit im Norden, nahe der Grenze zu Bulgarien, darf diese Entdeckung jedenfalls als Überraschung gelten. Die Keramik dieser obersten Schicht unterstrich den östlichen Bezug: Sie war ausschließlich anatolisch geprägt (Abb. 20), wobei sich Verbindungen nach Troja IV/V und in den Yortan-Bereich sowie nach Zentralanatolien andeuten, während balkanische Elemente keine Rolle spielten. Die Gefäße gehören an das Ende der Frühbronzezeit bzw. an die Schwelle zur Mittelbronzezeit, datieren demnach in die Zeit um 2000 v. Chr.

Unter diesen Megara folgten drei weitere Bauschichten, deren Erforschung erst begonnen hat. Über ihre Architektur ist somit wenig bekannt, wenngleich in der zweiten Schicht ebenfalls Megaronbauten vorzuliegen scheinen. Anatolische Keramik ist in allen Straten vertreten, nimmt aber zu den älteren Ablagerungen hin zugunsten balkanischer Waren deutlich ab. Damit läßt sich schon jetzt sagen, daß die Stratigraphie von Kanlıgeçit-Nord von großer Bedeutung für die Verknüpfung der Kulturentwicklungen in Anatolien und auf dem Balkan während des 3. Jts. v. Chr. sein wird.

Die Ausgrabungen in Aşağı Pınar, Kanlıgeçit-West und Kanlıgeçit-Nord südlich von Kırklareli bieten damit ausgezeichnete Möglichkeiten, den gesamten Prozeß des Kultur-, Siedlungs- und Wirtschaftswandels vom Frühneolithikum bis zur beginnenden Mittelbronzezeit in ein und derselben Mikroregion zu erforschen. Innerhalb der weiten Zeitspanne vom späten 7./frühen 6. bis zum Beginn des 2. Jts. v. Chr. war Türkisch-Thrakien immer wieder unterschiedlich orientiert, offenbarte sich aber trotzdem als eigener Kulturraum mit seinen besonderen Eigentümlichkeiten an der Schwelle vom Orient zum Okzident. Die Entwicklungen in Innerthrakien, in der Nordägäis, in Kleinasien und im nordwestlichen Schwarzmeerraum waren dabei gleichermaßen bedeutend. Welcher Region dabei jeweils zu den verschie-

denen Zeiten der Vorrang zukam, hing von den jeweiligen historischen Gegebenheiten und Ereignissen ab, mit deren Rekonstruktion wir gerade erst begonnen haben. HP

Ostmediterrane Kauffahrer im fernen Westen
Phönizische Niederlassungen an Andalusiens Küste

Im 8. Jh. v. Chr. ließen sich phönizische Kaufleute an der andalusischen Mittelmeerküste nieder. Mit ihnen erscheint erstmals eine orientalische Hochkultur in reiner Ausprägung und mit allen Errungenschaften einer Stadtkultur, einschließlich der Schriftlichkeit, auf der Iberischen Halbinsel und übt mit ihrem höheren Kulturniveau einen nachhaltigen Einfluß auf die Entwicklung der einheimischen, tartessischen und iberischen Kulturen aus. Das Deutsche Archäologische Institut Madrid führte von 1964–1986 Grabungen zur Erforschung der phönizischen Niederlassungen im Raum von Torre del Mar bei Málaga/Südspanien durch. Die dabei gewonnenen Ergebnisse, zum Teil aufregende Entdeckungen, warfen ein erstes, helles Licht auf die Niederlassungen und die Lebensgewohnheiten dieser phönizischen Kaufleute und bildeten den Auftakt für die in den letzten Jahrzehnten in breiter Front voranschreitende spanische und portugiesische Phönizierforschung.

Bei Torre del Mar, 28 km östlich der Provinzhauptstadt Málaga, mündet der Río de Vélez in das Mittelmeer. Heute stößt seine Mündung mit einem kleinen Zuckerrohrbestandenen Delta über die Küste vor, während der Fluß selbst, bis auf seltene, durch heftige Regenfälle ausgelöste Hochwasser, meist trocken liegt. Und doch stellte der Unterlauf des Flusses zur Zeit der phönizischen Ansiedlung an der iberischen Küste eine mehrere Kilometer in das Land hineinreichende Meeresbucht dar, auf der sich noch in der frühen Neuzeit Schiffe bewegen konnten, wie die in enger interdisziplinärer Forschungsarbeit von Geologen und Archäologen durchgeführten Untersuchungen zeigten. Dabei wurde auch deutlich, daß die Hauptmenge des Sediments im Unterlauf des Río de Vélez nach einer starken Bodenerosion im Gefolge der Entwaldung des Hinterlandes erst seit dem Beginn der Neuzeit zur Ablagerung gelangte.

Dort, wo das Westufer dieser Bucht die Meeresküste traf, liegt der sich 18 m über das Meeresniveau erhebende Hügel von Toscanos (Abb. 22), der als kleine Halbinsel in die Einfahrt zur Bucht vorstieß: Ein besonders günstiger Platz für eine phönizische Niederlassung, wie die seit 1964 durchgeführten Grabungen nachwiesen. Dabei konnte sichtbar gemacht werden, wie sich die phönizischen Häuser an einer Straße reihen und wie Treppenstufen zu den aus größeren Schwellsteinen gebildeten Eingängen

21

hinaufführen. Das Haus wohl eines phönizischen Handelsherrn bestand aus mehreren gereihten Räumen, die sich um einen Innenraum bzw. -hof zu gruppieren scheinen. Ein anderes Gebäude zeichnet sich durch ein breites Mittelschiff mit zwei schmalen Seitenschiffen aus und läßt sich als ein Magazin deuten. Alle diese Bauten haben einen kräftigen Steinsockel, über dem sich erst von einer bestimmten Höhe an die Wände aus Lehmziegeln oder Stampflehm erheben. Die früheste Ansiedlung in der 2. Hälfte des 8. Jhs. v. Chr. scheint sich nur auf die kleine Halbinsel Toscanos beschränkt zu haben und dehnt sich erst im 7. Jh. auf die benachbarten Hänge aus, wo sie um 600 v. Chr. durch eine noch nachweisbare Maueranlage geschützt wurde.

Sowohl auf einem Hügel nördlich von Toscanos, der durch einen Taleinschnitt abgetrennt ist, als auch auf dem gegenüberliegenden Ufer der Meeresbucht fanden sich Nekropolen, die vom 7./6. Jh. bis in das 4. Jh. v. Chr. belegt worden sind und zu der Niederlassung von Toscanos

gehört haben müssen. In der nördlich gelegenen Nekropole Jardín, von der 101 Gräber untersucht wurden, fanden sich in den Felsen eingetiefte Grabgruben, die zum Teil mit Lehm verkleidet waren. Daneben zeigten sich aber auch aufwendigere Grabanlagen aus kräftigen, gut gefügten Kalksteinquadern oder Kalksteinsarkophage. Unter den Beigaben sind Kannen und Lampen aus Ton, aber auch Straußeneier, Skarabäen, Perlen und reicher Silberschmuck (Abb. 21) des 6./5. Jhs. v. Chr. zu erwähnen.

Die Untersuchungen des Deutschen Archäologischen Institutes bezogen auch das Mündungsgebiet des 7 km weiter östlich gelegenen Río Algarrobo ein, wo eine auf dem Ostufer befindliche Anhöhe, der Morro de Mezquitilla (Abb. 23), eine weitere phönizische Niederlassung trägt, die nach dem derzeitigen Forschungsstand eine der ältesten, wenn nicht die älteste phönizische Niederlassung auf iberischem Boden darstellt. Die älteste Siedlung, die wohl im 2. Drittel des 8. Jhs. v. Chr. gegründet wurde, besteht

aus mehreren größeren Bauten, zwischen denen sich eine schmale Straße hinzog. Die Wände aus Lehmziegeln, mit grauem Fugenmaterial und rotbraunem Außenmörtel, sind mit feinem gelben Lehm verputzt. Stellenweise ließen sich mehrere Schichten von feinstem Kalkverputz und roter bzw. grüngelber Bemalung beobachten. Die Fußbodenniveaus, die an dem mehrfach erneuerten, gelben Lehmestrich zu erkennen sind, wurden dem Hanggefälle folgend leicht abgestuft. Die Lehmziegelwände haben beim Einstürzen stellenweise ganze Keramikinventare unter

Abb. 22 Blick auf das Mündungsgebiet des Rio de Vélez (Provinz Málaga), am Westufer der Hügel von Toscanos mit phönizischer Niederlassung (s. Pfeil).

Abb. 23 Das Tal des Rio Algarrobo (Provinz Málaga). Blick von Südwesten. Rechts unten der Morro de Mezquitilla (s. Pfeil), wohl der älteste phönizische Siedlungsplatz – gegründet im 2. Drittel des 8. Jhs. v. Chr. – auf der Iberischen Halbinsel.

sich begraben und für die Ausgräber bewahrt.

Im Südwesten der Grabungsfläche befand sich eine metallverarbeitende Werkstatt, die an diesem Platz zu den ältesten Anlagen überhaupt gehört. Zu ihren Überresten gehören eine Reihe von Öfen, die zum Teil mehrfach erneuert wurden, Schlackenreste, Bruchstücke von Ausgußgefäßen und Belüftungsrohre aus Ton. Diese Belüftungsrohre waren die Mündungsstücke der Blasebälge und tragen an der Mündung selbst häufig noch Reste des geschmolzenen Metalls. Der überwiegende Teil der Schlackenreste läßt auf eine Eisentechnologie schließen, neben der in geringem Umfang auch Buntmetallurgie nachweisbar ist.

Für das Wirken einer solchen metallverarbeitenden Werkstatt war natürlich das Brennmaterial von außerordentlicher Bedeutung. Die Analyse der zahlreichen Holzkohle-Proben ermöglichte es, die natürliche Vegetation in der Umgebung der Siedlung zu rekonstruieren: aus einem dichten bis undurchdringlichen Macchie-Dickicht ragten vereinzelt 2 m hohe oder höhere Sträucher empor, Vertreter der immergrünen Wälder wie Kiefer, Eichen und Gliederzypressen, die von den Eisenschmieden als Brennholz genutzt wurden.

Im Rahmen der für die phönizische Wirtschaft charakteristischen, hochspezialisierten Rohstoffverarbeitung ist es für die West-Expansion der Phönizier bezeichnend, daß für ihre Niederlassungen an der andalusischen Küste hier und andernorts die Tätigkeit von Eisenschmieden belegt ist. Aufgrund der Beobachtungen auf dem Morro de Mezquitilla läßt sich sagen, daß die Eisenverarbeitung offenbar zu den ersten Aktivitäten der hier seßhaft werdenden Phönizier überhaupt gehörte und daß die Voraussetzungen für diese Technologie, insbesondere also das Vorhandensein von Erzlagerstätten, auch bei der Wahl des Platzes eine entscheidende Rolle gespielt haben müssen. Bevor oder zumindest während die Siedlungen entstanden, müssen demnach Prospektionen durchgeführt worden sein. Der hohe Wert von Geräten und Waffen aus dem neuen Werkstoff Eisen und der einzigartige Vorsprung und Handelsvorteil, der sich für die phönizischen Händler daraus ergab, werden durch diese Forschungsergebnisse besonders für die früheste Niederlassungsphase bestätigt.

Die auf dem Morro de Mezquitilla lebenden Phönizier hatten, wie es auch an anderen Plätzen üblich ist, ihr Gräberfeld auf dem gegenüberliegenden, westlichen Flußufer in Trayamar: Die in den Felsen eingeschnittenen, mit einem rampenartigen Zugang versehenen Kammern, zeigen eine Quaderarchitektur ostmediterranen Ursprungs. Die Funde von Amphoren, Kannen und Lampen (Abb. 24), ebenso die Goldausstattung (Abb. 25), bestätigen den phönizischen Charakter der Gräber, der sich auch im typischen Nebeneinander von Brand- und Körperbestattung zeigt. Die Belegung scheint um die Mitte des 7. Jhs. v. Chr. eingesetzt und bis in die Zeit um 600 v. Chr. angedauert zu haben.

24

25

Die Untersuchungen zum Verlauf der antiken Küstenlinien haben gezeigt, daß auch beim Morro de Mezquitilla die Phönizier mit ihren Schiffen bis an den Hügelfuß gelangen konnten. Von den phönizischen Küstenplätzen Toscanos und Morro de Mezquitilla aus gab es dann über die jeweiligen Flußtäler einen leichten Zugang in das Landesinnere und schließlich über den Paß von Zafarraya in das Hochland von Granada, also gute Möglichkeiten für Handelsverbindungen mit den Siedlungen im Hinterland. Am Unterlauf beider Flüsse befanden sich ausreichend große Flächen für den notwendigen Ackerbau mit Bewässerung und, zusammen mit den Berghängen, für die Viehzucht, die die Lebensgrundlagen auch einer Handelsniederlassung darstellten. Zahlreiche Knochenfunde von Rindern, Schafen und Ziegen, weniger von Schweinen, was bei der ethnischen Zugehörigkeit nicht verwundert, belegen die Haustierhaltung. Den Funden nach zu urteilen, gerade auch im Vergleich zu benachbarten einheimischen Siedlungen, sind die Phönizier weniger auf die Jagd gegangen als vielmehr häufiger auf Fischfang ausgezogen.

Unter den wirtschaftsgeschichtlichen Daten verdient eine Beobachtung beson-

Abb. 24 Trayamar, die phönizische Kammergräber-Nekropole auf dem Westufer des Río Algarrobo (Prov. Málaga). Die drei Kannen aus Grab 4, die alle den charakteristischen roten Überzug der älteren phönizischen Tonware tragen, gehören zum Typ der Kannen mit pilzförmiger Mündung – die linke Kanne – und zum Typ der Kannen mit Kleeblattmündung – die beiden rechten Kannen, 2. Hälfte des 7. Jhs. v. Chr. Die gleichzeitige, zweischnäuzige Lampe im Vordergrund stammt aus Grab 1.

Abb. 25 Trayamar, die phönizische Kammergräber-Nekropole auf dem Westufer des Río Algarrobo (Provinz Málaga). Der nur 2,5 cm Durchmesser haltende Goldanhänger aus Grab 4 trägt eine ägyptisierende Darstellung in leichtem Relief, die von feiner Granulation bedeckt oder begleitet wird und auf der ein Baitylos in Form eines «Berges», eine Doppeluräusschlange mit Horusfalken, darüber eine von Granulation bedeckte Scheibe mit eingeschriebener schmaler Sichel sichtbar sind, wieder darüber eine geflügelte Sonnenscheibe mit aus Perlenketten gebildeten Strahlen und schließlich je eine Schlange aus feinem Draht, 2. Hälfte des 7. Jhs. v. Chr.

Abb. 26 Segesta. Der große Tempel. Rekonstruktion der Frontansicht mit Veranschaulichung der wichtigsten Proportionen.

dere Erwähnung: Unter den Molluskenresten, speziell den Meeresschnecken, fiel die hohe Zahl von Stachelschnecken auf. Aus verschiedenen dieser Arten wurde von den Phöniziern Purpur gewonnen, wie die schriftlichen Quellen berichten, wie aber auch Bodenfunde aus dem Umkreis der phönizischen Städte des Mutterlandes belegen. In diesem Zusammenhang könnten auch die Funde von Vélez und Algarrobo stehen und zu in der Nähe gelegenen Werkstätten zur Purpurgewinnung gehören. Dafür jedenfalls sprechen die Öffnungsspuren an den Schneckenhäusern, die identisch sind mit solchen aus Sidon und Tyros.

Offenbar standen die Handelsniederlassungen von Toscanos und vom Morro de Mezquitilla im freien Güteraustausch mit den einheimischen Stämmen des Hinterlandes und unterhielten auch deshalb mit ihnen friedliche Beziehungen. In Anbetracht der geringen Bevölkerung, die in diesen Niederlassungen gewohnt haben dürfte, war weder in der Gründungsphase noch in der Folgezeit daran zu denken, das Hinterland oder Teile davon militärisch zu unterwerfen. Überhaupt hat offenbar die militärische Komponente zur Zeit der phönizischen Gründungen eine rela-

tiv untergeordnete Rolle gespielt, wie die geringe Bedeutung der Verteidigungsanlagen, aber auch die Zusammensetzung der Grabinventare belegen. Die beste Verteidigung der phönizischen Ansiedler bestand in Notzeiten im Rückzug auf ihre Schiffe und auf das von ihnen beherrschte Meer.

Zweifellos rückten die Seehandelsmächte des Ostmittelmeerraumes die Iberische Halbinsel durch die Gründungen ihrer Niederlassungen an den Küsten seit dem 8. Jh. v. Chr. immer stärker in den Einflußbereich der Hochkulturen. Die in diesem Zusammenhang bedeutsame phönizische Kolonisation an der spanischen Südküste ist durch die archäologischen Entdeckungen – insbesondere durch die frühen Pionier-Arbeiten des Deutschen Archäologischen Instituts Madrid im Raum von Torre del Mar – in überraschender Weise historisch sichtbar geworden.   HS

Städte und Tempel Großgriechenlands

Die große griechische Kolonisationsbewegung in den ionischen Osten und ins Schwarzmeergebiet, vor allem aber – seit

der Mitte des 8. Jhs. v. Chr. – in die ausgedehnten und fruchtbaren Küstenebenen Unteritaliens, hat dem Griechentum Räume erschlossen, die sein Überleben überhaupt erst ermöglichten. Dies umsomehr als es sich dabei um selbständige neue Ansiedlungen, *apoikiai*, also eigenständige Wohnstätten fern von der Heimat, und nicht um Kolonien im modernen Sinn handelte. Die günstigen natürlichen Gegebenheiten in den «Neuen Ländern» führten bald zu üppiger Blüte, die in den großen regelmäßigen Stadtanlagen und den anspruchsvollen Tempelbauten ihren anschaulichsten Ausdruck findet. Zugleich aber paßte sich das Leben der Auswanderer den vorgefundenen Bedingungen an und ließ eine neue und in vielen Zügen eigene und besondere Kultur entstehen. Denn sie mußten sich nicht nur mit neuen geographischen, klimatischen und wirtschaftlichen Verhältnissen auseinandersetzen, sondern, wichtiger noch, mit der Lebensweise der altansässigen italischen Völker. Diese hatten, auch befruchtet durch intensive – und in den letzten Jahren immer besser erkannte – frühe Kontakte mit mykenischen Griechen, hochentwickelte Kulturen ausgebildet, die die neuankommenden Griechen zu

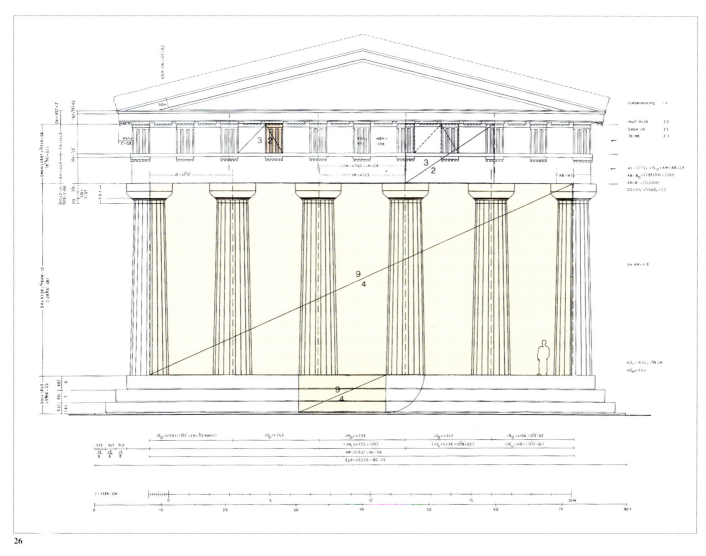

Siedlungsgebiet in Unteritalien südlich von Neapel und in Sizilien, ist eines der fruchtbarsten Forschungsfelder der Archäologie in Italien. Das Deutsche Archäologische Institut Rom ist hier seit Jahrzehnten in wachsendem Umfang an der Ausgrabung und Erforschung großer Städte wie Metapont und Selinunt beteiligt sowie an der Aufnahme und Publikation, aber auch an der Planung von Maßnahmen zur Erhaltung monumentaler Bauwerke wie der berühmten Tempel in Paestum, Agrigent und Segesta oder der gewaltigen Festungswerke von Syrakus und Selinunt.

Die großen Tempel

Die moderne Bauforschung hat inzwischen Methoden entwickelt, um in das Wesen antiker Bauwerke bis hin zum Verständnis der Entwurfsplanung und den Bedingungen der Baudurchführung einzudringen. Voraussetzung dazu ist eine detaillierte Kenntnis des Zustandes einer Ruine in allen ihren Maßen, auch mit den Verformungen, die sie erlitten hat. Dies ist nur mit einer Vermessung und graphischen Bauaufnahme in größerem Maßstab möglich, bei der unmittelbar am Bau

einer differenzierten Auseinandersetzung zwangen. Ihrerseits wurden die Griechenstädte Unteritaliens immer mehr zu Vermittlern zu den Hochkulturen Mittelitaliens, also Etrurien und dem frühen Rom, deren Zivilisationen ohne den Beitrag der griechischen Kolonien nicht vorstellbar ist. Dasselbe gilt für die westliche Grenze des griechischen Kolonisationsgebietes, den Westen Siziliens, wo

das nahe phönikische Karthago florierende Handelsniederlassungen eingerichtet hatte. Mit einem Wort: Nicht allein die griechische Kultur an sich, sondern ihre Interaktion mit der Lebensweise der Völker des besetzten Landes selbst sowie mit den angrenzenden Kulturen steht im Mittelpunkt des Interesses der modernen Forschung in Unteritalien.

Großgriechenland, das griechische

effiziente moderne Meßtechnik mit handwerklich genauer Arbeit kombiniert werden. So ist etwa bei der Aufnahme des Tempels von Segesta (Abb. 26) verfahren worden, wo erstmals versucht wurde, die Photogrammetrie auf einen Bau von so hoher Genauigkeit wie einen klassischen Tempel anzuwenden. Bei der Verbindung mit konventionellem Handaufmaß zeigten sich dabei freilich auch die Grenzen dieser Technik, die nur bei unmittelbarer Überprüfung und Ergänzung am Bau selbst sinnvoll anzuwenden ist. Jedenfalls war es durch die gleichzeitige Anwendung beider Techniken möglich, erstmals einen griechischen Tempel, der zudem noch größtenteils aufrecht steht und dessen vollständige Einrüstung wirtschaftlich nicht zu realisieren gewesen wäre, in einem geschlossenen Maßsystem zu dokumentieren und damit genaue Auskunft

Abb. 27 Paestum. Der archaische Heratempel, die «Basilika». Ansicht von Nordosten.

Abb. 28 Paestum. Der archaische Heratempel, die «Basilika», Rekonstruktion.

Abb. 29 Paestum. Der «Poseidontempel». Ostfront.

über alle Maße einschließlich der Setzungen und Verformungen zu erhalten.

Der Tempel von Segesta bot sich zur detaillierten monographischen Erforschung geradezu an: Eines der wenigen Beispiele seit der Antike noch vollständig, wenn auch mit manchen Setzungen und Beschädigungen, aufrecht stehender Ringhallen eines hochklassischen griechischen Tempels versprach gute Ergebnisse zu den angesprochenen Fragen des Bauentwurfs und der antiken Bautechnik. Hinzu kommt, daß der Bau nie fertiggestellt wurde und daher noch viele bautechnische Merkmale (Schutzbossen, Hebevorrichtungen, Aufschnürungslinien) sichtbar sind, die in der Regel bei der letzten Feinarbeit am Bau getilgt werden.

Tatsächlich war es hier dank der vielen Meßdaten möglich, eine alte Vermutung zu erhärten und methodisch einwandfrei zu beweisen: Griechische Tempel klassischer Zeit verdanken ihre ausgewogenen Verhältnisse der präzisen Anwendung von harmonischen Proportionen, so wie sie die ganzen Zahlen der Lehre der Pythagoreer bilden. Im Gesamtumriß und in den Einzelformen ist der Bau von Maßen bestimmt, die Zahlenverhältnisse bergen, welche ihrerseits untereinander in einem Zusammenhang stehen. Denn ausgehend

von einem gewählten Grundmaß, etwa der Tempelbreite, wurden mit auf Zahlenverhältnissen beruhenden Rechnungen, also durch Bruchrechnung, die Dimensionen der übrigen Baumaße, von den großen Umrissen bis hin zum Detail, ermittelt. Nichts bleibt so dem Zufall überlassen, doch innerhalb des gänzlich rationalen Entwurfs ist die Wahl der Proportionen und die Art, in der sie miteinander in Beziehung gesetzt werden, die eigentliche Entscheidung des Architekten – darin liegt seine künstlerische Freiheit und seine Verantwortung, soweit Konvention und Zeitgeschmack ihm nicht Zügel anlegen. Diese Art des Entwerfens kommt ohne Zeichnung oder Modell aus (sieht man ab von Einzelformen, die in klassischer Zeit auch ausschließlich in Naturgröße entwickelt wurden); es vollzieht sich vielmehr in einer Art dialektischer Auseinandersetzung mit bereits bestehenden Bauten, die gewissermaßen als Modelle im M. 1:1 dienen. Zugleich erleichtert die Rationalität solchen Planens die Koordination aller bauorganisatorischen Schritte von der Bestellung der Bausteine im Steinbruch bis zum genauen Versatz jedes einzelnen Elements im Bau. Dieses Verfahren ist freilich die Frucht einer langen Entwicklung. Es sollte sich, wie wir sogleich sehen werden, erst in hochklassischer Zeit durchsetzen, ist dann aber so konsequent gehandhabt worden, daß man gar eine Entwicklungsgeschichte dieser Art des Planens verfolgen kann. Dies ergab sich aus der Erweiterung der Untersuchung auf die anderen klassischen Tempel Siziliens und besonders beim Studium der so einheitlichen Bauschule von Agrigent.

Diese Erkenntnisse halfen auch, ein lange diskutiertes Problem des Segestaner Tempels besser zu verstehen: nämlich die Umstände, unter denen ein rein griechischer Tempel in ein nichtgriechisches Umfeld gewissermaßen «exportiert» werden konnte. Er war ja von einem einheimischen Volksstamm, den Elymern, in deren Hauptstadt für einen unbekannten lokalen Kult errichtet worden. Daher hatte man sich gefragt, ob der Umstand, daß in der vollständig ausgeführten Ringhalle keine Cella steht, mit dieser Besonderheit zu tun habe und der Säulenkranz lediglich einen alten Kultplatz unter offenem Himmel einfriede. Die Grabung ergab aber, daß der Tempel in normaler Weise mit der Cella geplant und deren Bau auch begonnen, nur noch nicht weit gediehen war, als der Bau beim Einfall der Karthager im Jahre 409 v. Chr. eingestellt wurde.

Tatsächlich müssen die Segestaner gegen Ende des 5. Jhs. v. Chr. mit den griechischen Verhältnissen sehr vertraut gewesen sein, auch wenn wir im einzelnen noch wenig Einblick in ihre Kultur haben. Der Überlieferung nach unterhielten sie enge Beziehungen zu Athen und lieferten letztlich auch den Anlaß zu dem verhängnisvollen Eingreifen der Athener in die sizilianischen Verhältnisse mit der Konsequenz ihrer vernichtenden Niederlage vor Syrakus 414/3 v. Chr. Manche Bauformen und Eigenarten des Entwurfs lassen in der Tat die Kenntnis der gleichzeitigen Architekturentwicklung in Athen durch den Segestaner Baumeister erkennen. Ganz verständlich wird der Tempel aber erst im Kontext der Entwicklung des dorischen Tempels klassischer Zeit im griechischen Westen; daher wurde die Untersuchung auch weit ausgedehnt, um die spezifischen Charakteristika dieser Baukunst im Unterschied zu der des griechischen Mutterlandes herauszuarbeiten – dies im einzelnen zu referieren, würde an dieser Stelle aber zu weit führen.

Ihre charakteristische Eigenständigkeit entwickelte die Baukunst der Westgriechen schon zur Zeit ihrer ersten raschen Blüte in der Archaik. Zusammen mit den frühen Tempeln von Metapont, die in ihrer Verschiedenartigkeit untereinander das tastende Suchen nach verbindlichen Lösungen erkennen ließen, galt ein besonderes Studium einem der scheinbar bekanntesten Tempel, der berühmten hocharchaischen «Basilika», des alten Heratempels in Paestum (Abb. 27. 28).

Dabei ging es neben der möglichst genauen und begründeten Rekonstruktion der ungewöhnlichen Bauten vor allem um zweierlei: nämlich diese frühe Baukunst des Westens in ihrer Entstehung und Entwicklung zu untersuchen und zugleich ihre aus den kolonialen Gegebenheiten resultierende Besonderheit im Vergleich mit der gleichzeitigen Architekturentwicklung des Mutterlandes zu verstehen. Denn der alte Heratempel in Paestum nahm bisher in der Architekturgeschichtsschreibung eine Sonderstellung ein, vor allem wegen seiner altertümlichen Grundrißform mit mittlerer Säulenreihe und ungerader Säulenzahl an der Front und der großen Zahl der Säulen sowie wegen der eigenartigen Vermengung von Bauformen dorischen und ionischen Gepräges. Jetzt wissen wir, daß der Tempel der letzte und monumentalste Repräsentant einer frühen Entwicklungsreihe großgriechischer Tempel ist, welche die Typologie der noch vorwiegend aus Holz bestehenden mutterländischen Tempel des 7. Jhs. v. Chr. fortführt. Auch die eigentümlichen Stilelemente der Einzelformen – Kapitelle, Triglyphen, gliedernde Profile – sind nicht etwa als freie Aneignung von Elementen aus der entwickelten dorischen und ionischen Architekturordnung zu verstehen, so sehr die Formen auf den ersten Blick an solche erinnern. Denn beide Ordnungen befanden sich zur Zeit der Ausbildung des unteritalischen Architekturstiles auch im Mutterland noch in einer Phase der Klärung. Vielmehr handelt es sich um einen eigenen – und vor allem in den Kolonien peloponnesisch-achäischen Ursprungs ausgeprägten – Architekturstil, in dem so etwas wie «Spurenelemente» dorischen und ionischen Formgutes zu einem Mischstil gerinnen, der in dieser Weise nur im kolonialen Umfeld möglich ist.

Die baugeschichtliche Analyse der «Basilika», die nur vor dem Hintergrund einer parallelen Untersuchung der ganzen archaischen Baukunst möglich war, führte so zu einer differenzierten Darstellung der Phänomene Westgriechenlands in seinen verschiedenen Strömungen als eines Teiles der in mehrere «Architekturlandschaften» gegliederten griechischen Welt.

Gegenwärtig wird die besonders komplexe Epoche des Umbruchs von der späten Archaik zur Klassik in der Zeit des Strengen Stils neu untersucht, und dies wieder mit der monographischen Bearbeitung eines beispielhaften Baues als Kern, nämlich des berühmtesten dorischen Tempels des Westens überhaupt, dem «Poseidontempel» in Paestum (Abb. 29). Nach F. Krauss' alle früheren Erkenntnisse zusammenfassender meisterlicher Interpretation des Tempels, der Darlegung der Präzision der Bauausführung und seiner Beobachtung der sensibelsten Verfeinerungen – wie Kurvaturen bis hinein ins Gebälk, feinste Staffelungen und maßliche Abstufungen von grundsätzlich gleichen Baugliedern zur Erreichung räumlich-plastischer Effekte – erwartet man von einer umfassenden Vermessung auch tiefere Erkenntnisse über die Grundlagen des Entwurfs, insbesondere über die Proportionen der Glieder und ihre Bezüge zueinander. Nachdem sich ein anfänglicher Versuch einer photogrammetrischen Aufnahme des aufrecht stehenden Bauwerkes mangels Genauigkeit als unzureichend erwiesen hatte, ergab jetzt die vollständige Einrüstung des Tempels zu Restaurierungszwecken die Gelegenheit zu einer detaillierten und alle Maße in einem geschlossenen System erfassenden Bauaufnahme des Oberbaues in großem Maßstab (1:25).

Das Ergebnis ist überraschend: Zwar ist die Steinarbeit von der erwarteten Präzision, alle Anschlüsse sind von bewundernswerter Paßgenauigkeit, und auch die Einzelformen von bisher unerreichter Feinheit in der Linienführung der Umrisse und hohem künstlerischem Ausdruck. Etwa die Spannkraft, welche die Kapitelle belebt und deren unterschiedliche Position und Aufgabe am Bau genau entspricht, die Kurvaturen, die alle Seiten – nicht nur die Fronten, wie man bisher meinte – erfassen, die sanfte Entasis der Säulen: alles zeugt von bisher undenkbarer Meisterschaft und teilt sich jedem Betrachter im Gesamteindruck mit.

Und so wird man wohl auch Unerwartetes nicht als Defizit, sondern in seiner Wirkung für das Ganze verstehen: Denn in den Einzelmaßen – die erst durch die umfassende Vermessung bekannt geworden sind – herrscht eine Variation, die im ersten Augenblick gar als Unordnung erscheinen muß, da sich keine Regel erkennen läßt. Die Triglyphen etwa variieren in ihren Abmessungen und Abständen derart, daß das Prinzip der vertikalen

Abb. 30 Metapont. Bauphasenplan des Stadtteilheiligtums. Grün: hocharchaisch (1. Hälfte des 6. Jhs. v. Chr.); blau: spätarchaisch (2. Hälfte des 6. Jhs. v. Chr.); gelb: 5. Jh. v. Chr.; rot: 2. Hälfte des 4. Jhs. v. Chr.

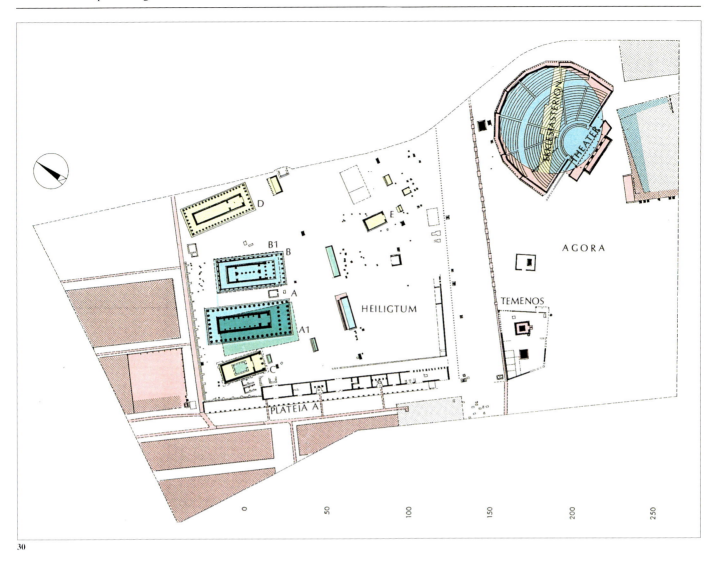

Zuordnung der Elemente, also der Triglyphen, Regulae und Mutuli untereinander sowie zu den Säulen, außer Kraft gesetzt scheint. Ja, die sonst als klare stereometrische Körper konzipierten Triglyphen führen mit kräftiger, mal rechts, mal links betonter, mal symmetrischer Verjüngung ein plastisches Eigenleben, das sie jeder Proportionierung der erwarteten Art entzieht. Die genannten Abweichungen lassen dabei auch manche der von Krauss beobachteten mäßlichen Abstufungen in anderem Licht sehen.

Das Phänomen kann wohl nur im Zusammenhang mit den genannten Maßnahmen zur plastischen Belebung des Baukörpers verstanden werden. Die leicht rhythmische, aber im Prinzip gleichmäßige Verteilung der Friesglieder überspielt dabei virtuos alle Probleme, die in der dorischen Ordnung normalerweise an den Ecken dadurch entstehen, daß hier die Triglyphen die Bindung an die Säulenachse verlassen müssen. Die proportionalen Grundlagen des Entwurfs bleiben durch diese Maßnahmen aber verschleiert. Wir vermuten hinter diesen Erscheinungen bewußte Absicht, verbun-

den mit einem Zögern, archaische Ordnungsprinzipien aufzugeben. Aus einer Reihe von konzeptionellen und formalen Gründen ist der Tempel auch verhältnismäßig früh entstanden, jedenfalls vor dem lange Zeit als sein Modell angesehenen Zeustempel von Olympia. Denn erst in diesem setzt sich der dorische Kanon in all seiner rationalen Klarheit durch, welche sich in erster Linie in einfachen Maßzahlen und festen Proportionen bei der Dimensionierung ausdrückt. Jedenfalls tragen die neuen Beobachtungen an einem Bau vom Rang des Poseidontempels in Paestum zu einer neuen Diskussion über die Entstehung der klassischen Ordnung des dorischen Tempelbaues entscheidend bei.

Die Städte

Mit der Verlagerung der Gewichtung der Forschungsinteressen von der Kunstinterpretation zu historischer Problematik geraten die Städte selbst, in denen die Tempel nur die architektonisch herausragenden Zeugnisse sind, genauer ins Blickfeld.

Dabei können entscheidende Fragen außer durch großräumige Vermessung und Kartierung der erhaltenen Reste nur durch Ausgrabung geklärt werden. Da diese aufwendigen Unternehmungen vor allem Sache der nationalen Institutionen sind, hat das Deutsche Archäologische Institut Rom an bestimmten, für einige zentrale Fragen besonders vielversprechenden Orten, die enge Kollaboration mit den italienischen Stellen gesucht. Besonderen Erfolg hatte es damit in Metapont in Unteritalien und Selinunt in Sizilien, die beide heute zu den anschaulichsten Beispielen großgriechischer Stadtbaukunst gerechnet werden dürfen, sowie in Syrakus, der größten und bedeutendsten Stadt des griechischen Westens. Mit großer Dankbarkeit sei hier erwähnt, daß die Zusammenarbeit an allen Orten dank der ungewöhnlichen Liberalität der italienischen Kollegen so überaus erfolgreich war und zugleich ein weiter wirkendes Klima kollegialer Freundschaft entstehen ließ.

Heute ist das Grundprinzip der Stadtplanung in den Kolonien, nämlich die Einteilung und Erschließung von Grund

und Boden innerhalb der Mauern durch großräumige Systeme von rechtwinklig zueinander angelegten Straßen, allgemein bekannt und akzeptiert. Metapont war dafür in den 60er Jahren eines der ersten Beispiele, als D. Adamesteanu derartige Spuren auf Luftfotos systematisch durch Grabung verifizierte. Er bezog das Deutsche Archäologische Institut frühzeitig in die Untersuchungen ein, wobei sich die Forschung bald auf den sich innerhalb des Planes gut abzeichnenden öffentlichen Bereich mit Stadtheiligtum und Agora konzentrierte (Abb. 30).

Die systematische Ausgrabung des Heiligtums erbrachte ein überaus komplexes und lebendiges Bild, das seinen besten Vergleich in der achäischen «Schwesterstadt» Poseidonia/Paestum findet: drei große, architektonisch reich geschmückte Peripteraltempel und ihre Altäre, eine Fülle kleinerer Bauten und Opferstätten sowie ein Wald von Votivstelen unterschiedlichsten Formates und variabelster Typologie (Abb. 31). Die konzeptionelle Verschiedenartigkeit der drei Haupttempel – unter denen ein Tempel «kolonial-ionischer» Ordnung besonders auffallend ist – läßt dabei in bislang unvergleichlicher Weise den experimentellen Charakter der westgriechischen Baukunst erkennen. Zugleich wurde die Dynamik in der Entwicklung des Heiligtums

in Synchronie mit der Anlage des Stadtganzen sichtbar. Denn während die Tempel normalerweise den durch die Erfordernisse der Kulte vorgegebenen «sakralen» Ausrichtungen folgen, sind die beiden repräsentativsten Haupttempel fest in die Richtungssysteme des regelmäßigen Straßenrasters eingebunden. Sie wirken damit nicht nur in ihrer Funktion als die wichtigsten Sakralbauten, als Stätten der Hauptkulte – der Gottheiten Hera und Apollo –, sondern zugleich als monumentale und anschauliche Vertreter der Ordnung der ganzen Stadt, die im Raster der Straßen unsichtbar und abstrakt bleibt.

Auf dem ca. 7 ha großen Platz der Agora bildet eine Anlage von eigenartiger Gestalt das Zentrum, die bisher nur in den Kolonien bekannt und dort wohl auch entstanden ist. Es handelt sich dabei um Versammlungsorte von kreisrunder Form, die man je nach Größe als «Ekklesiasterion» (Volksversammlungsbau) oder «Bouleuterion» (Rathaus) bezeichnet. Die Grabung in Metapont erbrachte nicht nur die älteste und größte Anlage dieser Art, sondern zugleich ein bisher in der ganzen griechischen Welt einzigartiges Beispiel der Kontinuität der Funktion.

Als erste läßt sich durch dichte Brandspuren eine Holztribüne vom Ende des 7. Jhs. v. Chr. nachweisen. Dann folgt gegen Mitte des 6. Jhs. v. Chr. die kreis-

runde Anlage von 62 m Durchmesser, die, ähnlich einem Amphitheater, ca. 8000 Zuschauern auf ansteigenden Rängen Platz bot, um an dem Geschehen auf einem zentralen Platz beizuwohnen. Bei der großen Zahl von Teilnehmern denkt man hier nicht allein an politische Versammlungen, sondern auch an Begängnisse kultisch-ritueller und agonaler Art. Gewiß trug der Ort – als zentraler Treffpunkt nicht nur der Stadtbewohner im engeren Sinne, sondern auch der fest in der Chora, dem agrarischen Hinterland der Stadt, wohnenden Polisbevölkerung – zum Entstehen eines Gemeinschaftsgefühls in der neuen Polis besonders bei. Zwei Jahrhunderte blieb diese Anlage, im 5. Jh. lediglich in Stein ausgebaut und monumentalisiert, bestehen, ehe an derselben Stelle gegen Ende des 4. Jhs. v. Chr. ein großes Theater mit Bühnenhaus entstand. Wie üblich wird der Bau auch weiterhin als politischer Versammlungsplatz gedient haben. Die besondere Bedeutung des Neubaues zeichnet eine doppelstöckige dorische Schmuckarchitektur aus, die das ganze Zuschauergebäude umläuft. Es ist ein Architekturkon-

Abb. 31 Metapont. Rekonstruktion des Stadtheiligtums, gesehen von der summa cavea des Theaters.

zept, das als Erfindung der römischen Welt galt: ein architektonischer Hinweis auf Kulturtraditionen, die Rom aus Großgriechenland entlehnte; daß dazu das Erbe des Theaterspiels aus dem nahen Tarent gehört, ist altbekannt.

Nach Klärung der Geschichte der monumentalen Zonen der Stadt steht ihr Wohnbereich im Zentrum des Interesses. Dabei geht es vor der systematischen Ausgrabung einer Wohninsula einstweilen noch um weitere Klärung des sehr ausgedehnten, ca. 150 ha umfassenden regelmäßigen Stadtplanes und seiner inneren Strukturen. Ein wichtiges Element sind die durch die ganze Geschichte lebenswichtigen Kanalisationsanlagen in der in einer Alluvionalebene unmittelbar am Meer und zwischen zwei Flüssen gelegenen Stadt.

Soeben war von der Chora der Polis die Rede. Metapont ist zugleich der Ort, dessen agrarisches Hinterland in seiner topographischen Struktur sowie in seiner Besiedlung und Nutzung, vor allem dank amerikanischer Forschungen, am besten bekannt ist. Der enge Austausch mit den in der Chora tätigen Kollegen ergibt mittlerweile ein überaus lebendiges Bild der Interdependenz von Stadt und Land in einer entwicklungsgeschichtlichen Zusammensicht, die bisher nur an diesem Ort möglich ist.

Polis und Chora: Die «Langen Mauern» des Dionysios

Fragen der Beziehung zwischen der Stadt und ihrem unmittelbaren Umland sind auch der Anlaß eines Engagements des Deutschen Archäologischen Instituts Rom in Syrakus, welches wieder von der monographischen Untersuchung eines großen Baukomplexes seinen Ausgang nahm: der «Langen Mauern» Dionysios' I. um das Hochplateau Epipolai bei Syrakus (Abb. 32), dem durch die antiken Quellen berühmten spektakulärsten Werk des großen Tyrannen. Besonders der Historiker Diodorus Siculus, der zwar erst in augusteischer Zeit lebte, aber aus guten Quellen seiner sizilianischen Heimat schöpfen konnte, gibt eine farbige und detailreiche Beschreibung vom Bau des gewaltigen Maueringes. Seine erste systematische Untersuchung erforderte eine topographische Plangrundlage, die durch die Hilfe der Fritz Thyssen Stiftung ermöglicht wurde. Zugleich wurde das Kastell Euryalos, welches die äußerste Westspitze des Plateaus sicherte, neu aufgenommen und in seiner komplexen Baugeschichte, vor allem seinem immer weiteren Ausbau in hochhellenistischer Zeit, untersucht. Mit diesem größten Festungswerk der griechischen Welt hat die antike Poliorketik einen nie mehr übertroffenen

Höhepunkt erreicht; daß es die Einnahme der Stadt im Jahre 212 v. Chr. durch die Römer nicht verhindern konnte, hat seine eigenen Gründe.

Neben den baugeschichtlichen Aspekten und der Bedeutung dieser Werke für die Selbstdarstellung der Stadt und ihres Herrschers hat sich durch die Untersuchung die spezifische Funktion des Festungsringes als «Landmauern» klar erwiesen. Denn es wurde eine Reihe gleichmäßig über die Mauern verteilter und gut bewehrter Tore entdeckt, welche das Hochplateau über ausgebaute Straßen mit der Chora der Stadt verbanden. Baureste nahe den Toren wie etwa eine Art «Zwischenkastell» oder Lagergebäude, große Zisternen und andere Bauanlagen, die z. T. erst durch Konzentrationen von Ziegel- und Keramikfunden aus einem Survey erschlossen werden, lassen zudem die systematische Anlage von Infrastrukturen innerhalb des Plateaus und in engem Bezug zu den Mauern und Toren erschließen, die sich nur in einer Weise deuten lassen: Die große Zahl von Bauern mit ihren Leuten, die nach Diodor unter der straffen Führung des Dionysios mit ihren eigenen Werkzeugen die Mauern bauten, sollte im Notfall auf dem Plateau sichere Unterkunft finden. Nur indirekt garantierten die Mauern den Schutz der Stadt, im wesentlichen dienten sie der

Landbevölkerung und stellen damit ein wichtiges Bindeglied zwischen Stadt und Chora dar.

Selinunt: Stadt und Festung

In Selinunt ging die Arbeit des Deutschen Archäologischen Instituts von der Problematik der Definition des städtischen Raumes durch die Wehrmauern aus. Da die Mauern in ihrem Entstehen und ihrem Wandel stets wesentliche Etappen im Leben einer Stadt widerspiegeln, war neben der Rekonstruktion der Bauphasen der Festungswerke die Entwicklungsgeschichte der Großstadt Selinunt das zentrale Thema.

Zunächst galt es, die mächtigen Festungswerke um die Akropolis, vor allem das Fort an ihrer Nordspitze, zu studieren und in ihrer Baugestalt und Funktion verstehen zu lernen. Dabei zeigte sich, daß die ganze Anlage und nicht nur ihre am weitesten entwickelten Teile eine Art Rückzugsfestung war, die nach der katastrophalen Zerstörung durch die Karthager im Jahre 409 v. Chr. in die Ruinen der einst weit größeren Stadt hinein gebaut wurde. Sie umschloß fortan nur noch einen Rest der Stadt, die nie mehr an ihre einstige Größe anknüpfen konnte. Statt dessen wurde der Platz immer mehr zur Festung ausgebaut bis hin zu den raffinierten offensiven Verteidigungswerken im Norden, die einen Höhepunkt der antiken Festungsbaukunst darstellen. Nur noch im Kastell Euryalos vor Syrakus gibt es Ähnliches – jenes Riesenwerk dürfte auch das Modell für die Anlage in Selinunt gewesen sein.

Wieder ist es Diodor, der uns detailreich darüber unterrichtet, wie der Platz zwischen den Puniern, die seit alters den Westen der Insel beanspruchten, und den Sikelioten unter der Vormacht von Syrakus, als Vorposten umstritten war und mehrfach die Besatzung wechselte. Dies spiegelt sich im Ausbau der Festung sehr konkret (Abb. 1. 33). Von besonderem Interesse und zunehmend Gegenstand systematischer Forschung ist die Siedlung, die sich in den Friedenszeiten, seit der Mitte des 4. Jhs. v. Chr., an dem Ort wieder bildete. Es ist die Zeit, in der die Westhälfte der Insel in beiderseitigem Einvernehmen vor allem punisches Hoheitsgebiet war. Tatsächlich bekommt das, was nun in den Mauern beim Wiederaufbau der Ruinen der griechischen Stadt entsteht, ein ganz neues Gepräge. Nur noch in der phönikisch-punischen Stadt Kerkouane in Tunesien gibt es Vergleichbares, so sehr hat die neue Bevölkerung das Gesicht der Stadt verändert. Dies betrifft die Wohngebiete mit ganz neuen urbanistischen Ordnungsvorstellungen, aber auch besonderer Anlage und Ausstattung der Häuser, eigener Art von Wasserhaushaltung, Bauweise und Dekorationen. So ist es gegenwärtig eines der Themen der Arbeit in Selinunt, die spezifische Interaktion zwischen der neuen Bevölkerung und den verbliebenen Griechen sowie ihr Verhältnis zur Tradition der alten Stadt zu untersuchen: kein Ort bietet sich dafür so an wie Selinunt.

Daneben stellte sich die Frage nach den Mauern und der räumlichen Definition der archaisch-klassischen Zeit (Abb. 34), der reichen Stadt also, die in einem guten Jahrhundert mehr mächtige und anspruchsvolle Tempel als jede andere in der griechischen Welt gebaut hatte – und von der an der Oberfläche fast nichts mehr sichtbar ist. Auch die Mauern, sonst dank ihres Volumens doch fast immer die am besten erkennbaren Reste, sind spurlos verschwunden: alldies ein Zeichen der Radikalität, mit der die Karthager hier gewütet und die späteren Zeiten unter den Ruinen aufgeräumt haben. Dies versteht sich freilich durch die vorwiegende Bestimmung des Restortes als Festungsstadt. Dabei mußte ja das ganze Vorfeld geräumt werden, und der Schutt ihrer Ruinen konnte leicht als Baumaterial dienen. Die Akropolisfestung ist dafür das anschaulichste Beispiel: denn sie besteht ausschließlich aus Spolienmaterial, unter dem die Reste mehrerer archaischer und klassischer Tempel und anderer öffentlicher Bauten durch Säulen und Gebälkglieder sofort auffallen. Berühmt ist vor allem der Tempel Y durch seine im Museum von Palermo aufbewahrten hocharchaischen Metopen.

So schloß die Suche nach den alten Mauern zugleich das Studium aller Baureste außerhalb der Akropolis in einem Bereich ein, welcher als Gebiet der alten Stadt gelten durfte und wo ältere Sondagen bereits Hinweise dazu gegeben hatten. Tatsächlich wird der Stadthügel auf beiden Seiten durch die Täler zweier Bäche begrenzt, und diese bildeten zusammen mit den in der Antike tief ins Land reichenden Hafenbuchten auch natürliche Hindernisse vor Stadtmauern, die unmittelbar innerhalb von ihnen gezogen wurden. Dies konnte durch eine Serie von Sondagen und zwei ausgedehntere Grabungen im Osten auch erwiesen und dabei die wesentlichen Eigenschaften der Mauern bestimmt werden.

Die Grabung erbrachte ein recht frühes Datum ihrer Errichtung, nämlich in der 1. Hälfte des 6. Jhs. v. Chr. Das entspricht dem Zeitraum der Anlage des regelmäßigen Straßensystems, das, wie erstmals aus französisch-italienischen Grabungen der 70er Jahre hervorging, in zwei großen, in einem Winkel von 23° divergierenden, Quartieren den Südhügel (einschließlich der Akropolis) und den größeren Hügel «Manuzza» überzog. Lage und

Abb. 32 Syrakus. Blick von der Festung Euryalos über die Langen Mauern des Dionysios auf die Stadtinsel Ortygia und den Großen Hafen.

Abb. 33 Selinunt. Blick von Norden auf die Akropolis mit der Nordfestung im Mittelgrund.

Abb. 34 Selinunt. Rekonstruktion des Planes der archaisch-klassischen Stadt. Blau: Heiligtümer; grün: Agora; rot: Wohngebiete.

Datierung der Mauern ließen vermuten, daß beide, Straßensystem und Mauern, nach einem übergeordneten Plan angelegt wurden und daß die Straßen und Wohnparzellen sich nicht auf die oberen Plateaus beschränkten, sondern bis in die Täler reichten. Ein einheitlicher und großräumiger, eine Fläche von ca. 100 ha überspannender Entwurf einer griechischen Stadt mit Straßensystem, Mauern und öffentlichen Bereichen: das war in dieser Dimension neu und forderte zu einer entsprechend ausgreifenden systematischen Überprüfung heraus.

Schon bei der Aufnahme eines detaillierten Gesamtplanes im M. 1:500 konnten viele Beobachtungen an der Oberfläche gemacht werden, die den antiken Stadtplan verdichten halfen. Gezielte Sondagen ergänzten das Bild, das bereits jetzt den bestbekannten Straßenplan einer archaischen griechischen Großstadt erschließen läßt: Straßen von, je nach ihrer Bedeutung, dreierlei Breite – 9 m breite Hauptarterien (*plateiai*), 6,5 m breite und in größeren Abständen untereinander angelegte Querstraßen sowie ca. 3,5 m breite, parallel zu den Straßen erster Ordnung regelmäßig in 100 Fuß (ca. 32,80 m) Abstand disponierte, Wohnstraßen (*stenopoi*) – gliedern die ganze Fläche und erschließen die sich durch dieses System ergebenden langgestreckten Wohnparzellen. «Streifenstadt» nennt man diese für archaische Zeit typische Anlage; später, wenn sich die ursprünglich noch mit verstreuten Häusern bedeckte Fläche zu festen Baublocks schließen wird, spricht man anstelle der *strigae* von *insulae*.

Wie zu erwarten, öffnen sich die Mauern im Tal im Zuge der den Hang hinab auf sie zulaufenden Hauptstraßen in Toren, welche die Straßen quer durch das Tal in Richtung auf das große extraurbane Heiligtum auf dem Osthügel entließen. Die südlichere davon wurde wegen des hohen Wasserstandes in der Hafenbucht gar auf einem erhöhten Straßendamm geführt. Das nördliche Tor ist als Doppeltor mit einer weit vorgeschobenen Halbrundbastion die aufwendigste griechische Toranlage der 1. Hälfte des 6. Jhs. v. Chr. und unterstreicht damit die Bedeutung der großen Ostwest-Arterie (als *via sacra*?), die hinauf zum mächtigsten Tempel überhaupt, dem wohl Apollo oder Zeus geweihten Riesentempel G, führte.

Nach diesen den allgemeinen Rahmen absteckenden Beobachtungen zur räumlichen Organisation der Stadt und ihren Grenzen sowie auch ihrer Kommunikation mit dem unmittelbaren Umfeld (für die Westseite und ihre Verbindung

33

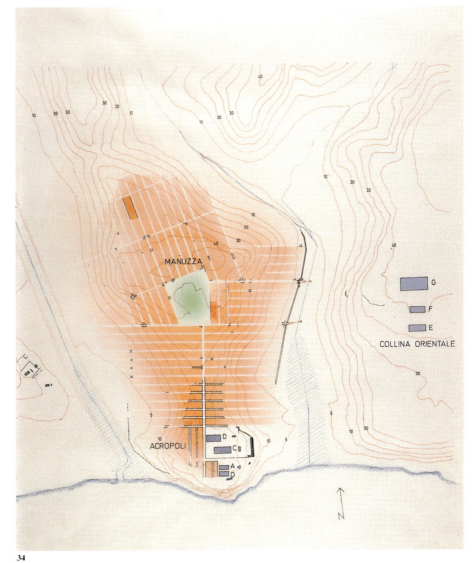

34

mit dem extraurbanen Heiligtum in der Contrada Gaggera darf Gleiches gelten), mußte sich der Blick zurück ins Zentrum wenden. Dabei war in dem einzigen Areal, das von der regelmäßigen Gliederung durch Straßen ausgenommen war, nämlich in dem Freiraum inmitten der beiden Stadtquartiere, mit großer Wahrscheinlichkeit die Agora zu erwarten. Die Lage und die trapezförmige Grundform des Platzes wiederholt dabei sehr auffällig das Modell der Agora von Selinunts Mutterstadt Megara Hyblaea.

Hier konzentrieren sich seit 1996 die Arbeiten mit dem Versuch der flächenmäßigen Ausgrabung wesentlicher und aussagekräftiger Teilbereiche: ein Unternehmen, welches nur mit der Unterstützung der Deutschen Forschungsgemeinschaft realisierbar wurde. Dabei wird zunächst der Ostrand des ca. 3 ha großen Areals systematisch erforscht, wo nach einigen Erwägungen, u. a. den zu vermutenden Vorgaben aus der Mutterstadt, die älteste Ansiedlung und die ersten öffentlichen Bauten zu erwarten waren. Die bereits erzielten Ergebnisse sprechen für sich: die ältesten Häuser der Stadt; eine Art «Ladenzeile», die den Ostrand des Platzes selbst säumt; ein in anspruchsvoller Quadertechnik errichteter Bankettsaal (das «Prytaneion»?); ein intensiv frequentiertes Heiligtum mit dichten Depots von Votivgaben, alles bereits festgelegt in den ersten beiden Jahrzehnten des 6. Jhs. v. Chr. durch ein verbindliches System von Ausrichtungen und strenger Rechtwinkligkeit. Man sieht, mit wie klaren Vorstellungen die 100 Jahre ältere Mutterstadt die Gründung ihrer Kolonie für eine blühendere Zukunft vorbereitete als ihr selbst, eingeschränkt zwischen zwei glücklicheren Nachbarn, Syrakus und Leontinoi, beschieden war. Nur die allererste Zeit unmittelbar nach der für 628 v. Chr. (nach Thukydides) bezeugten Gründung wirft noch Fragen auf. Doch auch dazu gibt es bereits Siedlungsbefunde, die sich nach der Erweiterung der Grabung wohl besser lesen lassen werden.

Mit dieser systematischen Flächengrabung – der ersten ihrer Art und Dimension in der Geschichte der Abteilung Rom des Deutschen Archäologischen Instituts – wird auch der traditionelle Bereich der Bauforschung überschritten. Dabei

nimmt, neben der Unterstützung durch die zuständige Soprintendenz, die Bedeutung der engen Zusammenarbeit mit deutschen und italienischen Universitäten immer mehr zu. Mit einem modernen, interdisziplinären Forschungsprogramm werden weit mehr Fragestellungen bearbeitet werden können, als die urbanistisch-architektonischer Art oder zur historischen Topographie. Durch das systematische Studium der reichen Fundstücke hoffen wir nun ein Bild entwerfen zu können, das alle Aspekte des Lebens in einer archaisch-klassischen Großstadt erfaßt.   DM

Wie wehrte sich Caesar gegen die Gallier? Neues aus Alesia

Dank Asterix und Oberlix ist heute in weiten Kreisen jener antike Ort wenigstens dem Namen nach wieder bekannt, bei dem sich im Jahr 52 v. Chr. die letzte große Schlacht zwischen Caesar und den Galliern ereignete (Abb. 35). Die Niederlage des Vercingetorix führte damals zur endgültigen Eingliederung Galliens in das Römische Reich. Daß Caesar sich in einer taktisch äußerst prekären Situation mit seinen Truppen behaupten konnte, gilt schon immer als ein Schulbeispiel genialer Feldherrenkunst. Hatte er zunächst mit seinem auf etwa 50 000 Mann geschätzten Heer die angeblich 80 000 Gallier unter Vercingetorix im Oppidum durch einen Belagerungsring eingeschlossen, so mußte er sich unmittelbar danach gegen ein gallisches Entsatzheer schützen, das 250 000 Mann stark gewesen sein soll. Caesar war also gezwungen, ein doppeltes Verteidigungswerk sowohl gegen das Oppidum als auch gegen den von außen nahenden Feind zu errichten. Beide Linien sollen nach demselben Muster konzipiert gewesen sein, das er folgendermaßen beschrieb (*Bellum Gallicum* VII

72–74): Vor den mit Türmen in 80 Fuß (ca. 24 m) Abstand bestückten 12 Fuß (ca. 4 m) hohen Wällen wurden je zwei 15 Fuß (ca. 5 m) breite und ebenso tiefe Gräben gezogen; in den – vom Oppidum aus gesehen – inneren Graben leitete er Wasser aus den Bächen. Davor folgte ein Astverhau, der in fünf je 1,5 m tiefen Gräben verankert war (*cippi*). Das folgende Annäherungshindernis bestand aus acht Reihen Fallgruben mit eingeschlagenen angespitzten Pfählen (*lilia*), und vor diesen waren in enger Anordnung eiserne Widerhaken in der Erde verankert (*stimuli*).

Als es 1861–1864 gelang, die Gräben der caesarischen Verteidigungslinien beim heutigen Alise-St. Reine, Dept. Côte d'Or (Abb. 36), im Gelände zu lokalisieren, hat man in Modellen und Graphiken das Belagerungswerk, Caesars Text wörtlich nehmend, rekonstruiert, ein Bild, das sich seit Generationen in Geschichts- und Lateinbüchern sowie in vielen Museen findet. Davon ausgehend entstand vor gut zehn Jahren die Absicht, an Ort und Stelle im Gelände im M. 1:1 möglichst originalgetreue Nachbauten der caesarischen Verteidigungswerke zu errichten. Zuvor wollte man jedoch mit modernen Grabungsmethoden speziell nach den Spuren der *cippi*, *lilia* und *stimuli* suchen, von denen 1861–1864 nur an einer einzigen Stelle die Lilia gefunden worden waren. Wie die Cippi und Stimuli tatsächlich ausgesehen haben, war unbekannt. Vom französischen Projektleiter M. Reddé wurde die Römisch-Germanische Kommission des Deutschen Archäologischen Instituts eingeladen, einen Teil der Grabungen zu übernehmen und zugleich damit beauftragt, sämtliche Waffenfunde, auch die der Altgrabungen, zu publizieren.

Von 1991–1997 wurde an verschiedenen Stellen sowohl der inneren Linie (Contrevallation) als auch der äußeren Linie (Circonvallation) gegraben, wobei sich erwies, daß die Ausgräber des 19. Jhs. hervorragend beobachtet und die Grabenverläufe exakt ermittelt hatten. Ließen sich die Trassen der Gräben mit Hilfe der alten Unterlagen und moderner Luftbildaufnahmen leicht verfolgen, so konnte anhand der Pfostenlöcher für die Türme auch die Position des Walles hinter den Gräben festgelegt werden. Freilich standen die Türme nicht 24 m, sondern meist nur 17–18 m voneinander entfernt. Zur großen Überraschung zeigte sich jedoch vor der Hauptbefestigung aus Wall und Graben nirgendwo das von Caesar beschriebene gestaffelte System von vorgeschobenen Annäherungshindernissen. Zwar konnten verschiedene

Nach der Niederlage bei Alesia schleudert Vercingetorix seine Waffen Cäsar zu Füßen...
Damit ist Gallien offiziell besiegt...

35

Strukturen im fraglichen Bereich entdeckt werden; sie wichen aber an den verschiedenen Grabungsstellen sowohl auf den Höhen wie in den Ebenen z. T. erheblich voneinander ab.

Schwerpunkt der Geländearbeiten der Römisch-Germanischen Kommission war die Plaine des Laumes, die sich westlich des Oppidums zu dessen Füßen erstreckt (Abb. 37). Die Untersuchungen in den Ebenen erwiesen sich insofern als besonders problematisch, als der bis über 1 m mächtige Schwemmlehm (Vertisol) Spuren von Eingrabungen meist nicht erkennen läßt. Die Befunde konnten in der Regel nur dann ermittelt werden, wenn bei der Anlage von Pfostengruben Steine aus dem unter dem Schwemmlehm anstehenden Schotter in den sonst völlig steinfreien Vertisol geraten waren. Es ergab sich folgendes Bild (Abb. 38): Vor dem aus aufgeschichteten Rasensoden und Grabenaushub gebauten Erdwall verläuft ein einziger rund 2–3 m breiter und max. 1,3 m tiefer Graben. Davor folgen zwei schmale Gräbchenspuren in 2,4 m Abstand, in die die von Caesar erwähnten Astverhaue oder Palisaden eingegraben gewesen sein dürften. Etwa 7 m vom Graben entfernt beginnt ein in schräger Anordnung über Kreuz angelegtes regelmäßiges System aus sechs Reihen kleiner kiesgefüllter Gruben (Dm. ca. 0,2–0,3 m, Tiefe ca. 0,4 m), in deren Zentrum immer wieder 4–5 cm breite, steinfreie Spuren zu sehen waren (Abb. 39). Dies deutet auf schlanke Holzpföstchen, die in diese Gruben eingesetzt gewesen sind. Mit Sicherheit bildeten diese oberirdische Annäherungshindernisse, denn es können in die Holzpflöcke z. B. Fußangeln mit Widerhaken eingeschlagen gewesen sein, die unter den Funden auch vorkommen. Im Vergleich mit Caesars Worten mag dieses System etwa einer Kombination von Lilia und Stimuli entsprechen. Da an anderen Grabungsstellen eindeutige Lilia entdeckt worden sind, haben wir uns entschlossen,

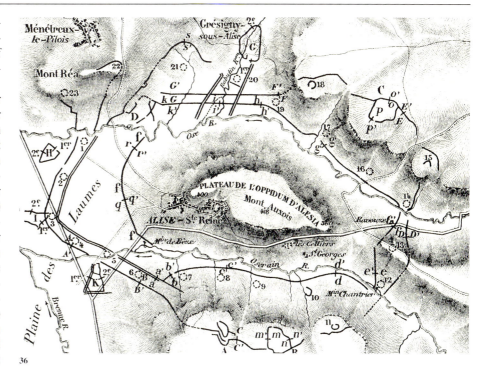

36

37

Abb. 35 *Vercingetorix «übergibt» Caesar seine Waffen nach der Schlacht von Alesia.*

Abb. 36 *Gesamtplan der Belagerungswerke Caesars vor Alesia nach den Grabungen der Jahre 1861–1864.*

Abb. 37 *Alesia-Alise St. Reine, Dept. Côte d´Or. Blick von Westen über die Plaine des Laumes auf den Mt. Auxois, das Oppidum der Mandubier, in dem sich Vercingetorix verschanzt hatte und das Caesar im Jahre 52 v. Chr. belagerte.*

das System mit den Stimuli Caesars gleichzusetzen; zumindest kommt der Befund der Beschreibung Caesars relativ nahe. Bezeichnend für die Tücke des Vertisol ist es, daß an keiner anderen Stelle in den Ebenen ein vergleichbares System erkannt werden konnte: Wenn keine Steine in die kleinen Gruben geraten waren, blieb die Grabungsfläche für uns völlig steril, obgleich vermutlich auch dort ähnliche Annäherungshindernisse angelegt worden waren. Erst vor diesem System folgten schließlich die beiden Gräben, der innere 3–4 m breit und bis zu 2 m tief, der äußere zwischen 4 und gut 6 m breit bei maximal 2 m Tiefe, dessen schlammige Füllung darauf deutet, daß er mit Wasser gefüllt gewesen ist. Trotz verschiedener Versuche ließen sich vor die-

sem Doppelgraben in Richtung Oppidum keine weiteren Annäherungshindernisse finden; freilich ist nicht ausgeschlossen, daß uns auch hier der Vertisol einen Streich spielte.

Entscheidend hat sich damit die Konzeption der Anlagen verändert: Das Haupt-Annäherungshindernis, der Doppelgraben, war gut 20 m vom Wall entfernt, und die Abfolge der Hindernisse scheint zumindest teilweise genau anders herum konzipiert gewesen zu sein, als man es aus Caesars Text entnehmen mußte. Taktisch war die von uns festgestellte Gliederung freilich bestens auf die differenzierte Bewaffnung des römischen Heeres abgestimmt, denn vom Wall aus konnten Caesars Truppen die Angreifer jenseits des Doppelgrabens und in dessen

Reichweite der römischen Waffen

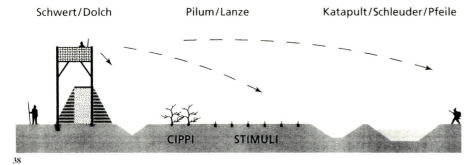

Belagerungswerke in einer dreitägigen Entscheidungsschlacht bewährt, trotz der erdrückenden Übermacht der Gallier, die sich haushoch überlegen wähnten.

Aber nicht nur anhand der Belagerungswerke werden wir Zeugen der Schlacht. Auch zahlreiche Funde vermitteln uns das für beide Seiten verlustreiche Geschehen. Die Funde aus den Gräben erregten bereits im 19. Jh. großes Aufsehen, gehörte doch auch der silberne Kantharos dazu, dessen Datierung lange Zeit umstritten war. Auch große Mengen an menschlichen Skeletteilen und Tierknochen barg man aus den Gräben, bewahrte sie aber leider nicht auf. Nach den jüngsten Grabungen wissen wir, daß sich unter den Tierknochen Speisereste befanden, die die Römer in den Gräben ent-

Abb. 38   Rekonstruktion der Belagerungs- und Verteidigungswerke an der Contrevallation Caesars in der Ebene von Les Laumes am Fuß des Oppidums von Alesia nach den Grabungsergebnissen von 1991–1997. Die Staffelung ist der römischen Bewaffnung bestens angepaßt. Abgesehen vom Wall stimmen die Befunde im Detail weder hier noch an anderen Stellen mit Caesars Text überein. Diese Abweichungen erklären sich sicher vor allem durch die unterschiedliche Gefährdung der Belagerungswerke in den Tälern, an den Hängen und auf den Bergen rings um das Oppidum. Entsprechend sind die einzelnen Elemente der Annäherungshindernisse miteinander kombiniert und z. T. wesentlich massiver oder auch schwächer ausgebaut worden, als Caesar es pauschal beschrieben hat.

Abb. 39   Alesia. Schnitt durch eine 30 cm breite und noch gut 25 cm tiefe, mit Kies und Erde verfüllte Pfostengrube. Im Zentrum ist deutlich eine 4–5 cm breite Spur ohne Steine zu erkennen, hier muß eine dünne Holzstange oder ein Pföstchen eingesetzt gewesen sein. Aus solchen Befunden dürfte das System der Stimuli in der Ebene von Les Laumes bestanden haben.

Abb. 40   Vercingetorix unterwirft sich Caesar. Ölbild von Henri-Paul Motte 1886.

Abb. 41   Ausgrabungen im Römerlager Haltern, Westfalen, im Jahr 1904, gemeinsam geleitet und finanziert von der Altertumskommission für Westfalen und der 1902 gegründeten Römisch-Germanischen Kommission des Deutschen Archäologischen Instituts. Sitzend in der Bildmitte Hans Dragendorff, Gründungsdirektor der RGK, ab 1911 Präsident des DAI. Links Friedrich Koepp, Professor für Klassische Archäologie in Münster und Vorsitzender der Altertumskommission für Westfalen, von 1916–1924 Direktor der RGK.

Bereich mit den Fernwaffen Katapultgeschütz, Pfeil, Schleuderblei attackieren. Sollte es ihnen gelingen, die Gräben zu überwinden, standen Pila und Lanzen bereit, wobei die Gallier auf der Zwischenzone durch die Stimuli und die Cippi in ihrer Bewegungsfreiheit stark behindert waren. Erst wenn die Feinde direkt zum Wall vorgedrungen waren, konnten die Nahkampfwaffen Schwert (*gladius*) und Dolch (*pugio*) eingesetzt werden. Tatsächlich haben sich die komplizierten

sorgten, um den engen Korridor, in dem sie sich aufhielten, von Abfällen frei zu halten. Auch zerbrochene Gerätschaften, Amphorenreste und dergleichen finden sich hier.

In einem Bereich, der mit der Entscheidungsschlacht unterhalb des Mont Réa in Zusammenhang gebracht wird, wurden Nachgrabungen nach den dort im 19. Jh. zahlreich zutage gekommenen Waffen unternommen. Dabei stellte sich heraus, daß dieser Abschnitt unter Napoleon III. vollständig ergraben worden ist. Die Waffen hat man damals entnommen, ebenso die Menschenknochen, während man die Tierknochen wieder in den Graben geworfen hat. Zu unserer Überraschung handelte es sich dabei praktisch ausschließlich um Pferdeknochen, und zwar von max. dreijährigen Hengsten. Damit war klar, daß wir auf die Reitpferde des Jahres 52 v. Chr. gestoßen waren.

Die Hauptmasse der Funde machten Waffen aus. Daneben sind Trachtbestandteile und Münzen, gallische wie römische, zu nennen, die sich gut auf das historische Datum beziehen lassen. Lange Zeit hat man dieses aufschlußreiche Material bei den Diskussionen um die Chronologie der keltischen Spätzeit nicht mehr in Betracht gezogen, weil Zweifel an seiner Geschlossenheit aufgekommen sind. Einige Kollegen dachten an ein Heiligtum, in dem über längere Zeit hinweg geopfert wurde.

Die Aufarbeitung der Altfunde konnte nun in willkommener Weise mit den Beobachtungen der jüngsten Grabungen verknüpft werden. Und es zeigte sich, daß so gut wie alle Funde als Zeugen der Belagerung des Jahres 52 v. Chr. anzusehen sind. Wir wissen, daß Kelten, Römer und germanische Hilfstruppen an den Kämpfen beteiligt waren. Versucht man, den jeweiligen Gruppen einzelne Waffen zuzuweisen, begibt man sich allerdings auf schwieriges Terrain, denn zum Teil sind sie sich, da sie streng funktional konzipiert waren, so ähnlich, daß wir ihre Herkunft nicht bestimmen können.

Können wir den Germanen nur einen einzigen Stangenschildbuckel zuweisen, so haben uns die siegreichen Römer, die sicher das Schlachtfeld nach brauchbaren Waffen abgesucht haben, vor allem Fernwaffen hinterlassen, die, entsprechend den Belagerungswerken, darauf abgestimmt waren, den Feind auf Distanz zu halten: Pfeilspitzen, Bleigeschosse sowie Katapultspitzen. Hinzu kommen Annäherungshindernisse wie *stimuli* und *tribuli*. Von den Kämpfen auf halber Distanz zeugen Lanzen und *pila*, die dabei in die Gräben gerieten und relativ häufig sind. Auf römische Schwerter und Dolche, die

im Nahkampf eine Rolle spielten, gibt es im Grabungsmaterial nur spärliche Hinweise.

Von der keltischen Bewaffnung ist deutlich mehr überliefert: Schutzwaffen wie z. B. Helme, verzierte Wangenklappen und Schildbeschläge werden von einer größeren Anzahl keltischer Schwerter ergänzt. Die Masse der Waffen machen aber Speere, verzierte Lanzen und Pfeilspitzen aus. Mit letzteren versuchte man u. a., die römischen Belagerungswerke in Brand zu stecken, was, wie die Grabungen gezeigt haben, offensichtlich hin und wieder gelungen ist. Die wertvollen Schutzwaffen, die nicht jedem zustanden, und ein Reitersporn waren im Besitz der gallischen Reiterei, die, wie wir ja schon an den Pferdeknochen erkennen

konnten, am Fuße des Mont Réa zum Einsatz gekommen ist.

Kriegstrompeten und Insignien der Besiegten wurden Caesar ausgeliefert, und den gallischen Helden Vercingetorix (Abb. 40) hat man, nachdem er im Triumphzug durch Rom geführt worden war, Jahre später erdrosselt. Damit hat Rom einen Märtyrer geschaffen, der unsere Phantasie, aber auch unsere Wissenschaft bis heute beschäftigt.   SS, SvS

Was hat Augustus in Germanien erreicht?

Genau vor 100 Jahren reiste A. Conze, Generalsekretär des Deutschen Archäologischen Instituts, nach Haltern an der

41

Lippe und gewährte sofort «reichliche Geldmittel» für Ausgrabungen. Die Fundstelle, die Conze besichtigt hatte, war die erste zwischen Rhein und Elbe, die mit den Feldzügen des Augustus nach Germanien in Zusammenhang gebracht werden konnte. Die aufsehenerregenden Funde von Haltern gaben den Anstoß zu planmäßigen Forschungen, an denen sich

die 1902 gegründete Römisch-Germanische Kommission immer wieder beteiligt (Abb. 41).

Die wissenschaftliche Kernfrage ist seit dem Beginn der Grabungen in Haltern im Jahr 1899 unverändert geblieben: Es geht darum zu klären, wie weit der Raum zwischen Rhein und Elbe unter Augustus durch die ab 11 v. Chr. durchgeführten

Feldzüge von Rom tatsächlich beherrscht worden ist, als Varus im Jahr 7 n. Chr. den Auftrag bekam, die Provinz Germanien einzurichten. Das Unternehmen endete bekanntlich im Desaster des Jahres 9 n. Chr., der Niederlage im «Teutoburger Wald». Damit verbunden sind die Probleme der rein militärischen Beherrschung ebenso wie die Fragen nach ersten römischen Strukturmaßnahmen und natürlich nach dem Verhältnis, das die verschiedenen germanischen Stämme Rom gegenüber pflegten. Vielfach erörtert wurde dabei immer wieder die Bemerkung von Cassius Dio, der von römischen Städten und Märkten in Germanien sowie von friedlichen Zusammenkünften berichtet.

Gemeinsam mit der Altertumskommission für Westfalen gelang es in Haltern zwischen 1899 und 1913, das überaus komplexe Bild eines Militärstützpunktes zu entwerfen, der sowohl aus einem kurzfristig besetzten Marschlager, dem rund 18 ha großen, voll mit Holzfachwerkbauten ausgebauten «Hauptlager» sowie verschiedenen Einrichtungen am Lippeufer bestand, die dem Nachschubtransport auf dem Fluß gedient haben müssen. Die Ergebnisse dieser Grabungen wurden seit 1906 durch ein weiteres Projekt ergänzt: in Oberaden bei Lünen begann die Freilegung des mit 54 ha Innenfläche größten bisher bekannten römischen Lagers Germaniens, ebenfalls mit Beteiligung der Römisch-Germanischen Kommission.

Haltern und Oberaden bewiesen mit aller nur wünschenswerten Deutlichkeit, daß seit dem Beginn der Feldzüge nach Germanien die römischen Truppen sich nicht – wie man bis heute gelegentlich noch lesen kann – nur bei den «Sommerfeldzügen» rechts des Rheins aufgehalten haben, sondern daß schon im Herbst des Jahres 11 v. Chr. ein erstes festes Militärlager an der Lippe bei Oberaden für mehrere Jahre eingerichtet worden ist, das auch im Winter besetzt gewesen sein muß. Die etwas jüngeren Anlagen von Haltern wurden vor allem im 1. Jahrzehnt komplett ausgebaut. Im Jahr 9 n. Chr. gingen sie zugrunde. War damit massive römische Militärpräsenz rechts des Rheins bestens belegt, so konnte mangels entsprechender Funde zum Verhältnis zwischen Römern und Germanen nichts beigetragen werden; der germanische Fundanteil ist in diesen Römerlagern extrem gering. Bei jüngeren Forschungen ergaben sich aber einige Indizien in Haltern, die erkennen ließen, daß neben rein militärischen Aufgaben auch solche traten, die eher zivilisatorischen Charakter hatten (z. B. Töpfereien für hochwertige Waren).

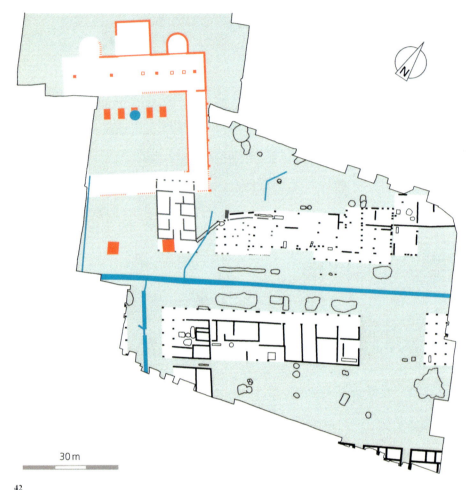

30 m

42

43

44

Nicht nur das Lippetal, sondern auch die Wetterau waren seit langem als von der Natur vorgegebene Vormarschwege vom Rhein zur Elbe bekannt. Die 1986 bei Luftbildflügen gelungene Entdeckung eines weiteren Marschlagers im Lahntal bei Dorlar, zwischen Wetzlar und Gießen gelegen, paßte somit gut ins Bild der Forschungsergebnisse. Die seit 1992 laufenden Grabungen im 2 km entfernten Waldgirmes, die gemeinsam mit dem Landesamt für Denkmalpflege Hessen durchgeführt werden (Abb. 42), haben hingegen die Vorstellungen von der römischen Herrschaft in Germanien unter Augustus wesentlich verändert. Gingen wir zunächst davon aus, daß der mit zwei Gräben und einer Lagermauer aus Holz und Erde geschützte, 7,7 ha große Ort wiederum eine rein militärische Funktion habe, so weisen die völlig abweichende Art der Innenbauten ebenso wie die Funde in eine andere Richtung: In Holz errichtete Gebäude mit Laubengängen (Portiken) entlang der Straßen sind in dieser Ausprägung beim Militär der frühen

römischen Kaiserzeit unbekannt, bilden jedoch ein typisches Element römischer Städte. Völlig einmalig ist das im Zentrum gelegene, auf einem Steinfundament errichtete, 45 x 45 m große Bauwerk, das sich mit seinem Innenhof, der 44 x 12 m großen säulengestützten Basilika und den drei Apsiden (Abb. 43) sowohl in der Bautechnik als auch in der Konzeption so grundlegend von allem unterscheidet, was wir in dieser Zeit beim römischen Heer kennen, daß man nach einer anderen Funktion suchen muß.

Da das römische Heer neben den rein militärischen Aufgaben zugleich alle organisatorischen Erschließungsaufgaben zu leisten hatte, darf man davon ausgehen, daß die Bauten in Waldgirmes in erster Linie von Soldaten errichtet worden sind. Bisher sind in Waldgirmes noch keine Spuren von Kasernen entdeckt worden, und auch typische Funde der Militärausrüstung sind rar. Neben den üblichen römischen Fundstücken (Keramik etc.) sind zwei aus dem mediterranen Raum stammende Kleinfunde, eine Silberfibel mit bunten Glaseinlagen (Abb. 44) und eine Glasmosaik-Perle mit der Darstellung des Apis-Stieres Unikate. Zeigen sich in solchen Gegenständen die selbstverständlichen mediterranen Gewohnheiten der Bewohner, so deuten die rund 80 z.T. winzigen Fragmente eines etwa lebensgroßen Reiterstandbildes (Abb. 45) aus vergoldeter Bronze auf staatspolitische Ansprüche: Es kann sich wohl nur um ein Standbild des Kaisers Augustus gehandelt haben, zu dessen Sockel vermutlich zahlreiche in kleine Stücke zerschlagene bearbeitete Kalksteine gehörten; zwei große Quader fanden sich fast unversehrt. Von den insgesamt weit verstreuten Fragmenten der vergoldeten Statue sind besonders viele im Areal des Steingebäudes entdeckt worden; vermutlich hat das Standbild also einst hier gestanden.

Das monumentale Steingebäude samt dem zu vermutenden Kaiserstandbild paßt genau zu dem, was man sich als

45

Zentrum einer der von Cassius Dio genannten Städte in Germanien vorstellen möchte. Die von ihm genannten Märkte und die «friedlichen Zusammenkünfte» zwischen Germanen und Römern spiegeln sich vermutlich in den in Waldgirmes außerordentlich zahlreichen Funden einheimischer Keramik, die stets vermischt mit den römischen Funden angetroffen werden. Ist es zu hoch gegriffen, in Waldgirmes mit seinem Forumartigen Zentrum, dem vergoldeten Reiterstandbild und den germanischen Funden ein von den Römern neu gegründetes Zentrum in der zu schaffenden Provinz zu sehen? Die Grabungen der nächsten Jahre, die vor der Errichtung eines Gewerbegebietes noch rechtzeitig durchgeführt werden müssen, lassen auf weitere Indizien hoffen, die die historische Bedeutung dieses ungewöhnlichen Platzes erhellen. Schon jetzt läßt er die Situation in Germanien unter Augustus in ganz neuem Licht erscheinen. Varus' Auftrag, im Gebiet zwischen Rhein und Elbe eine Provinz einzurichten, scheint zumindest in Mittelhessen eine sehr solide Ausgangsbasis gehabt zu haben – eine Basis, die mehr war als nur ein militärischer Stützpunkt. Sie kennzeichnet letztlich auch den Beginn eines regen kulturellen Austauschs zwischen der einheimischen Bevölkerung und den römischen Eroberern.   GR, SvS

Abb. 42   Plan des Stützpunktes Waldgirmes, Ausgrabungsstand Ende 1998. Im Zentrum der Anlage das Forums-Gebäude (rot), errichtet auf einem Steinfundament. Es ist bisher das einzige aus augusteischer Zeit bekannte Steingebäude in Germanien.

Abb. 43   Blick auf die nordöstliche Apsis des Forumsgebäudes von Waldgirmes.

Abb. 44   Fragment eines aus Bronze gegossenen und vergoldeten, etwa lebensgroßen Reiter-Standbildes. Es handelt sich um das Teil einer Brustschirrung, L. ca. 40 cm.

Abb. 45   Silberne Scheibenfibel in Gestalt einer Lotosblüte. Oberseite vergoldet mit blauen und grünen Glaseinlagen. Im Zentrum ein Bernstein? Dm. 3 cm. Im Nordwesten des Römischen Reiches gibt es bislang unter Tausenden von Fibeln kein Vergleichsstück.

SIEDLUNGEN UND SIEDLUNGSRÄUME

Mensch, Natur und Politik

Häuser, Siedlungen und die Rekonstruktion der Alltagskultur

Oft sind es nur Keramikscherben an der Geländeoberfläche, die einen historischen Siedlungsplatz verraten – Zufallsfunde, die nach der Ausgrabung und der wissenschaftlichen Auswertung aller Funde sogar zur Entdeckung völlig unbekannter Kulturen führen können. Ein Beispiel dafür ist Sabir im südlichen Jemen, eine Stadt mit Heiligtümern, Werkstätten, Wohnhäusern – Zentrum einer ausgedehnten und zusammenhängenden bronzezeitlichen Siedlungskammer, von deren Vorhandensein und hochentwickelter Kultur vorher nichts bekannt war.

Von den Städten und Stätten der Antike glauben wir viel mehr zu wissen, da viele ihrer Monumente noch hoch anstehen. Doch auch hier können nur wenige Siedlungen ausgegraben werden, und vielfach, wie etwa in den Bergen oberhalb der «Türkischen Riviera», ergibt schon die Auswertung der bekannten Inschriften und Münzen ein lebendiges Bild eines Siedlungsraumes. Während die gut erhaltenen Tempel, Thermen und Theater der Griechen und Römer schon früh das Augenmerk der Forscher auf sich gezogen haben, blieb die Alltagskultur lange unerforscht. Ausgrabung und Erforschung der Häuser und Werkstätten der einfachen Bevölkerung, die die eindrucksvollen Monumentalbauten errichtet hat, wurden erst seit wenigen Jahrzehnten zu Schwerpunkten archäologischer Feldarbeit. Ihre Ergebnisse liefern heute das notwendige reiche Material für übergreifende Studien, etwa zum Wohnen und zu den Prinzipien des antiken Städtebaus (Abb. 46).

Siedlungen und Siedlungsräume als Gesamtheit zu betrachten, Fragen der Siedlungsentwicklung und des privaten Wohnens mit einzubeziehen – dies gehört zu den neuen Ansätzen in der Archäologie, die heute gleichermaßen in den klassischen Gebieten des Mittelmeerraumes, wie auch in den Urwäldern Südamerikas oder den schroffen Gebirgsregionen Nepals verfolgt werden. Architekturreste, Funde und historische Quellen – erst die Auswertung aller Aspekte läßt das Gesamtbild einer Siedlung in ihrem naturräumlichen Umfeld und damit den Lebensraum menschlicher Kulturen im jeweiligen Zeitabschnitt der Geschichte rekonstruieren.   KR

Begraben und vergessen – Sabir, eine Stadt des späten 2. Jts. v. Chr. am Golf von Aden/Jemen

Aus der Luft betrachtet, war es tatsächlich nur eine sehr ausgedehnte rötliche Verfärbung von über 6 km Länge. Am Boden selbst bot es sich aber als ein regelrechter Teppich von Tonscherben dar – ein archäologischer Fundplatz in der Küstenebene gut 25 km nördlich von Aden und überbaut von dem kleinen, damals noch verschlafenen Dorf Sabir, das in Ermangelung antiker Schriftzeugnisse dem Fundplatz seinen Namen geben sollte. Das war 1932 bei dem Routineflug eines Piloten der Royal Air Force. Später kamen vereinzelt Archäologen, um den Fundplatz zu besichtigen, doch die Beurteilung war einhellig: uninteressant und – wie die herausragende Qualität der Oberflächenkeramik anzudeuten schien – eher jüngeren Datums.

Ein Zeitsprung in das Jahr 1994: Kaum zehn Jahre war es her, daß italienische Archäologen erstmals prähistorische Grabungen im jemenitischen Hochland durchgeführt und in Umrissen einen bronzezeitlichen Kulturhorizont definiert hatten. Anfänglich unabhängig voneinander stießen auch russische und deutsche Forschungsteams immer wieder auf Spuren, die neue Erkenntnisse zu den Ursprüngen und den unmittelbaren Vorgängern der südarabischen Hochkultur (etwa ab 1200 v. Chr. bis frühes 7. Jh. n. Chr.) lieferten. 1994 schlossen sich deshalb die Forscher der Russischen Akademie der Wissenschaften unter Leitung von A. Se-

47

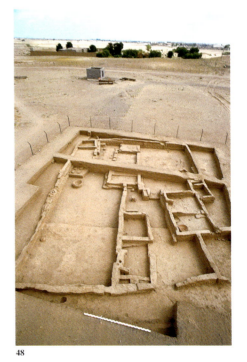

48

dov und die Außenstelle Sanaa des Deutschen Archäologischen Instituts im Rahmen eines gemeinsamen Grabungsprojektes zu einer deutsch-russischen Expedition zusammen.

Auf unserer Suche nach einem prähistorischen Grabungsprojekt wurden wir im Winter 1993/94 von jemenitischen Kollegen zu dem vermeintlich islamischen oder gar neuzeitlichen Fundplatz Sabir geführt. Wirklich beeindruckend war eigentlich nur der dichte Scherbenteppich (Abb. 47) und dessen immense Ausdehnung, ansonsten bestand die Fundstätte nur aus gut zwei Dutzend eher unscheinbaren Erhebungen. Dennoch waren wir uns angesichts der Oberflächenkeramik innerhalb weniger Minuten nach unserer Ankunft einig: Sabir ist ein bronzezeitlicher Fundplatz mit einem praktisch unbekannten Inventar, dessen Untersuchung sehr vielversprechend erschien.

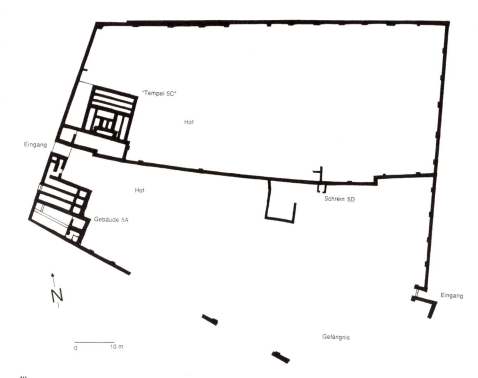

49

Ein schwieriger Start

Bevor wir unsere gemeinsamen Grabungen aufnehmen konnten, sollten sich jedoch die Ereignisse überschlagen: Nach nur kurzer Zeit versuchte sich der Süden

Auf den vorhergehenden Seiten:

Abb. 46   Schaubild von Priene, gezeichnet von A. Zippelius, 1908, koloriert von L. Lüders 1999.

Abb. 47   Die Oberfläche von Sabir ist mit Tonscherben übersät. Unter einer der Erhebungen wurden Reste von mehreren Töpferöfen freigelegt. Welche Ausmaße die Produktion einstmals angenommen haben muß, zeigt der Umfang von Fehlbränden und anderen Produktionsabfällen. Die Zahl der Tonscherben geht in die Millionen.

Abb. 48   Das aus luftgetrockneten Ziegeln errichtete Wohnhaus Sabir 25. In seiner letzten Bauphase zeigt es einen geräumigen Hof, der stellenweise von kleineren Räumen gesäumt wird. Die kleinen Räume in der Bildmitte gehören zu einer früheren Bebauung.

Abb. 49   Vorläufiger Gesamtplan des Grabungsbereiches Sabir 5. Im Nordabschnitt befinden sich drei größere Gebäudeeinheiten, die durch geräumige Hofflächen voneinander getrennt sind, und die als architektonische Grundeinheiten zwei- bzw. dreischiffige Pfeilerhallen aufweisen.

Abb. 50   Keramikdepots, wie hier in Sabir 5C, enthalten große Mengen vollständiger, wenn auch leerer Keramikgefäße.

50

51

auch in Randbereichen der antiken Siedlung durch, um uns dann letztendlich auf den vermutlichen Siedlungskern zu konzentrieren.

Eine antike Stadt wird zum Leben erweckt

Der Siedlungshügel von Sabir liegt in dem seit prähistorischer Zeit landwirtschaftlich intensiv genutzten Delta des Wadi Tuban. Allerdings sind seine Konturen auf Grund von Erosion, des seit Aufgabe des Platzes zu verzeichnenden Vordringens der Sandwüste und der gleichzeitigen Aufsedimentierung der gesamten Küstenebene nur abschnittsweise erkennbar. Soweit es die naturräumlichen Gegebenheiten erlauben, ist der Fundplatz bisher in einer Ausdehnung von etwa 2 x 1,5 km prospektiert. Aus bisher zwei Tiefschnitten können wir eine mindestens 5 m starke Folge von Kulturschichten ablesen, bislang noch unbestätigt bleiben die Berichte von Brunnenbauern, wonach Tonscherben selbst in einer Tiefe von bis zu 20 m auftauchen.

Die Peripherie Sabirs wurde einst geprägt eine dichte Bebauung von Hütten mit korbartig verflochtenen und mit Lehm verstrichenen Wänden aus Palmblättern. Ihre Grundrisse können heute über meist runde oder ovale Anordnungen von Pfostenlöchern rekonstruiert werden. Deutlich besser erhaltene Architekturreste finden sich vor allem im Zentralbereich Sabirs. Hier wurden an mehreren Stellen Strukturen freigelegt, die eine funktionale Spezialisierung einzelner Siedlungsbereiche erahnen lassen. Dies gilt etwa für Werkstattbereiche zur Keramikproduktion oder Metallverarbei-

des 1990 vereinigten Jemen wieder abzuspalten. Die Krise eskalierte bis zu erbittert geführten Kampfhandlungen, die sich bis zur endgültigen Niederlage der Sezessionsarmee zahlreiche Wochen besonders auf den Großraum Aden konzentrierten. Zwei Wochen nach Beendigung des Krieges konnten wir dann in Sabir eine erste Inspektion durchführen, denn während des Krieges war ausgerechnet Sabir schwer umkämpft und wechselte insgesamt neunmal den Besitzer. Die Spuren waren allgegenwärtig: Das moderne Dorf war schwer zerstört, die Bevölkerung teilweise ins Bergland vertrieben, der archäologische Fundplatz selbst ein Schlachtfeld übersät mit Uniformfetzen, Granathülsen und anderer, teilweise noch scharfer Munition, die nähere Umgebung durch mehrere, bis heute nur grob lokalisierte Minenfelder unzugänglich.

Als schließlich im Oktober 1994 die gemeinsamen Arbeiten aufgenommen wurden, war unser Grabungsteam schnell zusammengestellt. Die Projektmitarbeiter kamen aus Deutschland, Rußland, der Schweiz, aus Italien, England und selbstverständlich dem Gastland Jemen. Die Zusammensetzung des Mitarbeiterstabes spiegelt den multidisziplinären Forschungsansatz wider, der zum Verständnis des antiken Sabir in seinem kulturellen und naturräumlichen Umfeld beitragen soll. Zusätzlich zu den Archäologen und den technisch spezialisierten Expeditionsteilnehmern wie Zeichnern, Photographen und Grabungstechnikern konnten wir deshalb auch auf die Mitarbeit von Architekten, Restauratoren, Geophysikern, Geomorphologen, Paläozoologen und Paläobotanikern zählen.

Unser erster Schritt war jedoch die Hinzuziehung einer Spezialeinheit der jemenitischen Armee, die die herumliegende Munition entsorgte und das Grabungsgelände mit Detektoren und langen spitzen Sonden nach Minen absuchte. Kaum war die Entwarnung erfolgt, eröffnete sich bereits ein neues Problem: die ungeklärte Frage des Besitzes an Grund und Boden. Die mit der Erlangung der Unabhängigkeit von britischer Herrschaft 1967 unter den Sozialisten erfolgte Verstaatlichung des Grundbesitzes wurde von der neuen Regierung des vereinigten Jemen in Sanaa für nichtig erklärt und viele ehemalige Grundbesitzer oder deren Nachkommen machten ihre Ansprüche geltend. Der Grabungsplatz Sabir, einstmals im «Besitz der Krone» war – damals folgenlos – während der langen Jahre im saudischen Exil vom Sultan von Aden und Lahedsch noch zu Zeiten sozialistischer Herrschaft den Scheichs von Sabir überschrieben worden, um sich deren Gefolgschaft langfristig zu versichern. Die endgültige Regelung der sich daraus ergebenden Ansprüche bzw. die Kompensation für das nun gleichsam durch das jemenitische Antikengesetz zum zweiten Mal «enteignete» Land steht noch aus, doch will man – so der Kompromiß – erst einmal die Ergebnisse unserer Ausgrabungen abwarten.

Fünf Grabungskampagnen sind nunmehr vergangen und unsere Erwartungen wurden wahrlich nicht enttäuscht. Nicht zuletzt als Reaktion auf den Wiederaufbau des Dorfes nach dem 1994er Krieg waren wir an mehreren Stellen gleichzeitig tätig, überprüften moderne Baugruben, führten Probegrabungen und Tiefschnitte

Abb. 51   Der Schrein Sabir 5D (1,5 x 1,5 m Innenmaß) ist der erste archäologische Beleg auf der Arabischen Halbinsel für die Verwendung von Steinidolen zu Zwecken der Ahnen- oder Götterverehrung.

Abb. 52a.b   Anthropomorphe Terrakottafigurine aus Sabir. Vorherrschend ist der Typ von unbekleideten, in Sitzhaltung dargestellten, sehr fülligen Frauen mit mehreren Bauchfalten und ausgeprägtem Gesäß. Auf Oberschenkeln, Brüsten oder Gesäß sind meist kurze Ritzmuster angebracht, in denen man die Wiedergabe von Körperbemalungen oder Tätowierungen erkennt. Es ist dies insgesamt eine Form der Darstellung, die auf der Arabischen Halbinsel so ungewöhnlich ist, daß man darin eher eine Verbindung zu gleichzeitigen nordostafrikanischen Frauendarstellungen sehen mag.

tung wie auch für einen exemplarisch freigelegten Wohnbereich (Abb. 48).

In unmittelbarer Nachbarschaft hierzu befindet sich die bislang flächenmäßig größte und wichtigste Grabungsstelle «Sabir 5» (Abb. 49). Knapp unter der Oberfläche liegen hier die Grundmauern eines ausgedehnten Architekturkomplexes, dessen vergleichsweise dicke Lehmziegelmauern eine Deutung als monumentaler Repräsentationsbezirk unterstreichen. Dieser Bereich hat eine längere baugeschichtliche Entwicklung hinter sich, wobei in einer Spätphase verschiedene bereits existierende Gebäudeeinheiten planerisch einer neuen Gestaltung zugeführt wurden. Erschwert wird das Verständnis des Komplexes durch ein modernes Gefängnis, das über Teilbereichen errichtet ist. Alarmiert durch die kurzfristige Ankündigung, daß dieses Gefängnis auf das Vierfache seiner Grundfläche erweitert werden sollte, mußten im Winter 1998/99 Notgrabungen durchgeführt werden, die nicht nur die volle Ausdehnung des Komplexes klärten, sondern deren sensationelle Ergebnisse glücklicherweise auch die drohende Überbauung verhinderten. Dabei kamen selbst schwere Baumaschinen zum Einsatz, um eine über den Mauerresten liegende, bis zu 2 m starke Sandschicht zu entfernen. Das neu gewonnene Bild ist in der Tat imposant: Der Komplex hat einen trapezförmigen Grundriß mit einer Grundfläche von gut 5000 m². Die äußere Begrenzung besteht aus einer einstmals mindestens 3 m hohen Umschließungsmauer mit zwei sich gegenüberliegenden Toranlagen. Diese erschließen einen inneren Bezirk mit mehreren Gebäuden, die voneinander durch weiträumige Hofflächen getrennt werden.

Das vielleicht bedeutendste Gebäude hat einen annähernd quadratischen Grundriß und besteht aus einem kleinen Vorhof mit zentraler Lehmziegelplattform sowie einer dahinter quer liegenden Halle mit drei Schiffen und einer Holzpfeilerstellung. In seiner Grundrißgestaltung läßt dieses Gebäude durchaus Anklänge an Tempelanlagen erkennen, wie sie uns aus der späteren altsüdarabischen Zeit bekannt sind.

Weitere, hier beobachtete Befunde und das dazugehörige Fundgut unterscheiden gerade dieses als Sakralbau gedeutete Gebäude klar von anderen Teilbereichen: In der sich unmittelbar südlich anschließenden Hoffläche wurden verkohlte Holzbalken und ein regelmäßiges Muster von Pfostenlöchern nachgewiesen. Letzteres belegt die Position einer einstmals mit Fresken verzierten Kolonnade, unter

der einst zwei Keramikdepots angelegt waren (Abb. 50). Daß Vorratshaltung im Umfeld des Heiligtums eine große Rolle spielte, bezeugt zusätzlich ein großer, später angefügter Lagerraum. Hier wurden über 150 vollständige, wenn auch zerdrückte Tongefäße unterschiedlicher Typs entdeckt. Schalen etwa waren ineinander gestapelt mit der Öffnung nach unten abgestellt. Direkt daneben standen großvolumige Gefäße, von denen viele große Mengen botanischer Reste enthielten. Im selben Raum wurden Palmmattenreste und auch ein sauber zugeschnittenes Fragment eines Elefantenstoßzahnes gefunden.

Als besonders interessant erwies sich

die Freilegung eines kleinen, von einer dünnen Lehmziegelmauer eingefaßten quadratischen Raumes, dessen Inventar offensichtlich ungestört in originaler Aufstellung zurückgelassen worden war (Abb. 51): Parallel zur Rückwand war eine Reihe von sechs länglichen, senkrecht stehenden Wadikieseln installiert. Davor befand sich die annähernd symmetrische Anordnung von unterschiedlich großen Tongefäßen, darunter zwei als Libationsgefäße gedeutete Schalen sowie zwei Weihrauchbrenner. Dieser auf der Arabischen Halbinsel bisher einmalige Befund erinnert stark an ein kleines, fast gleichzeitiges Heiligtum in Hazor in Israel. Dahinter steht vielleicht auch hier

a

b

52a.b

53

eine Form der Ahnenverehrung oder ein für diesen Großraum immer wieder vermuteter Kult, bei dem die Gottheiten in Form von natürlich geschaffenen, steinernen Idolen verehrt wurden.

Ungewisse Wurzeln und ein
Ende mit Schrecken?

Unsere Erkenntnisse zur chronologischen und kulturellen Entwicklung Sabirs sind tatsächlich nur ausschnitthaft. Unsere Datierungen beruhen auf etwa 20 Radiokarbon-Messungen, von denen die meisten zwischen dem 14. und dem 9. Jh. v. Chr. liegen. Die frühesten Schichten konnten bisher allerdings noch nicht untersucht werden und auch das Ende der Besiedlung Sabirs scheint sich im Dunkel zu verlieren.

Wir sind deshalb im Rahmen eines Nebenprojektes über die Grenzen des eigentlichen Fundplatzes hinausgegangen und haben mit Maleiba einen nahegelegenen, vormals unbekannten Fundort untersucht, an dessen Oberfläche vermehrt jene Keramik verstreut liegt, die wir in kleinen Mengen nur aus den bislang tiefsten in Sabir untersuchten Schichten kennen. Die in Maleiba gefundene Keramik wird von uns hauptsächlich aufgrund stratigraphischer Beobachtungen vorläufig in das frühe 2., vielleicht auch in das ausgehende 3. Jt. v. Chr. datiert. Sie zeigt, daß sich die Sabir-Kultur lokal aus früheren bronzezeitlichen Traditionen entwickelt hat.

Fast flächendeckend nachweisbar sind in Sabir die Spuren einer Brandkatastrophe, die zeitlich etwa im 9. Jh. v. Chr. anzusetzen ist. Daß diese auf Gewalteinwirkung oder ein kriegerisches Ereignis zurückzuführen ist, können die Funde von bronzenen Pfeil- und Speerspitzen, die Hals über Kopf zurückgelassenen, vollständigen Rauminventare sowie das Skelett eines von herabstürzenden, brennenden Trümmern erschlagenen Mannes andeuten. Noch unbewiesen ist unsere Vermutung, daß es sich hierbei um die Auswirkungen des Vordringens der südarabischen Neueinwanderer handelt.

Diesem Ereignis folgte freilich eine weitere, vielleicht nicht unbeträchtliche Nachbesiedlung, die sich nur in schwachen Spuren erhalten hat bzw. sich aus dem durch Auswehung und Erosion verdichteten Scherbenteppich über dem Zerstörungshorizont rekonstruieren läßt. Vielleicht gehört zu diesem Besiedlungshorizont unser jüngstes Radiokarbon-Datum, das in das 6. oder 5. Jh. v. Chr. gehört – einer Zeit, als Aden und sein Hinterland endgültig unter die Kontrolle des südarabischen Königreiches von Qataban gerieten und Sabir endgültig verlassen wurde.

Die «African Connection»

Die Grabungen in Sabir erwiesen sich als ungewöhnlich fundreich. Tier- und Pflanzenreste sowie die eigentlichen Artefakte geben erste Einblicke in die Lebensgrundlagen einer wohlhabenden Bevölkerung, die nicht nur auf Landwirtschaft und Massenproduktion von Keramik basierten, sondern auch auf Viehzucht und der Ausbeutung mariner Ressourcen: Letzteres belegen in Verbindung mit immer wieder verzeichneten Netzgewichten sehr große Mengen von Fischknochen,

Muscheln und Knochen von Meeressäugetieren.

Besonders aussagekräftig sind die ersten Ergebnisse der paläobotanischen Untersuchungen. Die meisten Reste stammen aus Gefäßen in dem zum Heiligtum von Sabir 5 gehörenden Magazin. Sie stellen die größte Sammlung derartiger Reste dar, die jemals auf der Arabischen Halbinsel durch archäologische Grabungen zu Tage kam. Die Reste repräsentieren ein breites Spektrum von Früchten, Gräsern und Hölzern, die in der Regel zum Verzehr und als Viehfutter, aber auch für medizinische Zwecke und als Baumaterial bzw. Werkstoff bei der Herstellung kleinerer Artefakte verwendet werden konnten. Die botanischen Untersuchungen lassen eine im restlichen Nahen Osten gleichermaßen übliche Flora rekonstruieren, die in Sabir allerdings ergänzt wird durch tropische Gräser und die asiatische (indische?) Spezies Sesam. Die häufige Verwendung von Akazienholz in den Hütten, bei den Pfeilerstellungen und dem Fachwerk der Lehmziegelarchitektur zeigt, daß die Akazienbewaldung im Umkreis deutlich dichter gewesen sein muß als heute.

Der Großteil der Funde besteht allerdings aus Artefakten wie Mahl- und Reibsteinen, Stein-, Knochen- und Metallwerkzeugen, Terrakotta-Figurinen und Keramik. Bei der Werkzeugherstellung wurden offenkundig Tierknochen (z.B. für Pfrieme und Nadeln) und diverse Silexarten Metallen vorgezogen. Relativ häufig ist auch Obsidian, ein vulkanisches Glas, das aus größerer Entfernung, vielleicht sogar von der afrikanischen Seite des Roten Meeres nach Sabir eingeführt wurde.

Eine der faszinierendsten Fundgruppen sind die Terrakotten, von denen Hunderte, wenn auch nur als Fragmente, gefunden wurden. Ihr Spektrum beschränkt sich auf wenige Haupttypen. Bei den

Abb. 53   Als typisch für die späte Besiedlung Sabirs können diese in Komposittechnik handgefertigten Kochtöpfe und Becher gelten. Die rundbödigen Kochtöpfe werden häufig auf Resten von Feuerstellen oder, wenn unbenutzt, mit der Öffnung auf dem Boden liegend entdeckt. Die kleinen Becher treten meist in Gruppen und ineinander gestapelt auf.

Abb. 54   Olynthos, Stadtgründung auf der Chalkidike um 432 v. Chr. als Zusammensiedlung (Synoikismos) mehrerer benachbarter Gemeinden neben einer fortbestehenden Altstadt. Der Stadtplan folgt noch weitgehend dem Schema der Kolonialstädte des vorangehenden Jahrhunderts.

Tierfigurinen herrschen Darstellungen von Stieren, Ziegen und Schafen vor. Anthropomorphe Figurinen zeigen, soweit eindeutig identifizierbar, nur Frauen entweder bekleidet und stehend oder unbekleidet und sitzend (Abb. 52a.b).

Mit großem Abstand am häufigsten sind jedoch Keramikfunde, die bis zu Beginn unserer Grabungen einen völlig unbekannten Formenschatz repräsentierten. Die Zahl vollständiger Gefäße geht – für eine Siedlungsgrabung höchst ungewöhnlich – in die Tausende. Gefäße von der Größe eines kleinen Bechers bis zu voluminösen Vorratsbehältern von gut 1,20 m Höhe wurden quer durch alle Schichten gefunden. Das Spektrum der Gefäßformen ist breit gestreut, wobei offene Formen gegenüber geschlossenen Gefäßen dominieren. Auffällig ist darüber hinaus, daß die meisten Gefäßtypen einen deutlich abgerundeten Boden aufweisen (vgl. Abb. 53).

Trotz der regelrechten Massenproduktion wurde die Keramik fast durchgängig und mit erstaunlicher Präzision und Gleichmäßigkeit in einer Komposittechnik handgefertigt. Selbst großvolumige Gefäße besitzen dünne Wandungen. Fertigungsspuren lassen erkennen, daß Boden, Körper und Gefäßmündung in getrennten Herstellungsschritten geformt wurden. Zur Anwendung kam dabei häufig die «paddle and anvil-Technik», bei der die Wandung aus Tonbatzen mit Hilfe eines länglichen Holzes oder Steines und einer von innen gegengehaltenen Auflage durch Schlagen zusammengepreßt wurde. Diese Technik war zuvor auf der Arabischen Halbinsel unbekannt und könnte, vergleicht man sie etwa mit Befunden in Nubien, spätestens während des 2. Jts. v. Chr. nach Südwestarabien eingeführt worden sein. Dazugehörige Standringe und Ringbasen wurden separat auf einer sich langsam drehenden Scheibe angefertigt und später durch Verstreichen am Gefäßkörper angebracht. Der Rand wurde häufig auf der Scheibe vorsichtig nachgedreht.

Gefäßoberflächen und unerklärlicherweise häufig das Innere wurden einer Musterglättung unterzogen, eine Oberflächenbehandlung, die nachweislich dekorativen Zwecken diente und zuvor in dieser Form in der Region ebenfalls unbekannt war. Zusätzlich wurden zahlreiche Gefäße mit Ritz- und Stempeldekors, Inkrustationen, Appliken und bisweilen bichromer, geometrischer Bemalung versehen. In ihrem gesamten Erscheinungsbild erinnert die Sabir-Keramik stärker an Produktionen auf der afrikanischen Seite des Roten Meeres als an jene der Arabischen Halbinsel oder des Fruchtbaren

Halbmondes, womit freilich eine autochthone Entwicklung nicht in Frage gestellt werden soll.

Die Annahme kultureller Querverbindungen zwischen den Regionen unmittelbar beiderseits des Roten Meeres kann bislang auch durch einige Gefäße untermauert werden, die als Importe aus nubischen, ostsudanischen und präaxumitischen (äthiopisch-eriträischen) Fundzusammenhängen identifiziert sind, wobei letztere bedauerlicherweise nur schlechte Datierungen liefern. Mittelfristig wird daher die Keramiksequenz von Sabir eine zuverlässigere chronologische Einordnung gewährleisten.

Sabir repräsentiert als größter und am umfassendsten untersuchter Fundplatz eine nach ihr benannte, vormals unbekannte Kultur. Die Sabir-Kultur beschränkte sich ausschließlich auf die Küstenebene des Roten Meeres und des Golfs von Aden. Ihre Nord-Süd-Ausdehnung von mehr als 600 km wird durch eine Großzahl von Fundorten belegt, die mittlerweile durch Oberflächenbegehungen bekannt geworden sind. Die Sabir-Kultur entwickelte sich aus lokalen bronzezeitlichen Wurzeln und bestand in dieser Tradition bis in das frühe 1. Jt. v. Chr. in zeitlicher Überlappung mit der sich im Inland etablierenden südarabischen Zivilisation fort. Inwieweit sich Beziehungen zwischen diesen beiden doch sehr unterschiedlichen Kulturbereichen entwickelten, ist in Umfang und Ausprägung unbekannt. Welche Rolle weiterreichende Verbindungen über die Arabische Halbinsel hinaus z. B. zur afrikanischen Küste oder zum indischen Subkontinent spielten, bleibt ebenfalls zu klären, eröffnet aber aufregende neue Fragestellungen für weitere Untersuchungen.   BV

So wollten sie wohnen
Privathäuser in der griechischen
Polis des 5. und 4. Jhs. v. Chr.

Mit den großen Stadtgrabungen der Berliner Museen am Ende des 19. Jhs. gelang es erstmalig neben den großartigen griechischen Heiligtümern und Tempelanlagen auch einen Einblick in das private Umfeld der antiken Stadtbewohner zu gewinnen. Geradezu epochemachend wirkte hierbei die Grabung C. Humanns und insbesondere Th. Wiegands in Priene (Abb. 46) 1895 bis 1898, deren Publikation noch heute ihren Wert besitzt. Von schätzungsweise ehemals 450 Wohnhäusern wurden damals neben den öffentlichen Bauten etwa 70 Wohnhäuser ausgegraben, die allerdings längst nicht mehr

dem Zustand der Stadtgründung um 352 v. Chr. entsprachen, sondern den späthellenistischen Besitzstand nach rund 300 Jahren Stadtgeschichte widerspiegelten.

Doch immerhin war erstmals ein antikes Wohngebiet erforscht, welches regionale Eigenheiten privater Architektur so extensiv darstellt, daß man einen Haustyp erschließen konnte, der nach Angaben antiker Schriftsteller als «Prostashaus» in die Wissenschaftssprache einging. Gewonnen war die Vorstellung vom Wohnraumbedarf und deren Verwirklichung auf der individuellen Ebene eines «oikos», einer Familienwohnstatt, die allerdings in der Spätzeit sehr deutliche soziale Unterschiede dokumentiert.

Die Unterbrechung solcher Forschungen durch den 1. Weltkrieg mit der folgenden Isolierung der deutschen Auslandsforschung bedeutete einen tiefen Einschnitt in der Forschungsausrichtung in den klassischen Gebieten des östlichen Mittelmeerraumes. Großflächige Wohnhausgrabungen unterblieben nach 1920. Die Weltwirtschaftskrise bewirkte zudem, daß kostenintensive Flächengrabungen nicht mehr möglich waren: in Priene gruben immerhin fast 100 Arbeiter über Monate hinweg den späten Schutt aus den Wohngebieten ab. Eine fördernde Kaiserschatulle gab es nun auch nicht mehr. Den Forschungsvorsprung der deutschen Archäologie zur anonymen Privatarchitektur verlor man an die Vereinigten Staaten von Amerika, die 1928 in einem wissenschaftlich exakt geplanten

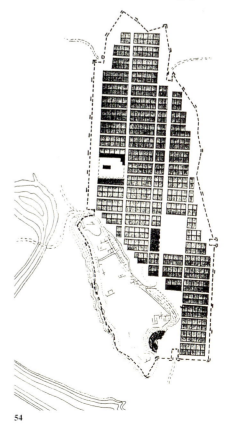

54

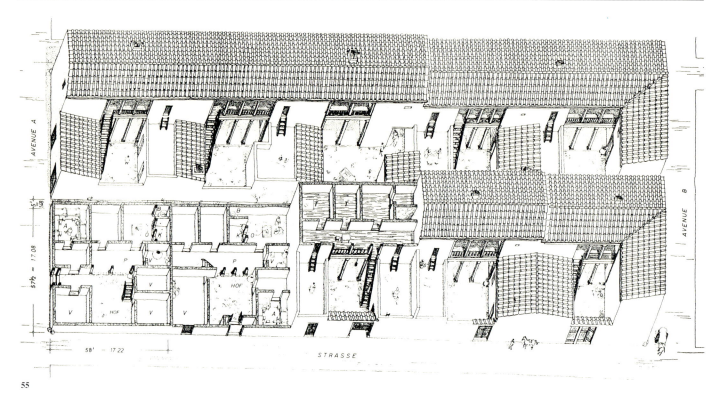

55

56

Unternehmen die antike Stadt Olynthos im Norden Griechenlands mit dem Anspruch, das gesamte Stadtbild zu erschließen, mit bis zu 200 Arbeitern auszugraben begannen (Abb. 54). Die hervorragend dokumentierende Publikation wurde das Standardwerk für alle mit privater Architektur der Antike befaßten Wissenschaftler. In der Grabung wurde ein weiterer griechischer Haustyp erschlossen, der nach antiken Schriftquellen als «Pastashaus» benannt werden konnte (Abb. 55). Mit dem 2. Weltkrieg erfolgte eine ähnliche Zäsur der Forschungsrichtung. Erst nach den Turbulenzen der Ende der 60er Jahre wurde die Frage nach der privaten Architektur in der Antike wieder aktuell, um auch den Hintergrund der Lebensbedingungen bei dem unglaublichen Höhenflug der antiken Klassik, für die in der Architektur der

Parthenon der Athener Akropolis sinn-bildlich steht, zu erforschen.

Das 1973 neugegründete Architektur-Referat der Zentrale des DAI mit W. Hoepfner und dem Verfasser ent-schied sich zu einem Forschungspro-gramm, das den Zusammenhang von pri-vatem Leben, staatlichem Anspruch und gebauter Realität in klassischer Zeit (480–330 v. Chr.) aufzuklären versuchte. In interdisziplinären Sitzungen sollte der seit dem Ende des 19. Jh. verlorene Zusammenhalt der einzelnen Disziplinen der Altertumswissenschaft in dieser Aus-richtung wieder hergestellt werden. Das Ergebnis liegt inzwischen in drei Bänden der Reihe «Wohnen in der klassischen Polis» gedruckt vor, wobei der Architek-turband «Haus und Stadt im klassischen Griechenland» schon in zweiter Auflage erschien. Gerade er hat Irritationen pro-voziert, aber vor allem eine international beachtliche Breitenwirkung erzielt, die eine Fülle von neuen Untersuchungen zu den Wohn- und Lebensbedingungen in der klassischen Antike veranlaßte.

Verständlicherweise lassen sich in ge-wachsenen Städten mit jahrhundertelan-ger Nutzung verallgemeinernde Aussa-gen zu den Wohnbedingungen und zur privaten Architektur nur sehr schwer ge-winnen. Über die Zeiten hinweg hat sich das soziale Gefüge zu stark verändert, haben Um-, An- und Aufbauten die Wohnhäuser in unterschiedlichste Kon-glomerate von Wohnräumen verwandelt. Der Forschungsansatz des Architektur-Referats zielte deshalb von Anfang an nur auf solche antiken Wohnviertel, die zu einer bestimmten Zeit aufgrund eines ein-heitlichen Planungsvorganges in einem Zuge errichtet wurden. Denn gerade hier müßte sich die Idealvorstellung und Pra-xis vom Wohnen in einer Bürgergemein-schaft zu einer bestimmten Zeit ablesen lassen.

Solche Stadtgründungen sind seit dem 8. Jh. v. Chr. bereits bekannt, also aus einer Zeit, in der eine wirtschaftliche Krise im Mutterland ganze Bevölke-rungsgruppen zur Auswanderung zwan-gen. Unter einem von der Siedlungs-gemeinschaft erwählten und gottgefälli-gen Anführer brachen junge Abenteurer, chancenlose Nachgeborene und Hinter-sassen, aber auch dringend benötigte spe-zialisierte Handwerker auf, um in der Fremde ihr Glück zu machen. Da es sich um Kolonisten handelte, die jeweils aus einem geschlossenen Stammesverband mit einheitlichen religiösen Bindungen

Abb. 55 Olynthos, Rekonstruktion der Haustypen zur Gründungszeit. Die Er-schließung erfolgte von der Straße über einen zentralen Hof, an dem zur Straße hin Vorratsräume, Läden oder das Handwerk (V) angelegt sein konnten. Der Wohnbereich lag hinter einer quergelegten Halle (Pastas = P), durch die man den Hauptwohnraum (Oikos = O) mit zentraler Herdstelle, einen Rauchfang (K) und den Baderaum (B) sowie weitere Wohnräume erreichen konnte. Das Obergeschoß mit den Schlafräumen (Thala-moi = T) wurde durch eine steile Treppe aus dem Hof oder der Halle P erschlossen. Deut-lich vom Wohnbereich der Familie abgesetzt liegt der Männergelageraum (Andron = A) nahe dem Eingang an der Straße.

Abb. 56 Kassope, Gründungsstadt in Nordwestgriechenland (Epirus) um 370 v. Chr. Luftphoto der Ausgrabung im Stadt-zentrum (die vom Architektur-Referat des DAI in Zusammenarbeit mit der Universität Ioannina speziell im Hinblick auf die Wohn-hausforschung durchgeführt wurden). Hin-ter einem quadratischen Markthallenbau, der vier Hausstellen einnimmt, setzt sich die Reihe gleichgroßer Wohnhäuser fort.

Abb. 57 Kassope, Rekonstruktion der Haustypen zur Gründungszeit. Im regenrei-chen Küstengebiet ist der Hof (H) direkt hinter dem Straßentor relativ klein. Über ihn erschließt sich der Wohnbereich mit dem Hauptwohnraum (Oikos = O), der hier zwei-geschossig die Treppe zum Obergeschoß und dort eine offene Galerie zur Erschließung der Schlafräume enthielt. Von O aus ge-langte man in kleine Nebenräume (N), die als Webkammer oder Bad (B) genutzt werden konnten. Deutlich vom familiären Bereich abgesetzt liegt neben dem Hauseingang der Männergelageraum (Andron = A) und ihm gegenüber an der Straßenseite der Hand-werks-, Laden- oder Wirtschaftsraum (W).

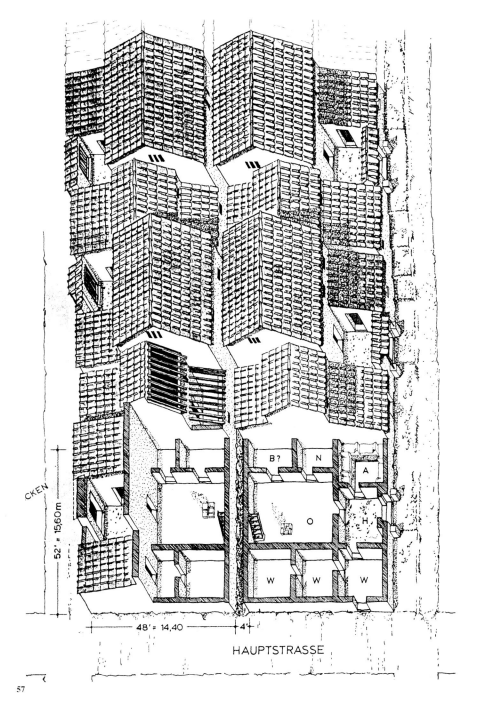

stammten, und aus diesem Grunde auch die Autorität ihres erwählten Anführers akzeptierten, scheint von vornherein eine Fehlentwicklung wie im «Wilden Westen» Amerikas des 18. und 19. Jhs. weitgehend vermieden worden zu sein, – auch wenn schon im 8. Jh. v. Chr. der Weg über das Meer zunächst nach Westen führte, an die Gestade Süditaliens und Siziliens. Hier gab es fruchtbares Land, Wasser und eine weitgehend friedliche Urbevölkerung, die die Neuankömmlinge mit ihren interessanten Waren nicht gleich als ihre Feinde betrachtete.

Über zuerst angelegte Handelsstationen bildeten sich hier Frühformen von Städten heraus, die von vornherein ein deutliches Ordnungsschema aufweisen. Neben den Vorrechten des Anführers scheint es ein weitgehend demokratisches Grundmuster gegeben zu haben, das für Chancengleichheit sorgte und starke religiöse Bindungen verrät: am gewählten Siedlungsplatz, den man befestigen können mußte, wurden die Plätze der Götter bestimmt, der zentrale Versammlungsplatz mit den Amtslokalen (Agora) ausgewählt und das Bauland in gleich große Baulose für die Siedler eingeteilt. Ebenso wurde das bestellbare Ackerland in einheitliche Landlose von länglicher Streifenform aufgeteilt. Für Baulos und Landlos galt die Bezeichnung «Kleros» (das Los), woraus man schließen muß, daß man sich bei der Verteilung der zwar gleich großen, aber durchaus nicht immer gleichwertigen Grundstücke einer Auslosung unter der göttlichen «Moira» (Schicksalsgöttin) unterwarf. Schon im 6. Jh. v. Chr., als längst weitere Küstenstriche des Mittelmeeres und der Beckenrand des Schwarzen Meeres von griechischen Siedlern kolonisiert wurden, läßt sich beobachten, daß, durch die Gleichförmigkeit der Baulose bedingt, auch eine deutliche Ausprägung von Grundrißeigenschaften der Wohnhäuser bis fast zu einer Typisierung hin sich durchsetzt. Im griechischen Mutterland und an den Ägäisküsten dagegen, wo noch die Adelsgesellschaft vorherrschte, ist die «Gleichmacherei» um diese Zeit noch nicht politisches Ziel. Das sollte sich schlagartig ändern, als unter dem Athener Politiker Kleisthenes am Ende des 6. Jhs. v. Chr. die demokratische Bewegung ihren Siegeszug antrat.

Milet und Piräus

Die Neugründung von Milet 479 v. Chr. nach der Zerstörung durch die Perser scheint den Ausschlag dafür gegeben zu haben, die Erfahrungen der Koloniestädte mit den neuen politischen Ansprüchen zu verbinden. Kurz darauf planen die Athener unter Themistokles den Ausbau des Piräus zur sicheren Hafenstadt. Hier ist uns nun auch der planende Architekt Hippodamos von Milet überliefert, der ganz offensichtlich die Erfahrungen bei den Planungen seiner Vaterstadt nach Athen mitbrachte. Für die Stadtanlage wurde die rasterförmige Straßenanlage mit gleich großen Baulosen übernommen, aber die Anordnung in überlangen streifenförmigen Häuserreihen, die durch zwei hintereinander liegende Häuser in beliebiger Addition gebildet wurden, werden nun in überschaubare Karrées von sechs bis acht Häusern gegliedert (Insulae), die in ein differenziertes Straßenraster von Haupt- und Nebenstraßen eingebettet sind. Hierbei bilden sich Nachbarschaftseinheiten und Stadtviertel, die in festem Bezug zu den öffentlichen Gebäuden, Tempeln, Heiligtümern und Häfen stehen.

Für die Athener, die in ihrer über Jahrhunderte gewachsenen und verwinkelten Altstadt lebten, war wie auch für die übrigen Griechen des Mutterlandes der Eindruck der säuberlich aufgeteilten Häuserfronten und der schnurgeraden Straßen von fast 2 km Länge im Piräus so überwältigend, daß bei allen folgenden Stadtgründungen dieses Hippodamische System übernommen wurde. Nachuntersuchungen und Grabungen in griechischen Gründungsstädten des 5. und 4. Jhs. v. Chr. wie z. B. in Thourioi, Rhodos, Olynth, Kassope (Abb. 56. 57), Abdera, Priene und Halikarnassos zeigen, daß zur Gründungszeit die Gleichheit der Baulose und die Einheitlichkeit der Hausformen ein Anliegen der Bürgerschaft war, das ganz offensichtlich mit gesetzlichem Beschluß der Volksversammlung verwirklicht wurde.

Die Gleichheit der Baulose führte zwangsläufig zu einer Vereinheitlichung der Grundrißplanung in den Wohnhäusern. Ja wir müssen davon ausgehen, daß der Verfasser des geplanten Stadtplans sich bei der Festlegung der Baulose auch schon mit der Bebaubarkeit und Nutzung für einen Neunpersonenhaushalt auseinandergesetzt hat, und das bedeutet, daß es einen Wohnhausentwurf gegeben haben muß, der diese Gegebenheiten berücksichtigte. Aus der Gleichförmigkeit der Hausgrundrisse in vielen Grabungen schließen wir, daß solchen Entwürfen folgend in einigen Städten regelrechte zweigeschossige Typenhäuser errichtet worden sind. Klimatischen und topographischen Bedingungen folgend sahen diese Häuser natürlich von Stadt zu Stadt unterschiedlich aus. Eine gemeingriechi-

sche Nutzung ist gleichwohl zu erkennen. So spielte ein zentraler Hof durchweg eine wichtige Rolle, da sich in ihm nach südlicher Gepflogenheit zumindest im Sommer weite Bereiche des häuslichen Lebens abspielen konnten. Meist dem Eingangsbereich zugeordnet lag der Männergelageraum (Andron), für dessen Ausstattung der größte Aufwand im ganzen Haus getrieben wurde. Häufig ist in diesem Raum der Boden mit feinen Mosaiken ausgelegt, sind die Wände farbig stuckiert und Absätze zum Aufstellen kostbarer Gelagebetten (Klinen) installiert. Der Raum diente der Repräsentation des Hausherrn zum Empfang von Gästen und Freunden, zum Debattieren, Politisieren und Vertragsabschlüssen. Freilich ging es dabei auch recht feuchtfröhlich zu, und den weiblichen Bewohnern des Hausstandes war der Zutritt verwehrt. Den Hauptwohnraum bildete der Oikos, durchweg der größte Raum im Erdgeschoß mit einer zentralen Herdstelle, auf der gekocht wurde, aber auch im immerwährenden Feuer die Ahnen kultische Verehrung fanden. Die Schlafräume lagen im Obergeschoß, das über sehr steile Treppen erschlossen wurde. Weitere Räume wie z. B. Bad, Vorratsräume und Webkammern lagen je nach örtlichem Haustyp an unterschiedlichen Stellen. Toiletten gab es nicht, wie noch in Mitteleuropa im 18. Jh. Dafür sind uns Nachttöpfe überliefert und erhalten. Betrieb der Hausbesitzer ein Handwerk oder einen Kleinhandel, so lagen die Läden und Werkstätten mit separatem Eingang direkt an der Straße. Generell war der innere Hausbereich, und damit der Aufenthalts- und Tätigkeitsbereich der weiblichen Bewohner deutlich gegen die Straße und Öffentlichkeit abgeschirmt. Die Wasserversorgung erfolgte in den meisten Städten durch Zisternen oder Brunnen im Hofbereich, doch stellte die Stadt häufig auch öffentliche Straßenbrunnen oder Sammelzisternen.

Daß binnen weniger Generationen der demokratische Gleichheitsanspruch, den wir in den gleichförmigen Hausgrundrissen der Gründungsphase erkennen können, durch das soziale Gefälle nicht aufrecht zu erhalten war, ist nur zu verständlich. Es kam zu Aufkäufen von Hausteilen des ärmeren Nachbarn, zur

Abb. 58   Ankara 1926. Für Grabungen in der Umgebung des Augustus-und-Roma-Tempels ist nur wenig Platz. Im Hintergrund wachsen die Neubauten der jungen türkischen Hauptstadt empor.

Hypothekenbelastung und Pfändung, zu Aufstockungen und zunehmend zum Anspruch vor dem Nachbarn mit üppiger Hausfassade zu glänzen.

Der Befund einer rigorosen Einheitsplanung scheint uns heute schwer verständlich, hat sich doch unser Griechenbild so stark an der Subjektivität und dem Individualismus, den man in der klassischen Kunst und in der Philosophie besonders im 19. Jh. erschlossen hatte, geprägt. Doch man muß nur einmal bei Platon (*Nomoi* und *Politeia*) oder Aristoteles (*Politika*) nachlesen, welche radikalen Vorstellungen zum Idealstaat und zur Idealstadt entwickelte werden konnten, oder an das Antiluxusgesetz des 4. Jhs. v. Chr. in Athen denken, das eine einförmige Grabstättenordnung vorsah, bei der sich eigentlich nur noch die Namensinschriften auf den Grabsäulchen unterschieden.

Darüber hinaus ist aber noch ein anderer Gesichtspunkt wichtig, der nichts mit dem Gleichheitsgrundsatz der Demokratie zu tun hat: Der Grieche der klassischen Zeit empfand sich im Gegensatz zu den meisten Nachbarvölkern, deren Bewohner er Barbaren nannte, als kultiviertes politisches Wesen, das seine Umwelt ordnete und das das Chaos überwindet.

So besehen gab es auch einen Schönheitsbegriff in der Stadtbaukunst, die die auf uns endlos und langweilig wirkenden schnurgeraden Straßen und Häuserreihung als Symbol des Geordneten und als Überwindung des Chaos schlechthin als schön empfand. Hierzu sei nur ein Zitat aus Xenophon (*Oikonomikos*) angefügt, das auf den Paradeisos (Ziergarten) des Perserkönigs Kyros zielt, den der spartanische Admiral Lysander 408 v. Chr. besuchte: «Als Lysander ihn bewunderte, wie schön die Bäume seien, wie sie im gleichen Abstand gepflanzt, wie grade sie in Reihen, wie schön rechtwinklig sie alle stünden, wieviele angenehme Düfte sie auf ihrem Rundgang begleiteten, sagte er im Staunen darüber: Dies alles, Kyros, bewundere ich freilich ob seiner Schönheit, viel mehr aber bin ich von Bewunderung ergriffen für den der dir das alles ausgemessen und geordnet hat.» (Übersetzung K. Meyer)

Mit unseren Parkvorstellungen hat das natürlich nichts zu tun, sondern es zeigt, daß der Athener Xenophon, der das Chaos der gewachsenen Athener Altstadt gut kannte, straff geordnete Anlagen mit dem Empfinden von Schönheit verbinden konnte. Der Piräus hätte ihm daher gut gefallen müssen, wenn er nicht als stock-

konservativer Bürger der Ritterschaft den demokratischen Anspruch des Stadtplans kaum gutheißen konnte. ELS

Anatolien von Augustus bis Atatürk

Anatolien, das unwegsame Innere der kleinasiatischen Halbinsel, wurde seit der Antike zweimal von Grund auf neu gestaltet. Das erste Mal in der römischen Kaiserzeit, unter Augustus (27 v.–14 n. Chr.) und seinen Nachfolgern: Das weite, von hohen Gebirgszügen eingefaßte Land, das bis in die Zeit der hellenistischen Königreiche von einer landwirtschaftlich-dörflichen Siedlungsstruktur geprägt war, wurde in geradezu atemberaubendem Tempo durch Fernstraßen erschlossen und besaß in kürzester Zeit ein ganzes Netzwerk moderner Städte mit monumentalen Tempeln, Thermen und Theateranlagen. Kybele, die altanatolische Muttergottheit, die zurückgezogen in der Einsamkeit der Berge in Felsformationen hauste und von der ländlichen Bevölkerung verehrt wurde, bekam plötzlich Konkurrenz von einem lärmenden römischen Pantheon und vergöttlichten Kaisern, deren Prachtbauten alles bisher Dagewesene in den Schatten stellten.

289

Aezani pt. 1926

59

Weniger als zwei Jahrtausende später wurde das Land nochmals von Grund auf erneuert: Die junge Hauptstadt Ankara mit ihren modernen Verwaltungsbauten, Universitäten und Krankenhäusern, überall im Land Fabriken, Eisenbahnlinien und Überlandstraßen – Optimismus und Aufbruchstimmung prägten die neue Türkei Mustafa Kemal «Atatürks» in den Jahren nach 1922. Wieder war Anatolien zum Ursprungsland der unglaublich dynamischen Entwicklung eines Volkes auf dem Weg zur Moderne geworden. Als D. Krencker, Ordinarius für Baugeschichte der Technischen Universität zu Berlin, und M. Schede, Vertreter der Preußischen Museen zu Istanbul, 1926 nach Anatolien aufbrachen, um an die erfolgreiche Tätigkeit der deutschen Archäologen vor dem 1. Weltkrieg anzuknüpfen, wurden sie geradezu überwältigt vom unbändigen Drang der Türkei hin zu einer modernen Gesellschaft. Die Begeisterung, die aus den Berichten der beiden Forscher spricht, betrifft nicht nur die Arbeit, sondern auch die offene Atmosphäre im kulturellen Leben der Stadt – die Abende, an denen sie zusehen durften, «wie auf freier Diele bei elektrischem Licht und Sternenhimmel auch die modernen Türkinnen mit Bubikopf und kurzem Röckchen die modernsten

Tänze tanzten. Welch ein Unterschied», so Krencker «gegen die Zeiten, da der Schleier noch heilig war!»

Antike Städte und Tempel in Anatolien

Die Forscher, die im Auftrag des DAI 1926 versuchten, die durch den verheerenden Krieg zerrissenen Fäden deutscher Ausgrabungstätigkeit in der Türkei wieder zusammenzuknüpfen, hatten ihr Augenmerk auf die erste, nicht minder dynamische Phase der Neuordnung Anatoliens gelegt, in der in kaum mehr als einem Jahrhundert nicht nur der gewaltige Augustus-und-Roma-Tempel in Ankara, sondern auch weitere Tempel etwa im pisidischen Antiochia, in Pessinous und schließlich in Aizanoi entstanden, dazu Bade- und Sportanlagen, Theater, säulenumstandene öffentliche Plätze, Straßen und Brücken – ein dichtes Netzwerk von Städten, mit deren Hilfe das Land völlig neu organisiert und gestaltet wurde.

Das antike Ankara großflächig zu ergraben, stellte sich schnell als völlig aussichtslos heraus, da die neuzeitliche Bebauung in direkter Umgebung der gewaltigen Tempelruine kaum Platz bot (Abb. 58). Die Stadt mit ihren in

die Höhe schießenden Eisenbetonbauten gehörte der modernen Türkei. Die Forscher mußten sich auf die Bearbeitung des Tempels selbst beschränken, dessen Bedeutung nicht zuletzt auf das *Monumentum Ancyranum* zurückzuführen ist, die lange Inschrift auf den Wänden der Tempelcella, in der die Taten des göttlichen Augustus aufgezählt und gerühmt werden: «*Res gestae divi augusti*», herausgegeben von Th. Mommsen 1873, der dieses Geschichtsdokument zu einem der bedeutendsten lateinisch geschriebenen epigraphischen Denkmäler des römischen Reiches erklärte. Um die einstige Gestalt des Tempels rankten sich unterschiedliche Spekulationen, da nichts von seiner Ringhalle erhalten war. Die Forscher stellten diese Frage in den Mittelpunkt ihrer Tätigkeit und konnten nach nur vier Wochen intensiver Grabungs- und Bauaufnahmetätigkeit das Ergebnis präsentieren: Die eindrucksvolle Rekonstruktion des Bauwerks als Pseudodipteros nach dem Vorbild der hellenistischen Bauten, die der berühmte Hermogenes zwei Jahrhunderte zuvor etwa in Magnesia errichtet hatte.

Die Suche nach vergleichbaren Bauten führte weg von der betriebsamen Aufbaustimmung Ankaras ins dörfliche anatolische Bergland mit seinen von grimmigen

Hunden bewachten Schafherden, unüber-
hörbaren Ochsenkarren und in farben-
prächtige Trachten gekleideten Bauern-
familien. Begeistert überquerte die Expedition eine der beiden gut erhaltenen
römischen Brücken Aizanois, unter der
unzählige Gänse im Wasser des Flusses
Penkalas badeten, und strebte ihrem Ziel
zu, dem gewaltigen Zeus-Tempel, dem
am besten erhaltenen ganz Anatoliens,
der das Dorf weithin sichtbar überragt.
Welchen Gegensatz boten das ruhige
Dorfleben und das einfache Häuschen,
das der Expedition als Unterkunft diente,
zur hektischen Großstadtatmosphäre Ankaras! Und welche Möglichkeiten archäologischer Forschung: Tempel, Theater, Stadion, ein großes Thermengymnasion, römische Brücken und ausgedehnte
Nekropolen – alles liegt bis heute unberührt da, ohne jede Gefahr moderner
Überbauung, und schien sich für archäologische Grabungen geradezu anzubieten.

In nur zwei Kampagnen, 1926 und
1928, untersuchten Krencker und Schede
gemeinsam mit wenigen Mitarbeitern
nicht nur den Tempel und seine Hallen-
anlagen, die Propyläen sowie die großen
Platzanlagen in der näheren Umgebung
(Abb. 59), sie arbeiteten auch an anderen Ruinenkomplexen, etwa dem großen
Thermengymnasion, dessen rekonstruier-
ten Grundriß Krencker 1929 für seine
Publikation der Trierer Kaiserthermen
verwenden konnte. Trotz der überreichen
wissenschaftlichen Ausbeute der beiden
Kampagnen kam 1936 nur die Publikation des Tempels in Ankara zustande. Die
Überarbeitung der Forschungsergebnisse
aus Aizanoi wurden durch den 2. Weltkrieg jäh unterbrochen, dessen Folgen
beide Bearbeiter nicht überlebten. Erst
1970 konnte das Institut durch die Initiative R. Naumanns wieder an die

*Abb. 59   Aizanoi 1926. Grabungsmann-
schaft bei der Freilegung des westlichen Mit-
telakroters des Zeustempels.*

*Abb. 60   Aizanoi 1998, 70 Jahre später. An
der Südecke des Zeustempelplateaus beginnt
die Grabung wie in den 20er Jahren: vorsichtig werden die Erdschichten mit Hacke
und Schaufel abgetragen.*

*Abb. 61   Aizanoi 1997. Der Zeustempel aus
dem 2. Viertel des 2. Jhs. n. Chr. ist nicht nur
der Haupttempel der Stadt, er gilt auch als
der am besten erhaltene Tempelbau Anatoliens. Der Blick von Nordwesten fällt zwischen
den ionischen Säulen der Ringhalle in den
Opisthodom, von dem aus zwei Türen in den
gewölbten Tempelkeller und auf das Dach
des Bauwerks führen. Die «Rankenfrau» im
Vordergrund ist Teil des Firstakroters der
nordwestlichen Tempelfront.*

60

61

vielversprechenden Vorarbeiten der 20er Jahre zur Erforschung Aizanois und des römischen Anatolien anknüpfen, ein Projekt, das seither beständig ausgeweitet wurde und mittlerweile wieder einen der Schwerpunkte archäologischer Forschung im Kernland Kleinasiens darstellt.

Neue Ausgrabungen und Forschungen in Aizanoi

Im anatolischen Hochland ist die Entwicklung der Städte von den Wurzeln in prähistorischer Zeit bis heute kaum irgendwo erschöpfend untersucht. Da in den meisten Fällen ausgedehnte moderne Siedlungen den Platz der antiken Städte einnehmen, so etwa in Kotiaeion/ Kütahya oder Ikonion/Konya, ist die Forschung dort auf Zufallsfunde aus Baugruben angewiesen. Anders in Aizanoi! Hier hat sich so viel Antikes erhalten, daß der Ort wie kaum ein anderer die Gelegenheit zu systematischen und großflächigen Untersuchungen bietet, deren Ergebnisse exemplarisch für viele vergleichbare Städte Innerkleinasiens sind. Die Forschungen zur Gesamtstadt, die seit 1990 im Mittelpunkt der Aktivitäten des Instituts in Aizanoi stehen, haben die Ruinenstätte von einer Ansammlung monumentaler Einzelbauten zur respektablen Stadt gemacht, in der altanatolische Einflüsse auf moderne römische Stadtplanungsvorstellungen treffen (Abb. 60).

Der Kern Aizanois ist, wie bei vielen antiken Städten Kleinasiens, ein bis in prähistorische Zeit zurückreichender Siedlungshügel. Erst 1997 war es möglich, die bislang früheste Bebauung dieser Siedlung aufzudecken, die in die 1. Hälfte des 3. Jts. v. Chr. datiert wird – ein großes, megaronartiges Gebäude mit Umfassungsmauern aus Stampflehm und Lehmziegeln. Die Erforschung dieses

Bauwerks ist noch nicht abgeschlossen, doch handelt es sich wahrscheinlich um ein zentrales Gebäude eines größeren Siedlungshügels. Unterhalb der freigelegten Schichten aus der frühen Frühbronzezeit II (2800–2500 v. Chr.) sind nach wenigen verstreuten Funden mit Sicherheit noch ältere Siedlungsschichten zu erwarten. Für den Zeustempel bot die Anhöhe, zu der der Siedlungshügel über Jahrtausende hinweg angewachsen war, einen idealen Bauplatz, der es ermöglichte, das neue Hauptheiligtum weithin sichtbar über die Stadt und die flachwellige Ebene zu erheben (Abb. 61). Die Planierung der Spitze des Siedlungshügels für den gewaltigen Tempel und den von Hallen umgebenden Tempelhof hat aber auch einen großen Teil der Reste von über zweieinhalb Jahrtausenden Siedlungtätigkeit der Phasen zwischen der frühen Bronzezeit und dem frühen 2. Jh. n. Chr. unwiederbringlich beseitigt.

Schon zur Zeit des Augustus und seiner unmittelbaren Nachfolger, als Ankyra und das pisidische Antiochia mit neuen, großen Tempelbauten ausgestattet wurden, hatte die reichere Bevölkerung Aizanois den alten Siedlungshügel als Wohnplatz aufgegeben. Zu mühsam war das tägliche Wasserschleppen – die Grundstücke waren zu verwinkelt und klein für zeitgemäßen Wohnluxus und repräsentative öffentliche Straßen und Plätze. Man wohnte nun in der Ebene am Fluß, wo seit hellenistischer Zeit die Töpfer der Stadt in einfachen Werkstätten qualitätvolle Keramik, darunter sogar in einem aufwendigen Verfahren bleiglasierte Gefäße hergestellt hatten. Dieses Handwerkerviertel wurde spätestens im 2. Viertel des 1. Jhs. n. Chr. aufgegeben, planiert, mit Schutt aufgefüllt und gegen den Fluß mit neuen Ufermauern aus großen Kalksteinblöcken abgemauert.

Kernstück dieser Stadtanlage der frü-

hen Kaiserzeit war ein Heiligtum, das bis vor wenigen Jahren nur von Münzabbildungen bekannt war: der Tempel der Artemis. Von diesem Bauwerk wurden während der Grabungen 1992 bis 1995 immerhin so viele Architekturteile gefunden, daß sich seine Vorderfront rekonstruieren ließ. Die Lage dieses Tempels innerhalb der frühkaiserzeitlichen Stadt ist weiterhin unklar, da seine Grundmauern irgendwo unter den Häusern des neuzeitlichen Dorfes verborgen sind. Wahrscheinlich war er Bestandteil einer großen, orthogonal angelegten Stadterweiterung auf der Ostseite des Flusses Penkalas, deren Fundamentmauern aus solidem Kalkmörtelmauerwerk seit 1991 in mehreren kleinen Ausschnitten freigelegt wurden. Mit dem Artemistempel erhielt die Stadt Aizanoi in der Zeit des Kaisers Claudius (41–54 n. Chr.) ihren ersten größeren Marmortempel und konnte, wenn dieser Bau in Gesamtanlage und Details auch eher provinziellen Charakter hatte, sich nun mit Städten wie Ankyra, Antiochia und Pessinous messen. Trotz seiner vergleichsweise kleinen Dimensionen folgt das Artemision von Aizanoi dem Typus der großen ionischen Pseudodipteroi an der kleinasiatischen Westküste. Die Tempel in Ankara und Pessinous dagegen sind mit ihrer korinthischen Außenordnung «moderner» und orientieren sich nur mit ihrer peripteralen Gesamtan-

Abb. 62   Kaiserzeitliche Tempel Inneranatoliens. A: Ankara, Augustus-und-Roma-Tempel, Zeit des Augustus (27 v.–14 n. Chr.), B: Antiochia Pisidia, «Augustustempel», Zeit des Augustus oder Tiberius (1. Hälfte 1. Jh. n. Chr.), C: Pessinous, Tiberius-Tempel (1. Hälfte 1. Jh. n. Chr.), D: Aizanoi, Artemis-Tempel, Zeit des Claudius (41–54 n. Chr.), E: Aizanoi, Zeustempel, Zeit des Hadrian (117–138 n. Chr.).

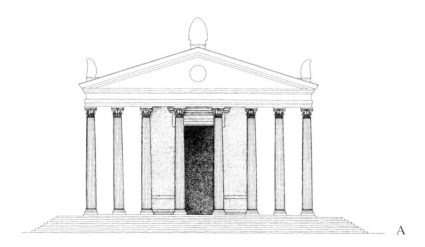

A

B

62a-e

lage an den Vorbildern aus Ionien. Ein ganz und gar römischer Bau ist nur der «Augustus-Tempel» in Antiochia, ein viersäuliger korinthischer Prostylos auf hohem Podium, der aus der Reihe der innerkleinasiatischen Ringhallentempel auffällig herausfällt (Abb. 62). Die Architektur dieses Tempels belegt eindrucksvoll, daß Antiochia keine altanatolische Siedlung sondern römische Kolonie war – Abbild Roms, von Augustus 25 v. Chr. als Colonia Caesarea gegründet.

Während in Ankara und Antiochia offenbar Augustus selbst den Anstoß zu einer ungemein dynamischen Stadtgründungs- und Stadtausbauphase gab, waren es in Aizanoi Mitglieder der kleinasiatischen Landaristokratie. Das Artemision etwa wurde von einem gewissen Asklas Charax gestiftet, der den neuen Artemiskult möglicherweise mit dem der Kybele oder Meter zu verbinden suchte, die von der Landbevölkerung wohl schon seit phrygischer Zeit (8.–6. Jh. v. Chr.) etwa 2 km außerhalb der Stadt, am Rand einer auffälligen Felsformation verehrt wurde. Hierfür spricht die axiale Ausrichtung des neu angelegten Stadtviertels auf die Felshöhle der Meter, die später sogar noch durch einen monumentalen Torbau betont wurde. Groß wurde Aizanoi jedoch erst unter Hadrian (117–138 n. Chr.), der mit seiner persönlichen Intervention in einem Streit zwischen den Pächtern der Ländereien des Zeusheiligtums und dessen Priestern die Einnahme der jahrelang verweigerten Pachtgelder und damit die Freisetzung einer riesigen Geldmenge für den Bau des gewaltigen Zeustempels ermöglichte.

Der Zeustempel ist der Auftakt einer zweiten Stadterweiterungsphase, in der der Schwerpunkt der Siedlungtätigkeit nun wieder auf die Westseite des Penkalas verlagert wurde – dorthin, wo Aizanoi in grauer Vorzeit als dörflicher Sied-

lungshügel entstanden war. Dieser Hügel mußte den großen Plänen der Familie der Ulpii weichen, die, wie ihr Gentilname sagt, wohl unter Trajan (98–117 n. Chr.) das römische Bürgerrecht erlangt haben und zu erheblichem Einfluß gekommen sind. Hauptvertreter dieser Familie und verantwortlich für den weiteren Ausbau der Stadt mit Steinbrücken über den Fluß, einem riesigen Thermengymnasion und dem Komplex aus Theater und Stadion war Markus Appuleius Ulpius Eurykles, dessen Taten und Tugenden in vielen Inschriften gerühmt werden. Eurykles gelang für Aizanoi das, was vielen bedeutenderen Metropolen versagt blieb: die Aufnahme der Stadt in das von Hadrian gegründete Panhellenion, eine Art gesamtgriechischen Kongreß mit Sitz in Athen. Er vertrat die Stadt in der Sitzungsperiode von 153 bis 157 n. Chr. in Athen und erhielt dafür zahlreiche Ehrungen, darunter sogar einen persönlichen Brief des amtierenden Kaisers Antoninus Pius (138–161 n. Chr.), den er an prominenter Stelle, auf der Nordostkante des Zeustempels für alle Bürger sichtbar anbringen ließ.

Der Zeustempel von Aizanoi ist zeitlich zwar der letzte der bekannten römischen Tempelbauten Inneranatoliens, doch gehört er nach seiner Gesamtanlage und seinen Baudetails bei weitem nicht zu den modernen Bauten der römischen Kaiserzeit. Mit der ionischen Ordnung der Ringhalle und dem pseudodipteralen Grundriß wurde der Bau bewußt retrospektiv angelegt. Als einziges modernes Element kann das Podium gelten, durch dessen breite Freitreppe der Bau eine eindeutige Ausrichtung nach Südosten erhält und das, wie beim Trajaneum in Pergamon, in eigenartigem Widerspruch zur umlaufenden Ringhalle steht (Abb. 62). Wie in der Gesamtanlage der Stadt, die nicht auf dieses neue Hauptheiligtum,

sondern auf die alte Felshöhle der Meter ausgerichtet war, so wird auch in der Architektur des Tempels selbst der Zwiespalt deutlich, dem Eurykles und seine Familie bei der Durchführung ihres gewaltigen Bauprogramms unterlagen: einerseits galt es, altehrwürdigen kleinasiatischen Vorbildern nachzueifern, andererseits sollte Aizanoi zu einer modernen römischen Stadt werden.

Im Zuge dieser Bautätigkeit wurde das Theater ausgebaut und aufgestockt (Abb. 63). Das riesige Thermengymnasion und das Stadion wurden in der 2. Hälfte des 2. Jhs. n. Chr. angelegt, um durch aufwendige Festspiele Besucher anzuziehen und so den Ruhm der Stadt zu vermehren. Die Städte Kleinasiens waren in dieser Zeit Großbaustellen und suchten sich an Ausstattungsluxus zu übertreffen. Vielen aber ging es so wie Aizanoi: die Bau- und Stadterweiterungsprojekte waren zu groß, und die mit Ehrgeiz dem glänzenden Vorbild der Hauptstadt Rom nacheifernden Provinzstädte wurden von der Wirtschaftskrise, die das gesamte Reich im 3. Jh. n. Chr. heimsuchte, besonders betroffen. Im Jahr 301 erließ Diokletian sein bekanntes Edikt gegen die galoppierende Inflation, das alle Verbraucherpreise auf den Märkten des Reiches festschrieb und auch in Aizanoi, auf dem Sockel eines kleinen Rundbaus im Zentrum des Lebensmittelmarktes angebracht wurde. Die neuen Großbauten blieben halbfertig liegen oder wurden sogar schon wieder als Steinbrüche benutzt.

Die Krise des Staates und der Städte wurde erst im 4. Jh. n. Chr. nach und nach überwunden, was für viele Städte nicht nur administrativ, sondern auch baulich eine einschneidende Neuorganisation bedeutete. In Aizanoi wurden die Bauruinen der gewaltigen Stadterweiterung, die unter Eurykles begonnen worden war, endgültig aufgegeben, ehe etwa die große

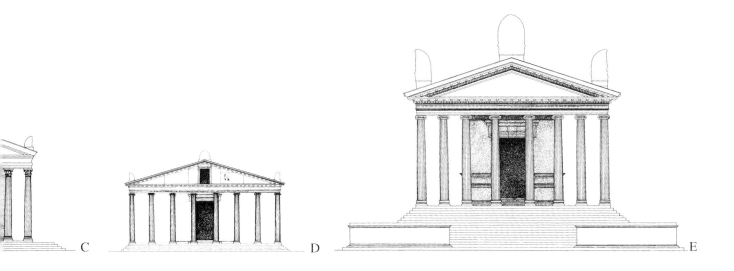

C   D   E

63

Thermenanlage auch nur einmal richtig in Betrieb genommen worden war. Dafür hatte ein größerer Baukomplex im Nordostteil des Ortes seine Funktion verloren, in den nun eine kleinere Thermenanlage mit reicher Mosaikausstattung eingebaut wurde. Eine neue Blütezeit für die anatolischen Städte läßt sich ab der Wende zum 5. Jh. nachweisen. In Aizanoi wurde mit einer eindrucksvollen Baumaßnahme versucht, an antike Vorbilder städtischer Repräsentation anzuknüpfen und die Stadt nochmals neu zu gestalten. Eine Säulenstraße entstand aus den Bauteilen der verschiedensten, nicht mehr genutzten oder aus politischen Gründen ab-

gebrochenen antiken Bauten (Abb. 64). Darunter waren nicht nur die Palästra-Hallen des Thermengymnasions, sondern vor allem auch die Frontseite des Artemistempels, die systematisch niedergelegt und hier eingebaut worden war. Statuen wurden ohne jeden inhaltlichen Zusammenhang mit Postamenten verbunden, so etwa ein nackter Satyr ohne Kopf aus severischer Zeit auf einer Basis mit Ehreninschrift für die angesehene Matrone Markia Tateis – eine Basis, die ehemals zweifellos eine sittsam bekleidete, würdevolle ältere Dame trug.

Der Artemistempel von Aizanoi war offenbar besonderes Ziel der Maßnahmen

gegen das Heidentum und wurde abgebrochen. Den Zeustempel dagegen baute man, wie in Ankara der Augustus-und-Roma-Tempel, wahrscheinlich im 5. Jh. n. Chr. durch das Anfügen einer Apsis zur Kirche um. Die Städte Anatoliens trugen nun unübersehbar christliche Züge, zeigten aber auch schon Spuren der endgültigen Auflösung des ehemals geordneten antiken Stadtorganismus. Dies läßt sich nicht nur an der Aufgabe großer Siedlungsteile und Infrastruktureinrichtungen, wie der Thermen, ablesen, sondern vor allem auch an den Resten zahlreicher frühchristlicher Kirchen in den Dörfern der Umgebung, die zeigen, daß die städtischen Zentren mehr und mehr zugunsten der Dorfsiedlungen verlassen und vernachlässigt wurden. Dürrekatastrophen und Seuchen erschütterten das gesamte Reich ab der 2. Hälfte des 5. Jhs. n. Chr. und mögen die Auflösung der Städte beschleunigt haben. Den in den folgenden Jahrhunderten von Osten herandrängenden Völkern, den Persern in der 1. Hälfte des 7. und später den Arabern im 8. und 9. Jh., hatten die Provinzstädte Anatoliens jedenfalls nichts entgegenzusetzen. Sie wurden nahezu vollständig aufgegeben und verfielen.

Der Anfang der heutigen, hochentwickelten Stadtkultur in Anatolien geht auf die Festungsbauten zurück, die die Byzantiner seit dem 11. Jh. gegen die Seldschuken errichteten, so die gewaltige Burg von Ankara, aber auch die viel kleinere Tempelfestung von Aizanoi. Die Byzantiner nutzten viele der lange verlassenen antiken Ruinenstätten für ihre Festungen und legten etwa in Aizanoi die letzten Reste der einstmals imposanten Tempelhofhallen nieder, um aus deren Bauteilen eine starke Mauer um das erhöhte Tempelplateau zu bauen. Nach der Eroberung dieser Burgen durch die Seldschuken und später durch die Osmanen wurden diese Plätze Ausgangspunkte für eine neue Siedlungsentwicklung, die mit Moscheen und verschiedensten islamischen Stiftungsbauten nun unter völlig

64

Abb. 63   Aizanoi 1998. Die Einzelteile der Bühnenarchitektur des Theaters sind in das Rund der Sitzstufenanlage hineingefallen. Nur wenige Marmorteile befinden sich noch an ihrem ursprünglichen Ort am Kalksteinrohbau. Um eine zeichnerische Rekonstruktion der Bühnenarchitektur herstellen zu können, müssen alle Bauteile sorgfältig vermessen und gezeichnet werden.

Abb. 64   Aizanoi 1995. Zwischen 1992 und 1995 wurde auf dem Ostufer des Flusses eine spätantike Säulenstraße freigelegt, die hier um 400 n. Chr. aus Spolien errichtet worden war. Die Kapitelle und Architrave der Marmorarchitektur der Nordosthalle stammen vom Artemis-Tempel aus der Mitte des 1. Jhs. n. Chr.

Abb. 65   Aizanoi 1998. Zu den Aufgaben moderner archäologischer Forschung gehört auch die Dokumentation aufgegebener neuzeitlicher Bauten im Antikengebiet. Bis vor wenigen Jahren diente dieser Getreidespeicher aus kräftigen, ineinandergesteckten Holzbohlen als Vorratslager für die Felderträge einer Bauernfamilie. Heute werden die traditionellen Hofanlagen, deren Alter teilweise bis ins 19. Jh. zurückreicht, verlassen und von modernen Beton- und Ziegelkonstruktionen verdrängt.

65

66

anderen Vorzeichen stand. Während sich die nachbyzantinische Geschichte Ankaras, ausgehend von den beiden seldschukischen Holzmoscheen Aslanhane (13. Jh.) und Ahi Elvan (2. Hälfte des 14. Jhs.) und der zugehörigen Siedlung am Südhang der Burg über die Haci Bayram Moschee aus dem frühen 15. Jh. bis hin zur modernen Großstadt Atatürks gut nachvollziehen läßt, liegt die Geschichte des weitab der großen Verkehrsstraßen im unwegsamen Bergland gelegenen Aizanoi weitgehend im Dunkeln. Überliefert ist, daß ein Turkmenenstamm die byzantinische Festung im 13. Jh. eroberte und ihr zu dem Namen Cavdarhisar, Burg der Cavdaren, verhalf. Das Dorf, das möglicherweise auf diese Turkmenenansiedlung zurückgeht, bestand etwa in seiner heutigen Ausdehnung schon zum Zeitpunkt der Entdeckung der Ruinen durch die ersten europäischen Reisenden im Jahr 1834. Die Untersuchung der traditionellen Wohnhäuser der einfachen anatolischen Landbevölkerung gehört heute ebenso zu den Aufgaben des Instituts, da auch sie schon wieder einer vergangenen Epoche angehören und unaufhaltsam modernen Betonkonstruktionen weichen (Abb. 65).

Die ursprünglichen Ziele der Arbeiten des Deutschen Archäologischen Instituts in Anatolien, die 1926 in der neuen Hauptstadt der Türkei begonnen hatten, um die äußere Gestalt der bedeutendsten erhaltenen römischen Tempelbauten und deren Datierung zu klären, haben sich im Verlauf des ausgehenden Jahrhunderts erheblich gewandelt und erweitert. Nicht mehr die Einzelbauten und -funde allein, wohl aber deren kulturgeschichtlicher Aussagewert für die Gesamtstadt und die Region stehen heute im Blickpunkt der Forschung. Nicht mehr die Antike allein zu erforschen, ist unser Ziel, sondern die historische, politische und kulturelle Entwicklung einer Stadt und ihres Umlands von den Anfängen bis in die Neuzeit – von den altanatolischen Wurzeln über die dynamische Entwicklungspolitik des Augustus und seiner Nachfolger bis hin zur modernen Neuorganisation des Landes durch Kemal Atatürk.   KR

Forschungen in Pamphylien und Pisidien

Noch zu Anfang unseres Jahrhunderts war der Süden Kleinasiens eine spärlich bevölkerte, schwer zugängliche und auch ärmliche Gegend der Türkei. Es gab kaum gute Straßen und Unterkunftsmöglichkeiten, Reisende hatten überall Wegelagerer zu fürchten, manche Landstriche waren von der Pest und anderen grassierenden Epidemien entvölkert. Das hat sich in den letzten 40 Jahren grundlegend geändert. Heute reiht sich an der türkischen Südküste von Marmaris bis nach Alanya fast ununterbrochen ein Ferienort an den anderen; in den Reiseprospekten wird für die Region mit dem vielversprechenden Slogan der «Türkischen Riviera» geworben. Viele von uns mögen den Bauboom und den Verlust von Beschaulichkeit und Atmosphäre beklagen; doch steht auf der anderen Seite das legitime Interesse der Menschen nach einer spürbaren Verbesserung ihrer Lebensbedingungen: Nicht nur der türkische Süden, sondern das ganze Land braucht den Tourismus und die damit verbundenen Einnahmen.

Die skizzierte Entwicklung stellt Altertumswissenschaftler wie auch die Bediensteten der Museen vor schwierige Aufgaben. Sie können den Fortschritt, insbesondere die immer rascher und weiter um sich greifende Bautätigkeit, nicht

Abb. 66   Ansicht von Selge: Das Theater.

aufhalten; sie müssen aber versuchen, möglichst viele historische Denkmäler zu retten und dauerhaft zu sichern. Dazu reicht es nicht aus, einzelne Monumente und ganze historische Stätten unter Schutz zu stellen. Es muß bei der einheimischen Bevölkerung das Bewußtsein geweckt werden, daß dieses Land eine welthistorisch wichtige und glanzvolle Geschichte gehabt hat, deren Zeugnisse einen Wert an sich darstellen und auswärtige Besucher anziehen. Nur wenn die Menschen die Bedeutung der Geschichte ihres Landes kennen, sie als ihr Erbe annehmen und zur Einsicht gelangen, daß historische Denkmäler mit zum Wohlstand ihrer Region beitragen, besteht die Hoffnung, daß diese geschützt und erhalten werden. Andererseits ist es nötig, daß die Touristen, die in die Türkei kommen, nicht nur die komfortablen Hotels sowie Sonne und Meer genießen, sondern auch Interesse für die Geschichte des Landes zeigen und sie als ein gemeinsames Erbe, das uns mit der Türkei verbindet, verstehen.

Zu erreichen ist dies nur, wenn die Geschichte dieser Region erforscht und in wissenschaftlichen Werken wie auch in gut lesbaren und interessanten Artikeln und Büchern, die einen größeren Kreis ansprechen, dargestellt wird. Wissenschaftler des Deutschen Archäologischen Institutes, insbesondere aus der Kommission für Alte Geschichte und Epigraphik, arbeiten Hand in Hand mit türkischen Gelehrten an dem gemeinsamen Ziel, die historische Bedeutung der türkischen Südküste im Altertum zu erforschen und bekanntzumachen.

Noch ragen überall in der Region beeindruckend erhaltene Baudenkmäler auf, gibt es bedeutende Ruinenstätten, wie etwa Termessos, Perge, Selge und Sillyon. Die Mauern sind aber stumm; die Geschichte der einst blühenden Städte kann nur aus der Beschäftigung mit den Schriften der antiken Autoren wie aus den Inschriften und Münzen dieser Städte wiedergewonnen werden. Aus dem Zusammenspiel aller Informationen läßt sich die Geschichte der Landschaften Südkleinasiens – Kariens, Lykiens, Pamphyliens, Pisidiens und Kilikiens – wie auch das Leben der Menschen im Altertum unerwartet detailliert und facettenreich rekonstruieren.

Münzen – Quellen der Geschichtsforschung

In den letzten Jahrzehnten hat sich gezeigt, daß insbesondere die Münzen, die die antiken Städte der Südtürkei in der Römischen Kaiserzeit geprägt haben, unerwartet reiche und vielfältige Informationen liefern können. Allerdings gibt es ein grundlegendes Problem, das die Arbeit mit Münzen zu einem sehr schwierigen und zeitaufwendigen Unternehmen macht: Die Geldstücke der kleinasiatischen Städte sind über die ganze Welt zerstreut worden. Der Wissenschaftler, der sich mit ihnen beschäftigt, findet sie in den Sammlungen aller größeren Museen, sowohl in den Münzkabinetten Deutschlands als auch in den bedeutenden Sammlungen Europas, Amerikas und Australiens. Es ist nicht immer leicht, Zugang zu diesen Sammlungen zu erhalten; persönliche Kontakte und aufwendige Reisen sind gleichermaßen nötig. Und dann gibt es noch die vielen Privatsammler. Manche von ihnen besitzen Kollektionen, die die Bestände der Museen drei- oder viermal an Zahl, häufig aber auch an Qualität übertreffen. Die Pflicht, einem Wissenschaftler die Münzen ihrer Sammlungen zu zeigen und ihm die wissenschaftliche Auswertung zu gestatten, besteht nicht. Zum Glück sind die meisten Sammler sehr aufgeschlossen; in der Regel stehen sie einem ernsthaften Anliegen nicht ablehnend gegenüber, sind an einem Fachgespräch über ihre Schätze interessiert und unterstützen wissenschaftliche Arbeit nach Kräften. Viele Geschichten von der Begegnung mit Sammlern, einige wurden bei der gemeinsamen Arbeit Freunde, ließen sich erzählen, so etwa von einem einwöchigen Aufenthalt auf einem Landsitz im englischen Wash, wo der Besitzer nicht nur riesige Mengen von Tulpen- und Narzissenzwiebeln züchtete, sondern auch eine der bedeutendsten Sammlungen südkleinasiatischer Münzen zusammengebracht hatte, von einem pensionierten amerikanischen Major, der von den Forschungen des Instituts erfuhr und von seinem Altersruhesitz in einem Offiziersheim in den USA überraschend die Photos von drei sehr seltenen Münzen schickte, von einem Liebhaber südkleinasiatischer Münzen am Bodensee, der die größte und qualitätsvollste Sammlung von Münzen der Stadt Side in jahrelangen Bemühungen aufgebaut hat. Mit viel Geduld, einer unbegrenzten Bereitschaft zu persönlichen Kontakten und nicht zuletzt der logistischen Unterstützung eines großen Instituts sowie der Förderung großzügiger Stiftungen wie der Deutschen Forschungsgemeinschaft, der Gerda Henkel- und Fritz Thyssen Stiftung wurden in den letzten Jahren viele Gipsabdrücke und Photos von Münzen der südkleinasiatischen Städte zusammentragen. Für die größeren und bedeutenderen Städte sind mehrere tausend Exemplare, für die kleineren einige hundert zusammengekommen.

Die meisten Städte Südkleinasiens prägten während der ersten 250 Jahre der Römischen Kaiserzeit eigenes Bronzegeld. Dieses Kleingeld, das vor allem für die belanglosen Geschäfte des Alltags verwendet wurde, zeichnet sich durch seine Bildervielfalt aus. Nie zuvor gab es so viele verschiedene Motive auf Münzen, nie mehr in der Geldgeschichte sollte ein derart bunter Reigen von interessanten Bildern auf Zahlungsmitteln erscheinen. Die Gründe für die spätere Zurückhaltung der Prägeherren liegen auf der Hand; Motivvielfalt auf Münzen ist teuer und unpraktisch: Die vielen Bilder müssen entworfen und in kostspielige Münzstempel umgesetzt werden. Die Städte des antiken Kleinasien haben diesen Aufwand nicht gescheut, denn offensichtlich hatten sie ein großes Bedürfnis, sich und bestimmte Aspekte ihres Lebens auf ihrem Geld darzustellen. Für den Forscher, der sich um die Geschichte Südkleinasiens bemüht, geben die Münzbilder wichtige, sonst oft nicht greifbare Informationen über die einzelnen Städte: Sie sind wie ein zerissenes Bilderbuch, das der Wissenschaftler mit viel Mühe und Aufwand zunächst wieder zusammensetzen muß. Wenn er dies geschafft hat, das Buch dann aufschlägt und die Bilder zu lesen versteht, wird seine Arbeit mit einer unvorstellbar farbigen und interessanten Geschichte belohnt.

Die Bergstadt Selge

Die Münzen der Stadt Selge können uns eine gute Vorstellung davon geben. Die Bergstadt in den südpisidischen Bergen, malerisch auf 1000 m Höhe gelegen, gehört zu den attraktivsten Ruinenstätten der Türkei. Nach einer langen Anreise durch das herrliche Eurymedontal – der Cañon des Flusses wird noch heute auf einer antiken Brücke überquert (Abb. 67) – gelangt man nach einer kurvenreichen Auffahrt durch schöne Wälder mit markanten Riesenwacholderbäumen zu dem antiken Ruinenplatz, in den sich das malerische Dörfchen Altınkaya («Goldfels») einschmiegt. Das Theater ist sehr gut erhalten (Abb. 66), Reste des Stadions sind ohne Mühe auszumachen, sonst ist das bergige Stadtterrain überall mit verstürzten und nicht so einfach zu identifizierenden Ruinen übersät. Es war, das sieht auch der eilige Besucher, eine große und bedeutende Stadt, die in der Antike in dieser Bergeinsamkeit geblüht haben muß. Aber was wissen wir über sie und ihre Menschen? Einige wenige, aber grundlegende Informationen gewinnen wir aus den Schriften antiker Autoren, vor allem von dem Geographieschriftsteller Strabon (um Christi Geburt), dann von den beiden Historikern Polybios (im 2. Jh. v. Chr.) und Zosimos (im 5. Jh. n. Chr.). Von ihnen erfahren wir, daß Selge in hellenistischer Zeit eine mächtige Stadt war und ein weites Gebiet kontrollierte. Ihre kriegerischen Einwohner waren bei den Nachbarn und den hellenistischen Königen gefürchtet; letzteren ist es nicht gelungen, die freiheitsliebenden Selger zu unterwerfen. Erst von den Römern wurde die Stadt in ihr Reich einbezogen. Die umfangreiche, um 400 v. Chr. einsetzende Silberprägung beweist, daß Selge in nachklassischer und hellenistischer Zeit eine wirtschaftlich gut entwickelte, vielleicht sogar reiche Stadt war. Insgesamt sind die aus der antiken Literatur zu gewinnenden Informationen recht dürftig; mehr als ein paar Druckseiten füllen sie nicht. Viele Details zur Geschichte der Stadt tragen die Inschriften bei, die vom Deutschen Archäologischen Institut im Rahmen eines Forschungsprojekts gesammelt und vor einigen Jahren veröffentlicht wurden. Wir erfahren die Namen wichtiger Bürger, die die Geschicke Selges in der römischen Kaiserzeit lenkten, hören von ihren Bemühungen um die Verschönerung der Stadt durch eine emsige Bautätigkeit und von den sportlichen Wettkämpfen, die sie als großzügige Sponsoren mit hohem Aufwand veranstalteten und die anscheinend sehr beliebt waren. Insbesondere Ringen, noch heute ein Jahrmarktsvergnügen und beliebter Sport in der Türkei, wurde in Selge mit besonderem Engagement gepflegt; damit hängt es zusammen, daß ein Ringerpaar zu einer Art Wappen der Stadt wurde (Abb. 68,1). Sportliche Wettkämpfe waren eine besondere Attraktion der Feste, die das alltägliche Einerlei von Arbeit und Sorgen um die Existenz unterbrachen. Antike Stadtfeste hatten ausnahmslos einen religiösen Hintergrund, waren Feiern zu Ehren der städtischen Götter, von denen sich die Bürger und Bewohner der Stadt Unterstützung in ihren Nöten und vor allem die Verschonung von Unheil jeglicher Art versprachen. Von den Göttern, auf die die Menschen Selges ihre Hoffnungen setzten, zu denen sie beteten und denen sie für Gesundheit und gute Ernten dankten, berichten die Münzen: Während die Vorderseiten aller städtischen Bronzemünzen in der römischen Kaiserzeit das Bildnis des regierenden Kaisers oder anderer Mitglieder des Kaiserhauses – also kaiserlicher Prinzen oder Frauen – zeigen, sind auf den Rückseiten der Münzen die wichtig-

sten Gottheiten der Stadt bzw. ihre Kultstätten abgebildet. Selges Münzen haben etwas Besonderes aufzuweisen: Auf sehr vielen von ihnen ist das Hauptheiligtum der Stadt dargestellt, eine der rätselhaftesten Kultstätten, die wir aus dem antiken Anatolien kennen (Abb. 68,2). Da ist zunächst eine Plattform zu sehen, die auf einem zwei- oder dreistufigen Sockel steht. Auf der rechten Seite führte eine Treppe hinauf. Eine Türe, die auf einigen Münzen wiedergegeben ist, läßt darauf schließen, daß es eine Krypta gab. Das Heiligtum war, wie auf einigen Münzen zu sehen ist, von einem Zaun eingefaßt, der den heiligen Bezirk deutlich markierte. Von der Plattform ragen zwei Stangen auf, aus denen auf einigen Darstellungen kurze, astartige Stummel, auf anderen auch etwas längere, zweigartige Triebe austreten. Die Stangen ragen aus je einer zylinder- oder rechteckförmigen Basis auf; es ist aber nicht auszuschließen, das sie nicht *in* diesen, sondern *hinter* diesen standen. Die Darstellung ist wegen der fehlenden Perspektive des Münzbildes nicht sicher lesbar. Bei den markanten Stangen auf der Plattform muß es sich – eine andere Deutung scheint ausgeschlossen – um Baumstämme mit Aststummeln handeln. Häufig sitzen auf der Spitze dieser Bäume Vögel, deren Art wegen der summarischen Wiedergabe nicht mit Sicherheit festzustellen ist (Abb. 68,3). Möglicherweise handelt es sich um Orakelvögel. Cicero hebt in seiner Abhandlung über das Orakelwesen (*De divinatione*) gleich an zwei Stellen hervor, daß die mit der Vogelschau verbundene Weissagung besonders in Pisidien, Pamphylien und Kilikien, also in der heutigen Südtürkei, verbreitet war; die Vögel auf den geheiligten Bäumen könnten ein Fingerzeig darauf sein. Auf einen intensiven Weissagebetrieb in der Stadt lassen auch die vielen Astragale auf den Münzen Selges schließen: Mit diesen Knöcheln konnten nämlich Orakelsprüche, von denen sich einige spärliche Reste gefunden haben, erlost werden. Neben oder vor jeder Basis des merkwürdigen Heiligtums von Selge ist auf den Münzbildern ein Rundaltar mit lodernder Flamme oder Aschenkegel wiedergegeben; damit sollte angedeutet werden, daß die Bürger Selges ihren Pflichten gegenüber den Göttern nachkamen, fromm waren und in ihrem wichtigsten Heiligtum Opfer darbrachten. Durch zwei Gegenstände, die die Baumstämme auf der Plattform rechts und links säumen, wird die Zuweisung der Kultstätte an Zeus und Herakles ermöglicht: Immer auf der für den Betrachter linken Seite – dem Ehrenplatz – ist der Blitz des Zeus

plaziert, auf der rechten Seite die Keule des Herakles. Auf dem hellenistischen Bronze-Kleingeld ist Herakles die am häufigsten dargestellte Gottheit der Stadt. Die Bedeutung der Zeusverehrung für Selge in hellenistischer Zeit geht aus dem Werk des griechischen Historikers Polybios hervor. Er erwähnt die befestigte Akropolis Selges, die Kesbelios hieß. Auf ihr lag in beherrschender Lage über der Stadt ein Heiligtum des Zeus; Überreste eines in die hellenistische Zeit datierten Tempels blieben erhalten. Wahrscheinlich gehörte das auf den Münzen abgebildete Kultmonument, das in der Kaiserzeit – der Häufigkeit dieser Münzbilder nach zu urteilen – die zentrale religiöse Stätte der Stadt war, zu dem von Polybios erwähnten Akropolisheiligtum von Selge. Dort wurde auch ein Opferaltar gefunden, der mit den Reliefs von Keule und Blitzbündel geschmückt ist und wie die Münzen auf einen gemeinsamen Kult von Zeus und Herakles weist.

Ein präzises Verständnis des «Naturheiligtums» von Selge ist sehr schwierig; die Münzbilder unterrichten uns weder über Einzelheiten des Kultes noch über die religiösen Vorstellungen, die die Selger mit diesem Heiligtum verbanden. Es ist aber nicht daran zu zweifeln, daß der dort praktizierte Kult tief in die anatolische Vergangenheit Selges hinabreicht. Mit Sicherheit handelt es sich um einen Baumkult, für den wir auch aus anderen Städten Kleinasiens – unter anderem aus der karischen Stadt Aphrodisias wie auch aus den südkleinasiatischen Städten Myra und Lyrbe – Zeugnisse auf Münzen besitzen. Im Falle Selges dürfte es sich bei den dürren Baumstämmen vermutlich um Blitzmale handeln, um große Bäume, in die der Blitz eingeschlagen war und die durch diese «Berührung» des Zeus eine besondere Heiligung erfahren hatten. In jedem Fall werden wir mit einem Kult konfrontiert, der mit der Umwelt der Menschen, die in Selge lebten, zu tun hatte: Es ging offensichtlich um heilige Steine, heilige Bäume, Adler oder andere Vögel, die sich auf ihnen niederließen oder über ihnen rätselhafte Kreise zogen, aus denen man Orakel gewinnen konnte, und schließlich um die schweren Berggewitter, die sich immer wieder über den Bergen und Wäldern Pisidiens entladen.

Abb. 67 Nach Strabon erschlossen die Selger ihr zerklüftetes Territorium durch den Bau von Brücken. Die Brücke über den Cañon des Eurymedon (modern Köprü Çay) wird noch heute genutzt.

Strabon spricht bei seiner Beschreibung Selges die artenreichen Wälder an; noch heute zeichnen sich die Forste um Selge durch besonders große und schöne Bäume aus; besonders auffällig sind die riesigen Wacholder- und Zypressenbäume.

Gelegentlich ist das Heiligtum in Festschmuck wiedergegeben (Abb. 68,3). Auf Münzen aus der Zeit des römischen Kaisers Septimius Severus (193–211 n. Chr.) sind die Kultbäume mit langen, im Wind wehenden Wimpeln geschmückt; vor der Plattform steht ein Tropaion, ein Siegesmonument, das aus erbeuteten Rüstungen und Waffen zusammengesetzt ist. Wahrscheinlich handelt es sich um römische Beutestücke, die Selge vom severischen

Kaiserhaus als Geschenk erhalten hatte. Sie dürften in Zusammenhang mit den römischen Siegen im Osten stehen, die von Septimius Severus überschwenglich propagiert und im ganzen Reich von einer begeisterten Bevölkerung mit Siegesfeiern (Epinikien) begangen wurden. Der militärische Erfolg wurde von Septimius Severus zur Sicherung der Herrschaft seiner Familie genutzt: Bei der Feier des Panthersieges im Januar 198 n. Chr. wurden seine Söhne Caracalla und Geta zu Mitregenten erhoben. Die selgische Münze, die auf ihrer Vorderseite die gegenübergestellten Büsten des jugendlichen Caracalla mit Lorbeerkranz und des noch kindlich wirkenden, barhäuptigen Geta zeigt, auf ihrer Rückseite aber

das festlich gezierte und tropaiongeschmückte Hauptheiligtum der Stadt, ist demzufolge mit einer selgischen Feier kaiserlicher Siege in Verbindung zu bringen. Selge führte – wie wir aus einer Inschrift wissen (Abb. 69) – den Titel einer Bundesgenossin der Römer; die Stadt hatte durch Geldzahlungen oder die Lieferung kriegswichtiger Güter, vielleicht auch durch selgische Bürger, die aktiv mitgekämpft hatten, zum Erfolg der Römer an der Ostfront beigetragen. Nach antikem Denken hatten sie dadurch Anrecht auf einen Teil der Beute. Durch die Aufstellung bzw. Weihung von Beutestücken im wichtigsten Heiligtum der Stadt wurden der Titel einer Bundesgenossin und der Erfolg des Kaiserhauses in

greifbare Bilder umgesetzt, bediente sich die Stadt der «Macht der Bilder», um sich selbst und die verehrte Dynastie der Severer zu feiern. Außergewöhnlich große und sorgfältig produzierte Münzen – wir können sie als Festmünzen bezeichnen – haben die Erinnerung an dieses anscheinend mit großem Pomp gefeierte Sieges- und Kaiserfest bis in unsere Zeit getragen.

Die Bürger von Selge, die zweifellos Pisider, also Nichtgriechen waren, be-

69

Abb. 68 Münzen von Selge. – 1: Vs. Porträt der Julia Mamaea (218–235 n. Chr.); Rs. Ein Ringerpaar (Münzkabinett Oxford); 2: Vs. Porträt der Kaiserin Otacilia Severa (244–249 n. Chr.); Rs. Naturheiligtum von Selge (Münzkabinett Oxford); 3: Vs. Porträts des Caracalla und des Geta aus der Regierungszeit des Kaisers Septimius Severus (zwischen 197/8 und 209 n. Chr. geprägt); Rs. Naturheiligtum von Selge in Festschmuck; in der Mitte vor der Plattform steht ein Tropaion, r. und l. davon Löwe (über der Krypta) und Stier (über der Treppe); auf den Baumwipfeln Vögel; die Bäume sind mit wehenden Bändern geschmückt (Münzkabinett Paris; SNG France 3, Nr. 2051); 4: Vs. Porträt des Kaisers Decius (249–251 n. Chr.); Rs. Athena von Selge, l. st., und Herakles von Sparta, r. st., opfern gemeinsam; auf der Münze steht: Eintracht der Selger und Spartaner (Münzkabinett Cambridge, Fitzw.-Mus., ehemals Privatsammlung Mossop); 5: Vs. Porträt des Kaisers Gallienus (253–268 n. Chr.); Rs. Nackter Dionysos mit Thyrsosstab und Weinkanne nach r. st., zu seinen Füßen kleiner Panther (Münzhandlung Gorny); 6: Vs. Porträt des Kaisers Elagabal (218–222 n. Chr.); Rs. Traube (Herzogliche Münzsammlung Coburg); 7: Vs. Porträt des Kaisers Aurelian (270–275 n. Chr.); Rs. Athena vor Styraxbaum (Münzkabinett Cambridge, Fitzw.-Mus., ehemals Privatsammlung Mossop); 8: Selgisches Kleingeld. Vs. Porträt des Kaisers Caracalla (211–217 n. Chr.); Rs. Athena (Privatsammlung Plankenhorn); 9: Selgisches Kleingeld. Vs. Porträt des Prinzen Geta (197–209 n. Chr.); Rs. Keule und Bogen des in Selge hochverehrten Gottes Herakles (Privatsammlung PRF); 10: Selgisches Kleingeld; Vs. Porträt des Maximinus Thrax (235–238 n. Chr.); Rs. Heiligtum der in Selge verehrten Artemis von Perge (Privatsammlung Plankenhorn); 11: Selgisches Kleingeld; Vs. Porträt der Kaiserin Otacilia Severa (244–249 n. Chr.); Rs. Geflügelte Nike nach l. (Münzhandlung Athena).

Abb. 69 Inschrift aus Selge auf einer Kalksteinbasis: Der griechische Text sagt, daß auf ihr eine Statue für Septimius Mannus, den Gouverneur der Provinz Lycia et Pamphylia stand, die Selge, die glänzendste, erstrangige Stadt, eine Freundin und Bündnerin der Römer, ihrem Wohltäter errichtete.

haupteten, ihre Stadt sei von den Spartanern gegründet worden. Wahrscheinlich kam dieser Mythos nach der Unterwerfung Kleinasiens durch Alexander auf. Mit dem Erfolg des makedonischen Eroberers trat die griechische Kultur endgültig ihren Siegeszug im Osten an, und es brachte Vorteile und Ansehen mit sich, ein Grieche zu sein. Es wundert nicht, daß die Selger damals begannen, sich mit den Spartanern verwandt zu fühlen, und versuchten, sich als die Spartaner Pisidiens zu stilisieren: Waren sie nicht kriegerisch und tapfer wie die Spartaner? Die Spartaner stimmten dieser Fiktion, nach der Selge ihre Tochterstadt war, zu. Auf einem der Stadttore Selges wurde der Be-

sucher diskret auf die noble Abstammung der Selger hingewiesen: Eine Inschrift teilt mit, daß die Spartaner ihren pisidischen «Verwandten» von Staats wegen eine Ehrung zukommen ließen. Eine Münze aus der Zeit des Kaisers Decius (249–251 n. Chr.) feiert die Freundschaft der Selger und Spartaner: Auf der Rückseite des Geldstückes sind die göttliche Repräsentantin Selges, Athena, und der Schutzgott Spartas, Herakles, beim gemeinsamen Opfer dargestellt (Abb. 68,4).

Weitere Münzen Selges weisen auf die anderen wichtigen Gottheiten der Stadt hin, auf Asklepios, Artemis und Apollon, Aphrodite, Hermes, Nemesis und Hephaistos. Dionysos war den Münzen nach eine in Selge hochverehrte Gottheit (Abb. 68,5), was anscheinend mit der Bedeutung des Weinbaus zu tun hat; eine Traube auf einer Münze (Abb. 68,6) unterstreicht, daß die Selger auf ihrem Territorium inmitten der pisidischen Berge intensiv Weinbau betrieben.

Besondere Verehrung genoß auch Athena. Das zeigen wiederum die Münzen Selges, auf denen die Göttin recht häufig vorkommt; das beweisen auch

70

Inschriften, die davon berichten, daß ihr zu Ehren alle fünf Jahre ein Wettkampf, der «Panathenäische Agon», abgehalten wurde. Eine aufwendig gestaltete Münze aus der Zeit des Kaisers Aurelian (270–275 n. Chr.) konfrontiert uns mit einer besonders interessanten Szenerie (Abb. 68,7). Im Mittelpunkt eines für uns in den Einzelheiten nicht ganz faßbaren Geschehens steht Athena. Sie ist mit einem großen Rundschild und einer Lanze bewaffnet; auf ihrem Kopf trägt sie den für sie typischen korinthischen Helm mit Helmbusch. Sie schreitet nach links, wendet sich aber um und blickt auf eine Schlange, die von einem Baum herabringelt. Links zu ihren Füßen liegt ein Kind oder eine sehr klein dargestellte Person reglos am Boden. An einem Ast des Baumes hängt ein Eimer, an seinem Fuß steht ein Krug. Was dieses Münzbild genau thematisiert – wahrscheinlich eine Lokalsage – läßt sich, da wir keine weiteren Informationen haben, nicht ergründen. Wahrscheinlich ist auf dieser Münze das Anzapfen eines Styraxbaumes dargestellt. Von Strabon wissen wir, daß die Bewohner von Selge auf ihrem Stadtgebiet reichlich Styrax-Harz gewannen. Styrax ist ein kleinerer Baum oder Strauch, dessen Harz wie Weihrauch zum Räuchern und für medizinische Zwecke verwendet wurde. Um dieses

Harz zu gewinnen, mußten die Stämme angeschnitten und der austretende Baumsaft aufgefangen werden. Ähnliche Auffanggefäße wie das auf der Münze dargestellte werden noch heute im Taurusgebirge verwendet (Abb. 70). Der Krug zu Füßen des Styraxbaumes diente vermutlich als Sammelbehältnis.

Wahrscheinlich verdienten nicht wenige Menschen des antiken Selge sich ihren Lebensunterhalt mit jenen Pharmaka, die sie in der noch weitgehend unberührten Natur der pisidischen Bergwelt von sonst seltenen heilkräftigen Pflanzen gewannen; neben Styrax ist in der Literatur von der selgischen Iris und

Abb. 70 Harzgewinnung im Tauros: Der austretende Baumsaft wird in einem Holzeimerchen gesammelt.

Abb. 71 Vom Wasser begraben; tief unter dem Spiegel des aufgestauten Jequetepeque-Flusses in Nordperu liegen inzwischen die Tempel und Siedlungen der vorspanischen Kulturen.

Abb. 72 Eine Taloase als Siedlungskammer. Von Meereshöhe bis ins Hochgebirge haben sich am Rande der fruchtbaren Talaue des Topará-Flusses in Südperu ausgedehnte vorspanische Siedlungen aus Lehmbauten erhalten.

71

72

speziellen Kräutern, aus denen «Selgisches Öl» hergestellt wurde, die Rede. Aber Selge war in der römischen Zeit keine besonders reiche Stadt mehr, was vor allem mit ihrer abgeschiedenen Lage fern der großen Verkehrswege zu tun hatte. Auch das verraten uns die städtischen Münzen: Während nämlich in den reicheren Nachbarstädten der pamphylischen Ebene, etwa in Attaleia, Perge, Aspendos und Side, fast keine Münzen, die weniger als 1,8 cm Durchmesser hatten, geprägt wurden, waren in Selge sehr kleine Stücke, die nur etwa 1 cm maßen, ein gängiges Nominal (Abb. 68,8–11). Offensichtlich rechnete man in der Stadt in den Bergen mit dem Pfennig. Im übrigen blieb der Münzausstoß Selges in der römischen Kaiserzeit weit hinter dem der größeren und reicheren pamphylischen Städte zurück. Während etwa 4000 kaiserzeitliche Münzen von Side gesammelt werden konnten, ließen sich von Selge nur knapp 1000 Stück nachweisen.

Nicht nur über Götter, Mythen und städtische Feste, sondern auch über das alltägliche Leben der Menschen geben uns die Münzen – wie das Beispiel Selges zeigt – mancherlei Aufschluß. Das Bild von der Geschichte des südlichen Klein-

asien wird um viele farbige Facetten reicher, wenn in den nächsten Jahren die Münzcorpora von Selge, aber auch von Perge, Sillyon, Side, Magydos, Kolybrassos, Kasai und Sagalassos, die zur Zeit in der Kommission für Alte Geschichte und Epigraphik des Deutschen Archäologischen Instituts in Arbeit sind, erscheinen. Dem Ziel, die Geschichte dieser Region in der Antike wiedererstehen zu lassen, kommen wir damit ein gutes Stück näher.

JN

Siedlungen und Städte im vorspanischen Amerika

Der andersartige Weg der kulturellen Entwicklung

Die Kulturen des Alten Amerika haben vor Jahrtausenden eine eigenständige Entwicklung begonnen, isoliert und unabhängig von der Welt der europäischen, asiatischen und afrikanischen Hochkulturen. Handwerkliches Geschick und Erfahrung in der Auseinandersetzung mit ihrer Umwelt ermöglichten den Ureinwohnern Amerikas das Überleben und führten zur Herausbildung eigener Sy-

steme des gesellschaftlichen Zusammenlebens. Prägendes Element für diese Entwicklung war dabei der besondere Naturcharakter des von ihnen bewohnten Lebensraumes, mit glühenden Küstenwüsten, eisigen Hochgebirgen und den Sumpfgebieten der tropischen Regenwälder.

Der Zwang, sich in einer solch lebensfeindlichen Umwelt durchzusetzen und dauerhaft anzusiedeln, hat die Indianer Altamerikas zu technischen und kulturellen Höchstleistungen herausgefordert. Mit intensiver Landwirtschaft durch künstliche Bewässerung und Terrassenbau, durch Sumpfentwässerung und durch Anbau in Hügelbeeten formte der Mensch so eine Kulturlandschaft und schuf sich darin dauerhaft seinen Lebensraum mit planvoll angelegten Siedlungen und zum Teil sehr ausgedehnten Stadtanlagen.

Seit ihrer Gründung im Jahr 1980 unternimmt die Kommission für Allgemeine und Vergleichende Archäologie (KAVA) des Deutschen Archäologischen Instituts Surveys und Ausgrabungen zur Erforschung des Siedlungswesens und des Städtebaus im Alten Amerika. Feldarbeiten fanden bisher in Peru, im Maya-

Gebiet von Guatemala und in Bolivien statt. Diese Feldforschungen werden jeweils gemeinsam mit Fachkollegen des Gastlandes durchgeführt.

Erster Schritt der Feldarbeit bei der Siedlungsforschung ist stets eine eingehende Geländeerkundung, dann folgen die Auswertung von Luftbildaufnahmen, die jedoch nur in trockenen Gebieten möglich sind, nicht in Urwaldregionen, und schließlich eine großräumige topographische Vermessung. Der nächste Schritt ist die genaue zeichnerische Dokumentation aller oberirdisch anstehenden Bauzeugnisse, Mauerteile oder Erdanschüttungen, und erst dann kommt das eigentliche Ausgraben der Reste einer Siedlung. Eine solche Siedlungsgrabung soll möglichst großflächig erfolgen, um nicht nur einzelne Hausreste und Wohnschichten, sondern ganze Siedlungsstrukturen ablesen zu können.

Ein Staudammbau erbringt neueste urbanistische Erkenntnisse

Notgrabungen sind stets angesagt, wenn neue technische Projekte – Straße- oder Häuserbau – eine archäologische Fundstätte unwiederbringlich zu zerstören drohen. In einem der Oasentäler der nördlichen peruanischen Küste, dem Tal des Rio Jequetepeque sollte das der Fall sein; ein Projekt der deutschen Entwicklungshilfe sah vor, das mittlere Tal durch einen riesigen Staudamm zu sperren und zu überfluten, um so unterhalb gelegene Wüstengebiete zu bewässern und für den Reisanbau zu nutzen (Abb. 71). Im Stausee würden mehrere Dörfer verschwinden, aber auch eine große Zahl vorspanischer Ruinenplätze; die galt es vorher noch, in Zusammenarbeit mit der staatlichen peruanischen Archäologiebehörde Instituto Nacional de Cultura (INC) zu

dokumentieren und zu erforschen. Dabei gelang der KAVA am Ruinenplatz Montegrande eine sensationelle Entdeckung, die neues Licht auf die Anlage und Organisation früher Siedlungsanlagen der peruanischen Kulturen wirft.

Der Ort war als Fundplatz besonders feiner Keramik des frühen Horizontes (1400–400 v. Chr.) im internationalen Kunsthandel schon lange berühmt. Die Raubgräber mit ihrer zerstörerischen Wühlarbeit auf der Suche nach wertvollen Grabbeigaben hatten kein einziges Lehmbauwerk verschont, alle Pyramiden und Terrassen waren durchtunnelt worden. Das Gelände sah aus wie die Kraterlandschaft nach einem Flächenbombardement.

Schon die ersten Reinigungsarbeiten erbrachten, daß einer der durchwühlten Hügel auf einem Schotterhang am Rande des Tales eine große Zeremonialanlage war. Terrassen und Plätze auf verschiedenen Niveaus waren durch eine große Freitreppe mit einer obersten massiven Plattform kombiniert. Dort oben gruppierten sich rechteckige Bauten aus Steinmauerwerk um einen Hof. Das Heiligtum wies zwei sich überlagernde Bauphasen auf.

Wo aber hatten die Menschen gewohnt, die diesen Kultplatz aus Lehm und Stein einst errichtet und benutzt hatten? Auf den Schotterabhängen im Umkreis waren keine aufgehenden Baureste erkennbar, im Schräglicht gegen Abend zeichneten sich jedoch auffällige ebene Bereiche am Hang ab. Die Ausgräber entschlossen sich zu einer großflächigen Grabungsweise, wie sie in Mitteleuropa in prähistorischen Grabungen entwickelt worden war, in Peru, wo man bisher eher mit kleinflächigen Einzelsondagen arbeitete, jedoch selten zur Anwendung kam.

Das riesige Areal, in 10 x 10 m große

73

74

Abb. 73 Erste Anfänge am Talausgang. Am Übergang zur Küstenwüste haben sich die ältesten Siedlungsreste des Topará-Tales aus dem 4. Jh. v. Chr. erhalten. Einfache Fischer und Maisbauern lebten hier, ihre halbunterirdischen Behausungen sind um eine pyramidenartige Plattform, das Sakralzentrum der Siedlung, geschart.

Abb. 74 Steinerne Festung in eisiger Höhe; der oberste Bereich des Topará-Tales in über 3000 m Höhe ist durch Gipfelfestungen und Höhensiedlungen gesichert.

Abb. 75 Siedlungen im Schwemmland des Rio Grande. Im Tiefland Boliviens, bei Sta. Cruz de la Sierra, lassen sich nur noch durch Verfärbungen und Feuerstellen, Reste von Häusern feststellen, deren organische Bestandteile längst verschwunden sind.

Flächen unterteilt, wurde systematisch in ganz dünnen Schichten horizontal abgetragen: eine mühsame und staubige Arbeit, mit einem kleinen eisernen Kratzer den verkrusteten Boden zu lockern und abzuheben. Jede einzelne Schicht wurde mit Besen und Pinsel gereinigt, dann geglättet und mit allen Einzelheiten, vor allem den Bodenverfärbungen, maßstäblich aufgezeichnet. Dunkle Bereiche im hellen Grund entpuppten sich dabei als Pfostenlöcher, das Holz der Balken war längst verwittert.

Aus all den Verfärbungen in den verschiedenen Ebenen ergab sich nach und nach der Plan einer großen, regelmäßig angelegten Siedlung. Die Häuser waren in Leichtbauweise mit Wänden aus bambusartigen Rohrpfosten errichtet worden, Pfosten für Pfosten dicht nebeneinander versetzt und auf beiden Seiten mit einer dicken Lehmschicht verputzt. Die ebenfalls lehmverputzten Flachdächer aus Rohrkonstruktion muß man sich dazu vorstellen. Die meist einräumigen Häuser besaßen alle in der Mitte eine steingemauerte, in den Lehmfußboden eingetiefte Feuerstelle.

Zweihundert Häuser kamen so zum Vorschein, im Umkreis des Heiligtums regelmäßig in Gruppen angeordnet, und zwar U-förmig um Plätze, die sich zum Sakralzentrum öffnen. Größenunterschiede der Häuser deuten auf eine hierarchisch gegliederte Gesellschaft: je näher am Heiligtum, desto größer das Haus und desto wichtiger die Rolle des Bewohners in seiner Gesellschaft.

Erstmals war als Ergebnis dieser Notgrabung der Nachweis einer regelmäßigen, planvollen Siedlung in Zusammenhang mit dem Heiligtum gelungen – eine Sensation für die peruanische Altertumswissenschaft, die bisher davon ausgegangen war, daß die Menschen in der Frühzeit, um die Wende des 1. Jts. v. Chr., im Umkreis eines Sakralzentrums verstreut, ohne jede Siedlungsplanung, in Einzelgehöften gelebt hätten. Inzwischen ist der Staudamm fertig, das mittlere Tal geflutet, und tief unter dem glitzernden Wasserspiegel des riesigen Sees liegt das planvolle Dorf, das einst die Erbauer der Tempel von Montegrande bewohnten.

75

Von der Wüste bis zum Hochgebirge: ein Oasental als Siedlungsraum

An der mittleren peruanischen Küste, etwa 200 km südlich der Hauptstadt Lima, und 15 km nördlich der Provinzstadt Chincha, hat die KAVA seit 1984 vier Jahre lang eine ganze Siedlungskammer untersucht (Abb. 72). Es ist das Gebiet des Tales von Topará, im Hochland tief in das Andengebirge eingeschnitten und im Küstenbereich nach Norden und Süden von völlig trockenen Wüstengebieten begrenzt. In den Taloasen und an den Steilhängen dieses Flusses, der nur in der Regenzeit regelmäßig Wasser führt, konnten insgesamt 80 Siedlungen, Ruinenplätze und Gräberfelder entdeckt und untersucht werden. Das Gebiet war vorher archäologisch überhaupt nicht erforscht worden. Es erstreckt sich von Meereshöhe an der Atlantikküste bis in Gebirgsregionen von 3500 m Höhe. Nach der Auswertung der Luftbilder des unbewachsenen Geländes wurden alle kartierten Plätze aufgesucht und im Gelände vermessen, dann folgte die detaillierte Dokumentation der Ruinen durch Methoden der Bauaufnahme und schließlich gezielte Ausgrabung an ausgewählten, besonders typischen Siedlungsstellen.

Das Projekt sollte das Topará-Tal als geschlossene geographische Einheit mit allen seinen Besiedlungsresten dokumentieren und erforschen. Mit einem multidisziplinären, deutsch-peruanischen Arbeitsteam von Archäologen und Bauforschern, Topographen, Biologen, Geologen und physischen Anthropologen wollten die Forscher herausfinden, wie in den etwas mehr als 2000 Jahren vorspanischer Geschichte die Menschen hier lebten, wie sich ihre Lebensweise, ihre Landwirtschaft, ihre Grabsitten entwickelten und veränderten, wie sie sich mit der besonderen Umwelt, der extrem trockenen Wüstenzone im unteren und dem rauhen Hochgebirge im oberen Tal als Lebensraum zurechtfanden und welcher Art die Beziehungen zu den benachbarten Taloasen waren. Auch Grabfunde interessieren natürlich, weil die dem Toten beigegebene Keramik – wie ein Leitfossil bei den Geologen – die zeitliche Einordnung einzelner Plätze möglich macht. Schätze oder besonders wertvolle Funde konnte es nicht geben, denn alle Gräber, selbst im entlegenen Gebirge, waren längst ausgeraubt worden.

Die Erforschung eines solchen Talraumes als in sich geschlossene Siedlungseinheit war nicht einfach: in den weiten unteren Wüstenbereichen konnten viele Ruinenplätze im losen Sand nicht mehr mit Geländewagen erreicht werden; lange Fußmärsche mit der gesamten Ausrüstung in der sengenden Tropenhitze forderten von den Vermessungstrupps die letzten Kräfte. In den oberen Talbereichen war die gesamte Logistik mit Gerätetransport, mit Essen- und Wasserversorgung, auf Maultiere angewiesen, die bis zu 30 km weit auf schwindelnden Bergpfaden in die Höhenzonen marschierten, um den Nachschub zu sichern. In den bei Nacht eiskalten Höhen kampierten die Archäologen in Zelten auf den alten Terrassen der Gebirgshänge jeweils an dem Siedlungsplatz, den sie gerade untersuchten. Hauptnahrungsmittel waren die schwarzen Bohnen in der großen Pfanne über dem Lagerfeuer.

Die Vielfalt der Siedlungsformen

Die Siedlungen, die in diesem Projekt untersucht wurden, zeigen ganz unterschiedliche Anlagen, Planungen und Baumethoden. Im unteren Talbereich sind es große, ummauerte Rechteckhöfe, umgeben von rechteckigen Gebäuden aus Feldsteinen mit Lehmmörtel, gelegent-

76

die kunstvoll angelegten Terrassenanlagen, mit deren Hilfe die unwegsame Topographie gestaltet und nutzbar gemacht wurde, die eindrucksvollsten Zeugnisse der hochentwickelten Kultur der vorspanischen Bewohner: es gab neben handtuchschmalen Ackerbauterrassen und Wohnterrassen an Steilhängen auch Friedhofsterrassen und außerdem, bis in die höchsten Bereiche der vegetationslosen Schotterhänge der Talseiten, kleine und kleinste Erosionsschutzterrassen. Sie waren oberhalb von Siedlungen und auch Gräberfeldern angelegt worden, um das Geröll bei den periodisch wiederkehrenden Klimakatastrophen im Zusammenhang mit dem wechselnden El Niño-Phänomen zu festigen und so gefährliche Erosionen schon im Ansatz zu verhindern. Der Mensch greift in die Natur ein und formt sie zu seinem Lebensraum um.

lich kommen auch reine Stampflehmbauten vor. Diese Zentren waren der Mittelpunkt von ausgedehnten Streusiedlungen, deren leichte Wohnhäuser mit Wänden aus vertikalen Bambusstangen beidseitig mit Lehm verschmiert waren. Ihre Reste sind nur noch als Bodenverfärbung erkennbar.

Auf den Steilhängen des mittleren Tales überwiegen aus Stein gebaute Terrassensiedlungen, durch steinerne Treppen miteinander verbunden. Selbst die Grabanlagen außerhalb der Siedlungen sind dort Rundbauten aus Stein, mit flachen Steinplatten überdeckt, während schließlich auf den einzelnen Anhöhen im obersten Bereich des Tales vor allem ummauerte, steingebaute Gipfelfestungen vorkommen.

Besonders charakteristisch sind kleine Verwaltungszentren der inkaischen Besiedlungsperiode aus dem 14. und 15. Jh. n. Chr. im mittleren Talbereich. Ihre Wände bestehen aus Steinmauern mit Lehmmörtel; an zahlreichen Gebäuden existieren noch die hohen hölzernen Pfosten, die einst die flachen Dächer trugen. Wandnischen und unterirdische Vorratsbunker sind typisch für diese Baukomplexe, die sich stets um einen größeren Platz mit trapezförmigem Grundriß gruppieren.

Der älteste Fundort in Topará ist eine einfache Siedlung auf einer riesigen Sanddüne am Talausgang (Abb. 73). Die Häuser sind einfache ovale Steinsetzungen im Sand, zum Teil unterirdisch angelegt. Winzige Maiskolben, Erdnüsse, Chilischoten, aber auch Angelhaken aus Kupfer und Muschelschalen deuten auf die zweigleisige Ernährung der Bewoh-

ner um 400 v. Chr. hin: durch Anbau von Kulturpflanzen und aus dem Meer ernährten sich diese einfachen Bauern und Fischer; Matten, geflochtene Körbe und Keramik mit Ritzverzierung waren ihre Gerätschaften. Auch Baumwolle nutzten sie schon. Und doch hatte das einfache Dorf auf der Düne schon eine spirituelle Mitte: eine aus Schutt, Abfall und Steinpackungen aufgehäufte pyramidenartige Plattform, an der sich der religiöse Kult konzentrierte.

Im Lauf der Untersuchung ließ sich feststellen, daß zwischen 900 und 1500 n. Chr. im Tal eine wahre Bevölkerungsexplosion stattgefunden hatte. Riesige, regelmäßige Stadtanlagen sind damals entstanden, deren aneinandergebaute Rechteckhäuser, die jeweils einen zentralen Hof besaßen, in Gruppen um größere Quartierplätze geordnet waren. Diese Siedlungen enthalten steingemauerte, in den Boden eingetiefte runde Vorratsbatterien, vor allem zur Aufbewahrung von Mais. Aber dort finden sich auch, in einer Entfernung von mehreren Tagesmärschen von der Küste, riesige Haufen von Muschelschalen, auch hier also war die Nahrungsgrundlage zweigleisig. Was war die Ursache für den Siedlungsboom der Spätzeit? Führte der Fluß damals mehr und regelmäßiger Wasser als heute? Und was veranlaßte den Bau der Höhenfestungen auf den Gipfeln zum Taleingang von der Wüste aus und am obersten Talausgang in über 3000 m Höhe (Abb. 74)? Sollten sie den Zugang zum Wasser sperren oder eine Invasion aus dem Hochland abwehren?

Neben den Bewässerungsanlagen mit ihren langgezogenen Höhenkanälen sind

Das Tiefland Boliviens wird neu entdeckt

Die Region der endlosen Ebenen zwischen Brasilien, Paraguay und Bolivien war bis vor Jahrzehnten noch von dichtem tropischen Wald bedeckt. Jetzt ist sie durch gigantische Brandrodung freigeräumt und wird mit intensivem Agraranbau auf riesigen Flächen bewirtschaftet. Die Tieflandregionen Südamerikas galten im Gegensatz zum Andenhochland mit seinen vielschichtigen hochkulturellen Entwicklungen als kulturfeindlich; schon die Inka stellten in ihrer offiziellen Geschichtsschreibung die Tieflandindianer, die sie nicht dauerhaft zu unterwerfen verstanden, als barbarische Völkerstämme dar. Nur Horden von umherschweifenden Sammlern und Jägern sollten in diesen Weiten gelebt haben.

Durch jüngere Forschungsergebnisse weiß man inzwischen, daß das amazonische Tiefland gerade in der Frühzeit der hochkulturellen Entwicklungen des südamerikanischen Subkontinentes keineswegs kulturfeindlich war. Im Gegenteil, wichtige Kulturpflanzen wie Bohnen, Erdnüsse und Coca sind dort erstmals

Abb. 76   Der Tote auf dem Scherbenbett. Grabbeigaben und ein fester Bestattungsritus, verbunden mit dem Zerschlagen großer Vorratsgefäße, sind im Umfeld der Tieflandsiedlungen durch Ausgrabungen erstmals nachgewiesen.

Abb. 77   Die Pyramide über den Baumwipfeln. Wie ein weißer Leuchtturm ragt der Haupttempel der Mayastadt Yaxhá aus dem Urwald.

kultiviert und dann ins Andenhochland weitergereicht worden. Ebenso wurden viele aus der Amazonastierwelt stammende Motive der Ikonographie und wohl auch komplexe religiöse Vorstellung aus dem Tiefland ins Gebirge weitergereicht. Inzwischen wurden im Tiefland von Ecuador und Brasilien auch große, planvoll angelegte Siedlungen entdeckt. Gemeinsam mit der staatlichen Archäologiebehörde Boliviens (Dirección Nacional de Arqueología) erforscht die KAVA seit 1994 Siedlungsplätze im Tiefland von Bolivien, in der Umgebung der Departments-Hauptstadt Santa Cruz de la Sierra, wo bisher auf einer Fläche so groß wie ganz Deutschland außer älteren Grabungen ohne sicher datierbare Funde archäologische Erkenntnisse über dauerhafte Siedlungen fehlten.

Das hatte seinen Grund in den topographischen Besonderheiten des topfebenen Schwemmlandes, durch das der Rio Grande, der südlichste Nebenfluß des Amazonasstromes, zieht. Alte Siedlungsplätze sind meist meterhoch durch Ausschwemmungen bedeckt, natürliche topographische Festpunkte oder gar oberirdische Ruinenreste fehlen ganz; so muß auch die Luftbildauswertung unergiebig bleiben. Da hilft nur die mühsame und zeitaufwendige Bodenprospektion durch Sondagen, die Ausnutzung vorhandener Aufschlüsse beim Straßen- oder Eisenbahnbau und geomagnetische Untersuchungsmethoden.

Bei dem Dorf Pailón, im Unterbereich des Rio Grande, 60 km von der Stadt Santa Cruz de la Sierra entfernt, wurden die Forscher schließlich nach langen Surveys fündig und konnten an mehreren Stellen Siedlungsreste durch sorgfältige Flächengrabungen nachweisen, auch wenn die organischen Bauteile der Häuser längst verschwunden waren (Abb. 75). Abfallgruben, Feuerstellen, durch Verfärbung erkennbare Pfostenlöcher und durch Brand versiegelte Hausfußböden belegten, daß dort etwa von 700 bis 1200 n. Chr. Siedlungen bestanden hatten, deren Bauten in ihrer Position mehrfach verlagert worden waren. Diese muß man sich als vergängliche Konstruktion eines hölzernen Stangengeflechtes mit beidseitigem Lehmbewurf vorstellen.

An der Keramik dieser Häuser ließ sich nun, erstmals für das Tiefland Boliviens, eine über mehrere Jahrhunderte reichende Sequenz mit präziser Datierung ableiten. Ritzverzierte Töpfe und Schalen, fein bemalte Gefäße und große Vorratsbehälter gehören dazu. Der glückliche Fund von drei Gräbern, tief unter Schwemmschichten erhalten, ergab, daß diese frühen Siedler auch ein ausgebildetes Totenritual hatten. Sie bestatteten ihre Toten in ausgestreckter, liegender Position auf einem Bett von Keramikscherben und umgeben von einem Kranz senkrecht gestellter, großformatiger Scherben (Abb. 76). Der Kopf des Bestatteten war jeweils mit Dreifußschalen abgedeckt. Für die Bestattung waren große, spitzbodige Vorratsgefäße rituell zerschlagen worden. Neben der Seßhaftigkeit sind auch diese ausgeformten, klar definierten Grabsitten, die bisher im bolivianischen Tiefland so nicht bekannt waren, ein Hinweis für eigenständige Entwicklungen.

So schließt sich durch die systematische Ausgrabung kleiner und kleinster Siedlungsreste langsam ein weißer Fleck auf der archäologischen Landkarte Boliviens in einer weiten Region, in der entgegen bisheriger Annahmen nicht nur schweifende Jäger und Sammler hausten, sondern auch seßhafte Siedler.

Der besondere Reiz der Archäologie Südamerikas

In Amerika steht, im Gegensatz zur Alten Welt, die archäologische Erforschung der ureigenen vorspanischen Geschichte noch am Anfang einer großen Gesamtschau. Ständig gibt es neue Entdeckungen, oft spektakuläre Grabfunde oder

78

Ausgrabungsergebnisse unter Einsatz neuer, vor allem auch naturwissenschaftlich gestützter Methoden. Diese Neuentdeckungen werfen oft alte Lehrmeinungen über den Haufen und führen zu völlig neuen Erkenntnissen. Das macht die Forschungsrichtung der archäologischen Amerikanistik zu einem ungeheuer spannenden, sich ständig erweiternden Fach. Es macht Spaß, an dieser lebendigen Forschung teilzunehmen und gemeinsam mit den Bewohnern Südamerikas ein Stück ihrer ureigensten Geschichte wiederzufinden, einer Kulturentwicklung, die durch die Reise des Kolumbus und die anschließende Kolonisation durch Europa jäh abgebrochen wurde.   WWW

Pyramiden und Fürstengräber im tropischen Regenwald
Erforschung und Erhaltung von Maya-Städten im Tiefland Guatemalas

Die Maya, das rätselhafteste
Volk Altamerikas

Im 1. Jt. n. Chr. erlebte in Mittelamerika ein Volk eine ganz außergewöhnliche Entwicklung, das sich von anderen mesoamerikanischen Kulturen durch ganz besondere Errungenschaften unterschied: die Maya auf der Halbinsel Yucatán im heutigen Mexiko und weiter südlich im Petén des heutigen Guatemala. Der Petén ist ein von dichtem tropischem Urwald bedecktes und nur von wenigen karstigen Bergzügen gegliedertes Tiefland. Verkehrsrouten bildeten die Flüsse und Seenketten; Feuchtgebiete verwandeln sich in der Regenzeit in riesige Sümpfe. Und ausgerechnet in dieser lebensfeindlichen

amphibischen Urlandschaft steht die Wiege der Maya-Kultur. Hier im Sumpfland entwickelten sich ab 300 v. Chr. komplexe Siedlungen mit monumentalen steinernen Sakralbauten mit hochragenden Tempeln auf gestuften Pyramidenplattformen. Eine Besonderheit war die Erfindung des Maya-Gewölbes, eines Kragsteingewölbes in Kalkmörtelbindung, das bald zum architektonischen Leitmotiv der Maya-Architektur wurde und nur dort vorkommt. Alle anderen Völker und Kulturen Altamerikas benutzten keine Gewölbekonstruktionen.

In ihrer klassischen Zeit von 400–900 n. Chr. schufen die Maya hier riesige städtische Zentren mitten im Regenwald; eine Schrift wurde entwickelt, das einzige komplexe Schriftsystem des alten Amerika, mit der auf steinernen Stelen und in papierenen Codizes die Herrschergeschichte der Stadtstaaten auf den Tag genau aufgezeichnet wurde. Aufs höchste verfeinerte astronomische Kenntnisse und ein präzises Kalenderwesen wurden erreicht in dieser Blütezeit, in der einzelne Staaten miteinander Bündnisse schlossen oder sich bekriegten. Ein Fernhandelssystem bis weit ins Hochland ermöglichte die Versorgung mit Luxusgütern und trug zum kulturellen Austausch bei.

Damals lebten etwa zwei Millionen Maya-Indianer in dieser Region, es gab etwa 2500 Siedlungsplätze. Ab 900 n. Chr. nahm die Bevölkerungszahl des dicht besiedelten Gebietes drastisch ab, viele Städte verfielen. Hierfür läßt sich eine Vielzahl von Gründen anführen: Raubbau an der Natur, Überbevölkerung, extreme Dürreperioden, übermäßige Kriegsführung, soziale Spannun-

gen zwischen göttergleicher Herrscherkaste und ausgebeuteter Bauernklasse, ein Zusammenbruch der politischen Balance zwischen zwei Supermächten (den Städten Tikal und Calakmul). Viele der blühenden Städte wurden um die Jahrtausendwende verlassen; der Urwald verschluckte die steinernen Bauten wieder. Aber trotzdem blieb der zentrale Petén keineswegs unbesiedelt: an Seeufern, auf Inseln im leicht zu verteidigenden Gelände lebten die Bewohner in stadtartigen befestigten Siedlungen weiter, mit anderen Gesellschaftsbedingungen und anderen Planungsprinzipien. Die spanischen Eroberer des 16. Jhs., unter ihnen Hernán Cortez, begegneten ihnen und beschrieben ihre Inselfestungen. Ganz unterwerfen konnten sie sie aber zunächst nicht, erst im Jahr 1697 fiel die allerletzte Inselhauptstadt Tayasal im Petén Itza-See unter dem Ansturm der spanischen Eroberer und wurde restlos zerstört.

Die drei Todfeinde der Maya-Ruinen:
Vegetation, Klima, Mensch

Seither hat sich der Regenwald die glänzenden weißen Städte, die Tempelpyramiden und Paläste zurückgeholt. Die dichte Vegetation bedeckt die Bauten. Urwaldriesen treiben mit ihren Wurzeln Gewölbe und ganze Bauten auseinander; Wasser dringt ein und laugt die Festigkeit des Kalkmörtels aus; die hölzernen Türstürze und Gewölbebalken fallen den Insekten zum Fraß. Aber der größte Schaden an den noch bis zu 50 m hoch anstehenden Monumentalbauten entstand erst in den letzten Jahrzehnten, und zwar durch den Menschen selbst. Seit die Preise für Kunstwerke der Maya-Kultur, bemalte Vasen, skulpierte Stelen oder Grabbeigaben aus Jade, im internatio-

Abb. 78   Topoxté, Guatemala. Die künstlich aufgeschüttete Inselmitte; ein sakrales Zentrum in einer dichten Bebauung von Elite-Wohnquartieren. Phantasievoll bemaltes topographisches Stadtmodell.

Abb. 79   Von Wurzeln zersprengt, von Grabräubern durchtunnelt und vom tropischen Regen ausgelaugt, muß der massive Baukörper der Stufenpyramide von Topoxté von unten nach oben wieder unterfangen und gefestigt werden. Ein langwieriger Konservierungsprozeß.

Abb. 80   Der gerettete Hochtempel von Topoxté. Durch Schutzdächer und Gerüstbauten konnte die Stufenpyramide mit ihrem Tempelhaus vor dem Einsturz bewahrt und dauerhaft konserviert werden.

nalen Kunsthandel ins Unermeßliche gestiegen sind, seit die Privatsammler alles aufkaufen, was aus den Gräbern geraubt wird, ist die illegale Schatzsuche in Maya-Ruinen ein einträgliches Geschäft geworden. Es wird betrieben mit Methoden wie bei der Drogenmafia. Es gibt kein Gebäude, keine Pyramide, die nicht mit Suchgräben und tiefen Stollen durchtunnelt wären. Der Schaden, den die Grabräuber anrichten, ist doppelt: wertvolle Funde werden aus dem Zusammenhang gerissen und verlieren ihre wissenschaftliche Aussage; aber schlimmer noch ist es, daß die Suchlöcher und Gräben unverfüllt bleiben und dadurch im Zusammenwirken mit Tropenregen und aggressiver Vegetation ganze Bauten zum Einsturz gebracht werden.

Rettung in letzter Minute

Im Petén Guatemalas waren einige besonders bedeutende Ruinenplätze als archäologische Reservate ausgewiesen, dazu gehörte vor allem das Maya-Zentrum Tikal mit seinen Touristenströmen; der Rest der unzähligen Ruinenplätze verfiel immer mehr. Das war der Stand der Dinge, als sich ab 1987 die für Archäologie zuständige Behörde Guatemalas, das Instituto de Antropología e Historia (IDAEH), mit der systematischen Rettung der am meisten bedrohten Maya-Ruinen befaßte und dazu im Jahr 1989 eine Zusammenarbeit mit der KAVA des Deutschen Archäologischen Instituts aufnahm.

Das gewählte Arbeitsgebiet für ein erstes Unternehmen der beiden Institutionen lag östlich vom archäologischen Park Tikal bis hin zur Staatsgrenze nach Belize. Es umfaßte ein Gebiet von 1200 km², von dichtem Regenwald bedeckt, mit Seen und Sumpfgebieten. In dieser sehr schwer zugänglichen Zone liegen die riesigen Maya-Städte Yaxhá (Abb. 77), Nakum und Naranjo; die Blütezeit dieser urbanen Zentren fällt in die Spätklassik von 700–900 n. Chr. Um diese Hauptplätze herum sind mehrere Dutzend kleiner Satellitensiedlungen im Urwald verteilt. Es war geplant, dieses Gebiet als Ganzes zu untersuchen, seine Ruinen zu dokumentieren, ausgewählte Siedlungen genauer zu erforschen und ihre vom Einsturz bedrohte Monumentalarchitektur durch Maßnahmen der Denkmalpflege dauerhaft zu erhalten.

Die Vorbereitungen für ein solches Großprojekt unter Überwindung vieler bürokratischer Hürden dauerten fast vier Jahre. Inzwischen standen etliche der am meisten beschädigten Bauten unmittelbar vor dem Einsturz. Sofortiges Handeln war geboten. Mit einfachsten Notmaßnahmen, Abstützungen, Gerüsten und Schutzdächern wurden deshalb die am meisten bedrohten Bauten vorläufig abgesichert. Aus Geldmangel wurden dazu nur die unmittelbar vorhandenen Materialien verwandt, Baumstämme für Gerüste, Lianen für die Verbindungen, Palmblätter für die Dachdeckung. Eine dauerhafte Sicherung war das natürlich nicht, aber so wurde immerhin für die Erforschung und die eigentliche Sanierung Zeit gewonnen.

Am schlimmsten war der Zustand der monumentalen Bauten einer nachklassischen Siedlung auf der Insel Topoxté im See von Yaxhá; der Name heißt auf Maya «Grünes Wasser». Diese Tempelbauten waren schon im Jahr 1831 entdeckt und 1904 vom deutsch-österreichischen Forscherpionier T. Maler dokumentiert worden. Damals waren sie, bis auf die Dächer, noch vollständig erhalten gewesen, jetzt standen diese allerletzten Reste der nachklassischen Periode unmittelbar vor dem Ruin. So wurde denn, in einem ersten kleinen Pilotprojekt, zuerst die Sied-

81

lung auf der Insel in Angriff genommen, bis dann ab 1994 das gesamte Unternehmen des «Kulturellen Dreiecks Yaxhá – Nakum – Naranjo» vollends beginnen konnte.

Archäologische Denkmalpflege
als Teil der Regionalentwicklung zum
Schutz des Regenwaldes

Nach zahlreichen Schwierigkeiten war es gelungen, dieses archäologische und denkmalpflegerische Vorhaben in ein großangelegtes Projekt der deutschen Entwicklungshilfe für den Petén Guatemalas einzubeziehen. Durch unkontrollierte Brandrodung, Raub von Edelhölzern und wilde Siedlungen mit einer Bevölkerungszunahme von jährlich 10% durch Zuwanderung aus anderen Regionen und mit unkontrollierbarem Anbau von Drogenpflanzen ist der Petén ein Pulverfaß: jährlich gehen 80 000 ha Regenwald unwiederbringlich verloren, denn die schnelle Erosion nach der Rodung zerstört die dünne Humusschicht. Mit deutscher Entwicklungshilfe sollte mit einem großangelegten Regionalentwicklungsplan eine Lösung aus der Krise gefunden werden. Die sinnlose Waldzerstörung sollte gestoppt werden, andere, nachhaltige Formen der Nutzung der Ressourcen waren zu finden, eine planvolle Infrastruktur wurde angestrebt. Dazu gehört auch ein sanfter, nicht zerstörerischer Tourismus, gerichtet auf die tropische Natur und die eindrucksvollen Zeugnisse der Maya-Kultur.

Die Erforschung und Erhaltung der Maya-Ruinen innerhalb des viel größeren

Entwicklungsplanes wird von der deutschen Bundesregierung über das Ministerium für wirtschaftliche Zusammenarbeit bis 1999 mit insgesamt 3,5 Millionen DM unterstützt. Abgewickelt und finanziell betreut wird diese Finanzhilfe durch die Kreditanstalt für Wiederaufbau in Frankfurt; die archäologische Kooperation übernimmt die KAVA, und die Federführung des Großprojektes hat die nationale Archäologiebehörde (IDAEH), die auch die dauerhafte Bewachung der Ruinenplätze im Petén zum Schutz gegen weitere illegale Raubgrabungen übernimmt. Ziel des Archäologie- und Denkmalpflegeunternehmens ist für das Triangulo-Projekt die Einrichtung eines archäologischen Urwaldschutzgebietes, in dem einzelne Ruinenplätze so erforscht und konserviert werden, daß sie für Besucher zugänglich gemacht werden können. Von diesem kontrollierten, sanften Tourismus, ohne zerstörerische Hotelbauten in den Schutzzonen, sollen vor allem auch die Bewohner der umliegenden Siedlungen profitieren, die zum Teil auch jetzt schon als Ruinenwächter oder Grabungsarbeiter bei dem Projekt ihr Brot finden.

Die einzelnen Arbeitsschritte: Dokumentieren, Ausgraben, Konservieren am Fallbeispiel der Inselstadt Topoxté

Inzwischen sind seit den ersten Notmaßnahmen die Arbeiten auf der Insel Topoxté innerhalb von acht Jahren abgeschlossen worden. Am Beispiel der Feldarbeiten auf der Insel sollen die einzelnen Arbeitsschritte der Archäolo-

gie im Regenwald dargestellt werden. Zuerst kommt die Bestandsaufnahme, kein leichtes Unterfangen im dichten Unterholz, über das bis zu 50 m hohe Urwaldbäume kragen. Eine Luftbildauswertung unter solchen Umständen wäre ganz zwecklos. So muß also zuerst das Dickicht gerodet werden, eine schwere Aufgabe für die Arbeiter mit ihren Macheten, denn überall lauern Giftschlangen. Für den topographischen Gesamtplan werden lange Schneisen durch den Wald geschlagen, damit die Geometer ihre Theodolitenmessung durchführen und Festpunkte für das Plannetz anlegen können. Schließlich werden überall im Untergrund, nicht nur bei den noch hochragenden Tempelbauten, künstliche Terrassierungen und kaum noch erkennbare Gebäudereste sichtbar und können dokumentiert werden.

Zusammen mit der exakten Bauaufnahme der einzelnen Monumentalbauten ergibt sich ein Bild der urbanen Planung der Inselsiedlung mit ihrer dichten Bebauung (Abb. 78): in der Mitte an höchster Stelle ein großer Platz, dreiseitig umgeben von Terrassenbauten und Tempeln, vor denen noch die Stelen und Altäre am ursprünglichen Ort standen. Die Hauptpyramide ist dreistufig, ihr Tempelhaus zeigt eine Pfeilerstellung am Eingang. Im Umkreis dieses sakralen Zentrums auf künstlichen Terrassen liegen weitere Gemeinschaftsbauten, vor allem lange Pfeilerhallen, wohl Versammlungsräume. Einzelne erhöhte Wohnquartiere mit steilen Böschungen und kontrolliertem Zugang schließen sich an; hier wohnte eine Elitekaste, in Steinhäusern, die in zentrale Höfe gruppiert waren, während der künstlich terrassierte Rest einfache Hütten aus Holz und Flechtwerk trug. So muß man sich die Siedlung im 15. Jh. vorstellen, eine dicht bebaute, nach außen durch steile Böschungen befestigte Stadt im See, eine schwimmende Festung.

Während die Architekten und Topographen den Gesamtplan ausarbeiten, untersuchen Archäologen und Grabungstechniker durch Tiefsondagen bis zum gewachsenen Fels die zeitliche Abfolge und vor allem die früheren Phasen der Siedlung, deren letzte Version, vom Ende der Nachklassischen Periode, an der Oberfläche dokumentiert ist. Bis zu 15 m tief sind diese Sondagen, sie durchqueren in vertikaler Richtung die gesamte aufgehöhte Stadtgeschichte bis zu den Anfängen. Im Urwald gibt es keine Stratigraphie, die Tropenregen schwemmen den Boden vollständig aus, keine Schichten sind ablesbar. Da ist es ein besonderer Glücksfall, daß die Maya ihre zeremonialen Plätze durch Aufschüttung immer wieder erhöht und jede Bauphase mit einem dicken Belag aus Steinen und Kalkmörtel befestigt haben. Die Abfolge der Stuckschichten definiert so als ideale Trennung die einzelnen Bauphasen. Das Material der Füllungen, vor allem charakteristische Keramikfragmente, ergibt dann die zeitliche Einordnung. Auf der Insel setzte die Bautätigkeit schon ab 300 v. Chr. ein; damals entstanden monumentale, stuckierte Treppenanlagen tief unter dem Hauptplatz der jüngsten Siedlung. Weitere Ergebnisse der archäologischen Sondagen sind die früheren Phasen der Monumentalbauten, die ebenso wie die Plätze immer wieder überbaut wurden. Außerdem wurden über 60 Bestattungen geborgen, viele waren Menschenopfer in Verbindung mit Baumaßnahmen.

Der letzte Schritt der Feldarbeiten, die Denkmalpflege, ist besonders zeitaufwendig: Die provisorischen Abstützungen aus Holz und Lianen werden durch stählerne Streben und riesige Gerüste ersetzt, dann muß, von unten nach oben fortschreitend, die Standsicherheit der Pyramidenbauten wiederhergestellt werden (Abb. 79. 80). Raubgräberlöcher werden verfüllt; abgestürzte Böschungsmauern durch neue ersetzt unter strenger Trennung zwischen originalem und neuem Baubestand. Schließlich werden die brüchigen Wände der Hochtempel mit Kalkmörtel neu verfugt, die Mauerkronen abgedichtet und durch Steinanker zwischen einzelnen Bauteilen der statische Zusammenhalt wiederhergestellt. Ein Regenschutzdach auf leichtem Stahlrohrgerüst soll die verlorenen ursprünglichen Dächer ersetzen. Die Philosophie dieser Denkmalpflege heißt: Erhalten, nicht rekonstruieren. Das unwiederbringlich Verlorene kann nicht durch Phantasierekonstruktionen im Sinne von Neubauten ersetzt werden, wie es oft zum Tourismusnutzen gemacht wird, an Maya-Bauten in Mexiko oder Belize, die dort ganz aus weißem Zement in der Art eines

Disneyland erfunden werden. Schließlich sollen die Ruinen so dauerhaft konserviert und durch eine periodische Kontrolle der Vegetation des ganzen Stadtgebietes so vorbereitet werden, daß sie, mit graphischer Information kombiniert, einem Besucher einen Einblick in das Leben der Maya in der Vergangenheit bieten können.

Spektakuläre Entdeckungen: eine Abschiedszeremonie im Tempel; künstliche Höhlen der frühen Zeit

Das Ziel der Ausgrabungen auf der Insel war nicht die Entdeckung spektakulärer Funde, sondern der archäologische Befund als Ganzes, der Einblick gibt in die Lebensweise und die Gesellschaft dieser

Abb. 81 Kulthöhlen tief im Untergrund der Insel Topoxté; hier deponierten im 2. Jh. v. Chr. die Bewohner der Insel ihre vornehmsten Toten zusammen mit Weihegaben für die Götter.

Abb. 82. 83 Schätze aus dem Fürstengrab von Topoxté. Eine riesige Menge von Schmuckstücken aus Jade und wertvolle Keramik waren die Totenbeigaben in der ungestörten Grabkammer eines Maya-Herrschers des 8. Jhs. n. Chr.

82

83

Maya-Siedlung. In den Sondagen gab es neben zahlreicher Keramik auch Materialien, die nicht im Tiefland vorkommen: dazu gehören Feuerstein, glasharter vulkanischer Obsidian und Mahlsteine aus Basalt. Es sind von weit hergeholte Materialien, die enge Fernhandelsbeziehungen mit anderen Regionen, dem Hochland und der Golfküste, belegen. Ohne sie gäbe es kein Feuer, keine scharfen Waffen, keine Möglichkeit, Mais zu mahlen.

Und doch gab es auf der Insel auch einige spektakuläre Entdeckungen. Beim Reinigen des Innenraumes eines der Tempel am Rande des Hauptplatzes zeigte sich unter dem Stuckfußboden des jüngsten Baues ein älterer Bau, dessen Innenraum tiefer lag und für das neue, letzte Heiligtum pietätvoll zugefüllt worden war. Auf dem Boden dieses älteren Baues, um eine steinerne Altarbank am Boden gruppiert, fanden sich etwa 20 große, zerbrochene Räuchergefäße, halbmeterhohe tönerne Dreifüße mit plastischen Verzierungen. In ihrem Inneren war Copalharz verbrannt worden, der Weihrauch der Maya. Alle diese Gefäße waren absichtlich zerschlagen worden, und zwar während das Harz noch brannte, wie aus den in die Scherben eingesickerten Harzresten deutlich wird. Die Priester hatten sich also in einer feierlichen Räucherzeremonie vom alten Tempel verabschiedet, der dann rituell verfüllt und von neuem überbaut wurde.

Durch einen Zufall entdeckten die Ausgräber bei der Entnahme von Kalksplitt als Restaurierungsmaterial tief im Untergrund der Kalkklippen ein System von künstlich aus dem weichen Felsen gegrabenen Grotten: einzelne ovale Räume, alle miteinander durch enge Quergänge verbunden und von oben durch röhrenartige, später zugefüllte Einstiegsschächte zugänglich, ein verwirrendes labyrinthisches Höhlensystem, von keinem Raubgräber je entdeckt. In diesen Grotten hatten die Siedler der Frühzeit bedeutende Tote bestattet und eine Fülle von wertvoller Keramik aus der vorklassischen Zeit ab 200 v. Chr. niedergelegt (Abb. 81). Es sind leuchtend farbige Teller, Schüsseln, steinerne Näpfe, Töpfe in Kürbisform, ein rituell in zwei Teile halbiertes Weihrauchgefäß. Weihgaben für die Götter aus der ganz frühen Zeit der Besiedelung.

Ein ungestörtes Fürstengrab

Auch ein gänzlich ungestörtes Grab gab es: tief unter einer der ältesten Pyramiden hatte man etwa um 700 n. Chr. eine der Kulthöhlen der früheren Zeit zur Fürstengruft umgebaut. Die innerste Kammer

hatte man mit einer Holzbalkendecke gegen die darüberliegende Pyramidenfüllung abgestützt; die Wände waren mit feinem Kalkstuck überzogen, ebenso ein gemauertes Podest und eine Wandnische. Auf dem Fußboden lag der Tote, offensichtlich ein besonders ranghoher Herrscher, umgeben von einer Fülle von Grabbeigaben. Die Zähne des Toten waren verziert mit Einlagen aus Jade. Das Skelett war nur noch teilweise erhalten und von einer dichten Schicht von Zinnober bedeckt. Auch der Boden im Umkreis der Bestattung zeigte eine Zinnoberschicht, daneben fand sich ein Mosaik aus Muscheln, Perlmutt, Jadeplättchen, Knochen und Perlen, in kunstvollen Mustern zusammengesetzt, mit der Darstellung von Skeletten und mythologischen Tieren. Die Wand neben dem Toten zeigte Reste eines Wandbehanges: mit einer Klebemasse aus Baumharz waren Pyritplättchen und Muscheln auf einen netzartigen Untergrund aufgeklebt worden. Ein einzigartiger Anblick in der unterirdischen Kammer, in der im Schein der Laternen die Perlen um den Toten glitzerten. Als Beigaben fanden sich leuchtend farbige Keramikgefäße (Abb. 83), eine Unzahl von Schmuck aus Muscheln und Schneckengehäusen, geschnitzte Knochen und insgesamt 260 besonders kunstvoll gearbeitete Gegenstände aus Jade (Abb. 82). Eine kreisrunde reliefierte Scheibe aus Glimmerschiefer mit Stucküberzug, als Ritualspiegel bekannt, trug einen Ring mit Glyphenschrift, wohl mit dem Namen des Herrschers versehen. Ein ganzes Schatzhaus hatte sich hier, ungestört von der Gier der Grabräuber, erhalten. Doch nicht der Wert oder die Schönheit des Einzelstückes, sondern die Aussage des in mühsamer Kleinarbeit dokumentierten Gesamtbefundes macht diese einzigartige Entdeckung so bedeutsam für die Archäologen.

Die Einheit des Siedlungsraumes

Während die Arbeiten in der kleinen Inselsiedlung seit 1988 abgeschlossen sind, gehen die Grabungen und Konservierungsarbeiten in den beiden riesigen Städten Yaxhá und Nakum weiter. Yaxhá ist nach Tikal die größte aller Maya-Städte in Guatemala mit mehreren Quadratkilometern Ausdehnung. Dort den Stadtplan mit allen Bauten im dichten Urwald zu vermessen, ist mühsam. In beiden Städten konnten inzwischen die Hochtempel durch langwierige Baumaßnahmen vor dem sicheren Untergang gerettet werden (Abb. 77).

Neben den großen Städten wurden im riesigen Untersuchungsgebiet auch Dutzende von kleineren Siedlungen, jeweils mit eigenem Zeremonialzentrum, mit Plätzen, Pyramiden und Tempeln, aufgesucht, vermessen und durch Sondagen zeitlich eingeordnet. Die meisten von ihnen sollen nicht weiter ausgegraben werden, doch müssen alle Raubgräberlöcher und Tunnels in mühsamer Handarbeit wieder zugefüllt werden, um die Bauten zu schützen.

Doch nicht nur die Städte wurden erforscht, auch die Feuchtgebiete zwischen diesen bergen Spuren menschlichen Lebens. Von kilometerlangen Urwaldschneisen nach beiden Seiten je 250 m ins Gelände vorstoßend, legen die Archäologen einen 500 m breiten Untersuchungsteppich, in dem alle Reste menschlicher Siedlung, Oberflächenfunde oder auch Hausplattformen, kartiert sind. Dieses breite Band gibt Aufschluß über die unerforschten Zwischenregionen und zeigt eine Fülle kleiner und kleinster Zentren mit Plätzen und massiven Bauten. Das Gebiet war also am Ende der Klassischen Zeit viel dichter und monumentaler bebaut als bisher angenommen. Die Spezialisten rechnen mit der ungewöhnlich hohen Bevölkerungsdichte von 200 Einwohnern pro Quadratkilometer.

Ein weiteres Arbeitsteam untersucht mit naturwissenschaftlichen Methoden, mit Pollenanalyse und Tiefbohrungen in den Sumpfgebieten die landwirtschaftlichen Anbaumethoden der Maya-Siedler. Stellenweise lassen sich alte Entwässerungssysteme und Hügelbeete noch ablesen, mitunter hilft der Einsatz von Bodenradar. Diese Arbeiten sollen die Frage beantworten, wie in einem so dicht bewohnten Gebiet die Nahrung für die Menschen produziert werden konnte.

Aber nicht nur archäologische Ruinen, auch die Krokodile im See, die Nagetiere im Unterholz und die zahlreichen Vögel gehören zu einem Urwaldreservat. So ist neben den Archäologen ein ganzes Team von Biologen und Forstwissenschaftlern dabei, eine allgemeine Bestandsauf-

Abb. 84   Nepal. Blick von Westen in das obere Tal des Dzong Chu, nach dem eponymen Heiligtum am östlichen Talausgang auch Muktinath-Tal genannt. Während das untere Tal eine nur karge Steppenvegetation mit fast wüstenhaften Zügen besitzt, herrscht in der oberen Talregion, im Muktinath-Becken, Oasencharakter vor. Im Hintergrund der Zugang zum Thorung-Paß. Das Dorf im Vordergrund rechts ist Khyinga.

84

nahme der Flora und Fauna dieses riesigen Gebietes zu erarbeiten. Ziel des mit deutscher Entwicklungshilfe finanzierten, multidisziplinären Projektes ist es, den historischen Lebensraum im Urwald des Petén-Tieflandes mit allen natürlichen und von Menschenhand geschaffenen Elementen zu erforschen und zu verstehen, allen voran die zahlreichen Pyramiden, Fürstengräber und Städte der Maya. Dies ist nur möglich, wenn zumindest in dieser Zone nicht nur die Hinterlassenschaften der Maya, sondern auch die Natur dauerhaft geschützt und als Naturschutzpark erhalten werden kann.

WWW

Burgen und Heiligtümer im Hohen Himalaja

Unwirtlich und unzugänglich, lebens- und siedlungsfeindlich – in diesem Ruf steht der Hohe Himalaja. Sein Hauptkamm zieht eine scharfe Klima- und Vegetationsgrenze, die den feuchtheißen indischen Subkontinent vom extrem trockenen Hoch- und Zentralasien trennt. Höhe, Hochgebirgsnatur und Trockenheit charakterisieren die in seinem Regenschatten liegenden Hochtäler auf der Nordabdachung als einen extremen Grenzraum der bewohnten Erde. Feldbau

ist in diesen Tälern nur durch künstliche Bewässerung möglich. Alpine Steppen und Hochwüsten mit vereinzelten Inseln grüner Taloasen prägen das Landschaftsbild. Und doch ist der Himalaja-Hauptkamm nicht nur Klima- und Landschaftsscheide, die bis zu etwa 50 km breite Zone des Hohen Himalaja ist auch Durchdringungsraum zweier Großrassen, zweier Weltreligionen, zweier Hochkulturen, die Schnittstelle des tibetisch-chinesischen und des indischen Kulturerdteils. Das dichte Nebeneinander grundverschiedener Ökosysteme und unterschiedlich ausgeprägter Kulturlandschaften, die enge Nachbarschaft und die über weite Zeiträume historischen Schicksalsgemeinschaften verschiedener Rassen, Sprachen, Religionen und Kulturen machen den Himalaja zu einem einzigartigen landschaftsarchäologischen und kulturgeschichtlichen Laboratorium. Durch den Reichtum der im Schutz seiner abgelegenen Hochtäler konservierten Relikte, der hier noch weitgehend intakten und lebendigen architektonischen, künstlerischen und literarischen Tradition des alten Tibet ist der Hohe Himalaja heute auch zum wichtigsten Arbeitsfeld der historischen Tibetforschung geworden.

Archäologisch war der Himalaja vor 1990 unerforscht, eine *terra incognita*. Eine Handvoll isolierter Zufallskomplexe

wie die eisenzeitlichen Gräber von Leh in Ladakh, dazu viele Streufunde aus den Fußlagen des Vorderhimalaja, zumeist Steingeräte aus der Alt- und Jungsteinzeit, vermittelten eine nur vage Vorstellung von der vor- und frühgeschichtlichen Besiedlung des Himalaja. Der Beginn einer planvoll systematischen Archäologie im Himalaja datiert in den Frühsommer 1990. Den Anfang bildeten ausgedehnte Geländebegehungen sowie vereinzelte Sondagen, durchgeführt von Archäologen der Kommission für Allgemeine und Vergleichende Archäologie (KAVA) des Deutschen Archäologischen Instituts und der Universität Köln. Im Rahmen des Projekts «Archäologie der Schutz- und Herrschaftssiedlungen in Mustang» fand dann im Sommer 1991 die erste stratigraphische Plangrabung im Himalaja überhaupt statt. Dieses KAVA-Projekt ist konzeptionell eingebunden in das DFG -Schwerpunktprogramm «Tibet-Himalaja», wird aber finanziell ausschließlich vom Deutschen Archäologischen Institut getragen. Unter dem Dach dieses Schwerpunktprogramms arbeiteten zwischen 1991 und 1998 Fachwissenschaftler mehrerer Disziplinen eng im *Nepal-German Project on High Mountain Archaeology*» zusammen: Tibetologen, Linguisten, Ethnologen, Geographen und Geodäten, Biologen, Bauforscher und Archäologen. Gemeinsam untersuchten sie, jeder mit den Methoden und aus der Perspektive seines Fachs, den Zusammenhang von Siedlungsprozessen und Staatenbildungen unter den extremen Lebensbedingungen des Hochgebirges. Sie gingen der Frage nach, welche ökologischen und soziokulturellen Faktoren den Siedlungsprozeß an der Höhengrenze der Ökumene gesteuert oder beeinflußt haben, wie und mit welchen Folgen der Siedlungsprozeß wiederum auf die alpine Umwelt eingewirkt hat. Historiker und Archäologen widmeten sich vor allem der tibetischen Siedlungsgeschichte und der «Tibetisierung» des nördlichen Himalaja, dem Werden der himal-tibetischen Kulturlandschaft.

Als Untersuchungsgebiet wurde eine klassische Durchgangslandschaft oder «transit area», das obere Kali Gandaki-Tal im Norden Nepals, ausgewählt. Entlang des Kali Gandaki verlief eine der ältesten und wichtigsten Handelsrouten durch den Himalaja, die Salzstraße zwischen Tibet und Indien. Hier im Mustang-Distrikt zwischen Lo Manthang und Jomosom, zwischen Kagbeni und Muktinath (Abb. 84) sind die für den Hohen Himalaja typischen Kulturlandschaftselemente in ihrer ganzen Vielfalt auf überschaubarem Raum konzentriert.

Die Mitarbeiter der KAVA sahen ihre vordringliche Aufgabe darin, die stratigraphisch-chronologischen Grundlagen für künftige Forschungen zu schaffen, ohne dabei das spezielle Zielobjekt «Burgen, Schutz- und Herrschaftssiedlungen in Mustang» aus dem Blick zu verlieren. So galt es zunächst innerhalb des strategisch wichtigen Dreiecks Jomosom, Kagbeni, Muktinath, zum einen historisch datierte Burgplätze auszugraben, zum anderen Siedlungsplätze zu finden, die über längere Zeiträume hin besiedelt und möglichst nicht durch neuzeitliche Baumaßnahmen gestört waren. Nach gründlichen Voruntersuchungen fiel die Wahl auf zwei Siedlungsplätze im Muktinath-Tal, die tibetische Burg von Dzarkot (Abb. 85) und den mehrperiodigen Siedlungshügel Khyinga-Kalun (Abb. 86), der Sage nach einst Herrensitz und Zentralort mit Burg und Heiligtum.

Die Burg von Dzarkot beherrschte das Muktinath-Becken, sicherte den Pilger-, Handels- und Heerweg nach Muktinath und Manang und sperrte den Thorung-Paß am östlichen Talausgang sowie die Kagbeni-Umgehung Richtung Tibet. Die Burg ist nach der historischen Überlieferung eine tibetische Gründung des 15./16. Jhs.: König A-mda-pal, Sproß einer aus dem westtibetischen Guge stammenden Adelsfamilie, der um 1430 Lo als ein autonomes tibetisches Königreich in Nordmustang etablierte, ließ zur Sicherung seiner Herrschaft und zur Befestigung der Grenzen neue Burgen errichten und ältere Burgen wiederherstellen. Eine Chronik berichtet, daß in diesem Zusammenhang zuerst die Burgen in Dzong und Kagbeni, später dann die Burg in Dzar erbaut wurden. Die Gründe für die offensichtliche Verlegung der Hauptburg von Dzong nach Dzar waren dabei nicht politischer oder strategischer Natur. Vielmehr heißt es in der Quelle: «Dieses Dzong ist nicht angenehm. Dzar ist ein offeneres Gebiet. In Dzar gibt es alle Arten von

Abb. 85   Frei steht die noch etwa 12,5 m hohe Ruine der Burg von Dzarkot auf der höchsten Stelle (3750 m) eines langgestreckten Hügelkammes, alle Bauten auf dem Plateau und auf dem Südwesthang, wo dicht an dicht die Häuser des Dorfes stehen, überragend. Die noch über vier Geschosse erhaltene Burg mißt in der Grundfläche etwa 10 x 15 m.

Abb. 86   Khyinga-Kalun von Südwesten; der Siedlungshügel ist eine der mehr als 40 Orts- und Flurwüstungen im Tal, Zeugnisse einer bewegten Siedlungsgeschichte in einem ökologisch labilen und historisch sehr dynamischen Lebensraum. Der Hügel erstreckt sich fast 130 m in nördliche Richtung, mißt in der Breite bis zu 80 m.

85

86

Erde. Auch gibt es alle Arten von Gras.»
Nach Dzar gekommen, errichteten die
Gründer zuerst ein großes Haus, aber in
der Furcht, «auf uns mag ein Krieg zukommen, was sollen wir dann machen?»,
beschlossen sie später eine «Kriegsfeste»
zu bauen: «Nun wollen (wir) etwas
bauen, wo der Feind nicht rankommt.»

Die Burggrabung in Dzarkot 1992 be-
stätigte die historische Datierung. Radiokarbondaten und die Keramik des Grün-

*Abb. 87   Tiergestaltige Riemenplakette aus
Grab F 2006. In hochauflösend abstrakter
Weise ist ein liegendes Huftier, vielleicht ein
Pferd, mit untergeschlagenen Beinen dargestellt. Nach Stil und Technik handelt es sich
um eine aus der inneren Mongolei importierte Ordosbronze (4.–2. Jh. v. Chr.).*

*Abb. 88   Avers einer Sri Mananka-Münze
von Khyinga; es handelt sich um eine Kup-
fer-Eisenlegierung; über dem Bild des
Löwen die Legende «Sri Mananka». Die aus
einem Schichtzusammenhang der Periode II
geborgene Münze ist zwischen 590/594–605
zum Gedenken an König Manadeva I.
(464–505) geprägt worden. Sie veranschau-
licht exemplarisch die in Khyinga II auffällig starken Südbeziehungen der Siedlung mit
zahlreichen Importen aus Nordindien und
dem Kathmandu-Tal.*

dungshorizontes deuten auf die Errichtung der Burg zwischen 1450 und 1500.
Ein Schnitt quer zur verstürzten Stirnseite
der Burg erschloß unter anderem einen
asymmetrisch-rechtwinkligen An- oder
Vorbau, eine turmartige Konstruktion, in
der auch der Eingang lag. Die Bruch-
steinfundamente der Burg waren unmittelbar auf eine 6–7 m mächtige Aufschüttung gesetzt. Die leider fundleere
Aufschüttung hatte keinen erkennbar
praktischen Zweck. Sie war vielmehr wie
vergleichbare Erdaufschüttungen im mit-
teleuropäischen Burgenbau ein reines
Repräsentationselement, diente allein der
Überhöhung, dem Vergleich auch mit
der auf der anderen Flußseite auf Sicht
liegenden Feste Dzong: Bauen in die
Höhe als Mittel psychologischer Kriegsführung!

Hinweise auf einen Vorgängerbau hat
die Grabung in Dzarkot nicht ergeben.
Die Chance, im Muktinath-Tal eine der in
den Quellen erwähnten älteren Burgen
des 13. Jh. oder noch frühere Gründungen
zu finden, ergab sich im nur 3 km entfernten Khyinga. Das Dorf Khyinga
(3400 m) liegt auf halbem Weg zwischen
Kagbeni und Muktinath am linken Tal-
hang des Dzong Chu. Sowohl der Zugang
zum Thorung-Paß als auch weite Ab-
schnitte des unteren Tals sind von hier

87

88

aus einzusehen. Am östlichen Ortsausgang erhebt sich aus einer nahezu ebenen Feldflur ein Hügel von etwa 13 m Höhe, dessen Kuppe durch Siedlungsschichten von 7–8 m künstlich aufgehöht ist. Die lokale Überlieferung verknüpft mit dem Siedlungshügel die Sage vom «Herrn der hundert Pferde», dem Herrscher über 300 Häuser. Der «schlafende Hügel», so behauptet die Erzählung der Alten, berge tief im Inneren Palast und Burg dieses Herrschers. Während der Flurname «Kalun» einfach nur Ruine oder wüst gefallener Ort bedeutet, verweist der Ortsname Khyinga tatsächlich auf eine Burg: Er enthält im zweiten Glied das tibetische Wort «khar» für (Königs)Palast oder Burg. Ortssage und Ortsname nährten die Hoffnung, bei der Ausgrabung des Hügels auf eine noch unbekannte, auf die im Ortsnamen versteckte, indes in keiner Chronik erwähnte Burg, die Burg vielleicht des «Herrn der hundert Pferde», zu stoßen.

Die gemeinsam mit dem Department of Archaeology, Kathmandu, seit 1991 durchgeführten Ausgrabungen in Khyinga-Kalun bestätigten diese Hoffnung. Tatsächlich gelang es, eine unerwartet frühe burgähnliche Anlage des 1.–3. Jhs. n.Chr. nachzuweisen. Bedeutsamer noch als diese Entdeckung aber ist, daß in Khyinga erstmals im Himalaja an einem Ort eine stratigraphisch kontinuierende Sequenz mit einer über 1500 Jahre reichenden Siedlungsabfolge ergraben worden ist. Nach fünf Grabungskampagnen läßt sich auf der Grundlage von etwa 500 m² untersuchter Siedlungsfläche mit bis zu 8 m mächtigen Schichtenfolgen die Besiedlung von Khyinga-Kalun in drei größere, jeweils mehrphasige Ab

schnitte oder Perioden gliedern, von unten nach oben Khyinga I–III genannt. Die Besiedlung Kaluns setzte spätestens im 1. Jh. v.Chr. ein und endete mit Beginn des späten Burgenhorizonts Dzong-Dzarkot im 15. Jh. Während die jüngste und dritte Siedlung (8./9. Jh.– 15. Jh.) weite Strecken der bereits schrifthistorisch dokumentierten Geschichte Mustangs erhellt, repräsentieren die erste und zweite Siedlung von Khyinga eindrucksvolle Zeugnisse aus der schriftlosen und zuvor völlig unbekannten Vor- und Frühgeschichte des Hohen Himalaja.

Irgendwann im 2. oder 1. Jh. v.Chr. wurde in Khyinga eine Siedlung gegründet, kurz vor oder mit dieser Gründung eine größere Grabanlage errichtet. Dieses Grab zählt zu den aufregendsten Entdeckungen in Khyinga. Unter Schichten der zweiten Siedlung wurde 1998 ein schmaler, mehr als 2 m in den anstehenden Boden eingetiefter Schacht von etwa 1,9 m Breite angetroffen. Zwei vollständig in den gewachsenen Boden eingetiefte Bruchsteinmauern mit schießschartenartigen Blendfenstern begrenzen den Grabraum im Osten und Westen, so daß man von einem Grabkorridor oder Dromos sprechen kann. Auf der Sohle des Korridors fand sich ein mehrlagiges Gemenge von größtenteils im Verband liegenden Menschen- und Tierknochen, begleitet von etlichen Bronzen, Eisenobjekten, von Muschelkalkringen und mehreren hundert Perlen unterschiedlicher Materialien sowie größeren Mengen an schnur- und ritzverzierten sowie rot bemalten keramischen Gefäßen. Einige der Leichen sind allem Anschein nach vor der Deponierung enthauptet, ihre Schädel dann zum Teil separat im Grabraum auf

gestellt worden. Ob es sich bei dem Grab um ein einzügiges Massenbegräbnis oder um ein Kollektivgrab mit aufeinanderfolgenden Bestattungen handelt, ist gegenwärtig noch nicht sicher zu entscheiden. Nur ein kleiner Teil der Grabanlage konnte 1998 ausgegraben werden. Doch allein auf der bisher ergrabenen Fläche von nur 4 m² wurden bereits menschliche Skelettreste von 15–20 Individuen sowie die Überreste von 7–10 Pferden geborgen, dazu noch ungezählte Überreste anderer Haustiere, darunter auch Hunde. Das Grabinventar läßt einen nördlich-zentralasiatischen Hintergrund erkennen, findet Analogien des 4.–1. Jh. v.Chr. vor allem im zentralasiatischen China, so im Tarimbecken und in den Ordossteppen (Abb. 87). Stratigraphisch ist das Grab das früheste Zeugnis der Siedlung. Es repräsentiert die ältere Phase der Periode I, deren Sachkultur allerdings, ob Architektur oder Keramik, sich von der der jüngeren «Burg»-Phase des 1. Jh. n.Chr. kaum unterscheidet. In dieser jüngeren Phase wurde dann im 1. Jh. n.Chr. unter deutlichem Bezug auf die Grabmauern eine burgähnliche Anlage über dem Grab errichtet, ein Fort, vielleicht auch Sitz einer kleinen Herrschaft. Diese durch sorgfältig gebaute Schießschartenmauern charakterisierte «Burg» ging Mitte des 3. Jhs. n.Chr. in einer Brandkatastrophe zugrunde, wurde wenig später aufgegeben, der Siedlungsplatz für mindestens ein bis zwei Generationen verlassen.

Im späten 4. oder im 5. Jh. n.Chr. wurde dann unter Verwendung noch stehender Architektur der Periode I die zweite Siedlung gegründet, repräsentiert vor allem durch den im Himalaja bisher beispiellosen Rasterunterbau eines Heiligtums. Während ganz im Gegensatz zum zentralasiatischen Kulturhintergrund der Periode I das Fundgut der zweiten Periode intensive Südbeziehungen (Abb. 88) bezeugt, Verbindungen mit dem Tal von Kathmandu oder mit Nordindien, weist die Architektur aus dieser Zeit erneut nach Norden, nach Tibet. Der in seiner Ausdehnung nahezu komplett erfaßte gitter- oder schachbrettartig gegliederte Unterbau mißt in der ergrabenen Fläche etwa 17 x 17 m und kann in das 5.–7. Jh. datiert werden. Erschlossen ist der monumentale Rasterunterbau von Westen her (Abb. 89). Über einen Treppenaufgang schreitet der Besucher durch ein Portal, betritt dann durch eine wohl zweiflügelige Tür eine Plattform, ein Galeriepodium, hinter der sich ein vermutlich als Säulenhalle konzipierter Hauptraum öffnete, möglicher Prototyp einer tibetischen Versammlungshalle, eines Dukhangs.

89

Die Eingangsfront ist strikt nach Westen ausgerichtet, verschiebt sich deutlich gegenüber der Ausrichtung des dahinter liegenden Rasterunterbaus. Noch heute führt ein Weg vom Dorf direkt auf das Eingangsportal zu, so daß zu vermuten ist, daß diese Wegführung bereits im 6./7. Jh. existierte. Die von der Hauptachse des Gebäudes ohne Not abweichende genaue Westausrichtung der Eingangsfront läßt strikte Regelvorgaben für den Bau vermuten. Dies spräche für die Deutung als Sakralbau. Mehr für ein Heiligtum als für einen weltlichen Repräsentationsbau sprechen auch symbolische Elemente im Grundriß wie das Schachbrettmuster des Rasters oder die von tragenden Mauern gebildete Figur einer rechtsläufigen, also buddhistischen Swastika.

Einen möglichen Schlüssel zum Verständnis der Anlage und ihrer Bausymbolik liefern tibetische Quellen zur Baugeschichte des ältesten buddhistischen Tempelkomplexes Tibets, des «Rasa Trülnang Tsulakhang» oder Jhokang in Lhasa. Gebaut in der Mitte des 7. Jhs. von der aus Nepal stammenden Gemahlin des tibetischen Großkönigs Songtsen Gampo, stellt der unter Beteiligung nepalesischer Bauleute und Handwerker errichtete Unterbau des Jhokang nach der Baulegende eine Summe von Ideen, Traditionen und Ansprüchen verschiedener gesellschaftlicher Gruppen dar: Um den Wünschen der Bonpo, der Vertreter der vorbuddhistischen Religion Tibets, zu entsprechen, wurde das Fundament im Viereck oder Quadrat in Form einer Swastika angelegt. Nach Vorstellung der buddhistischen Mönche sollte der Grundriß im Ganzen ein Mandala ergeben, eine regelhaft geometrische Figur mit einem definierten Zentrum, wobei vor allem an die Anlage der in den vier Hauptrichtungen liegen-

den Türen gedacht war. Im Schachbrettmuster des Rasterunterbaus schließlich manifestierte sich die Volkstradition der tibetischen Untertanen. Analoge Konstruktionen finden sich auch in den alttibetischen Königsgräbern des Yarlung-Tales. Ob allerdings der Rasterunterbau von Khyinga auf regionale oder auf tibetische Traditionen zurückführt, ist fraglich. In jedem Fall ist er um etwa 150–200 Jahre älter als der Jhokang oder die tibetischen Königsgräber, wäre mithin eher unter die möglichen Prototypen zu rechnen, die ihrerseits wohl in der buddhistischen Architektur Indiens wurzeln.

Um ein Heiligtum oder eine kleinere Klosteranlage der Periode III könnte es sich auch bei dem etwa 20 m langen Bau mit reihenartig organisierten Zellenräumen handeln, der das Rasterfundament überlagert. Abgesehen von der Ortstradition, die das älteste Kloster von Khyinga auf dem Siedlungshügel lokalisiert, stützt diese Deutung auch ein Relief des 11./12. Jh. mit der Darstellung einer grünen Tara (Abb. 90), das kaum 100 m vom westlichen Zugangsbereich der Hügelsiedlung entfernt an einem alten Aufweg zum Hügel steht. Solche Reliefs gelten als typische Wegbegleiter, säumten vor allem Wege zu Heiligtümern oder Klöstern. Für ein Kloster und scheinbar auch für Kontinuität spricht, daß der von Mani-Steinen begleitete Eingang unmittelbar über dem Westportal des Periode II-Heiligtums lag. Von Kontinuität kann indes kaum die Rede sein, denn die im 8. oder 9. Jh. gegründete dritte Siedlung stellt einen radikalen Neubeginn dar. Der Bruch im Siedlungsgang dokumentiert sich in einer völlig veränderten Grundrißplanung und stark abweichenden Ausrichtungen. Auch die Sachkultur erfährt einschneidende Veränderungen, führt ältere Traditionen nicht weiter: So zeigt die Keramik völlig neue Formen und Waren und das übrige Kulturinventar nimmt seit dem 11./12. Jh. deutlich tibetisch-buddhistische Züge an. Nach einer weiteren Siedlungszäsur im 13. Jh. mit Brandhorizont und anschließender Neubauphase brach die Besiedlung Mitte des 15. Jhs. ab. Nach dem 15. Jh. fiel die Siedlung wüst und geriet in völlige Vergessenheit.

Die zahlreichen Tierknochenfunde aus der Siedlung lassen erkennen, daß sich mit Beginn der dritten Siedlungsperiode im 8./9. Jh. allmählich auch die Umwelt verändert: Charakteristische Veränderungen im Tierbestand zeigen an, daß die ehemals dichten Wälder verschwanden, das Klima trockener wurde, alpine Steppe und Hochwüsten sich ausbreiteten. Seit dem 11./12. Jh. erhielt die Kulturlandschaft nach und nach ihr unverwechselbar

90

tibetisches Gepräge. Hier liegen die Anfänge der himal-tibetischen Kulturlandschaft.

Einige Zäsuren in der Siedlungsentwicklung fallen mit einschneidenden historischen Ereignissen zusammen. So könnte das Ende der zweiten Siedlung im 7. Jh. oder zu Beginn des 8. Jhs. durch Ereignisse wie der tibetischen Eroberung Mustangs um 645 oder der Niederschlagung eines Aufstands gegen die tibetischen Besatzer 709 eine plausible Erklärung finden. Die «Tibetisierung» des Kulturinventars im 11. Jh. ließe sich eher mit der von Tibet ausgehenden Buddhisierung, weniger einer tibetischen Landnahme erklären und Zäsuren im späten Khyinga des 13./14. Jh. fallen mit der Eroberung und Annektierung Mustangs durch das südtibetische Königreich Gungthang zusammen. Das Ende Khyingas schließlich dürfte ursächlich mit den neuen Herrschaftsbildungen und Territorialordnungen im 15. Jh. zusammenhängen. Die im Projekt arbeitenden Geomorphologen haben allerdings auch Hinweise auf eine Naturkatastrophe gefunden, einen Bergrutsch als Anlaß der endgültigen Siedlungsaufgabe. Als Kultplatz indes bewahrte der Ort auch über das Ende der Hügelsiedlung hinaus Kontinuität und beopferter Kultplatz ist der Siedlungshügel auch heute noch. So erbitten vor Beginn jeder Grabungskampagne Lamas an drei Altären mit Rauchopfern und Gußspenden Verzeihung für das Verletzen der Erde, erflehen sie Segen und Unversehrtheit für das Dorf und für die Arbeit der Archäologen.

HGH

Abb. 89   Heiligtum oder Palast von Nordwesten; im Vordergrund rechts die Baureste der Eingangsfront mit dem Treppenaufgang zum Westportal und dem dahinter liegenden Rasterunterbau eines mutmaßlichen Heiligtums der Periode II (5.–7. Jh.).

Abb. 90   Tara-Relief von Khyinga; das von Vorbildern der indischen Pala-Kunst abhängige Relief des 11./12. Jh. zeigt in oder vor einer rahmenden Säulenarkade, die mit einem Stupa überwölbt ist, eine in entspannt, lässiger Haltung (lalitasana) auf einem Lotosthron sitzende Tara mit der Lotosblüte in der erhobenen linken Hand. Die rechte Hand zeigt den seltenen Gestus (mudra) der Integration von Weisheit und Geistestechnik.

TEMPEL UND HEILIGTÜMER

Von Zeus bis Zarathustra

Bauten für Götter und Kulte

Die Erforschung der Tempel und Heiligtümer der Götter, die meist zu den eindrucksvollsten und besterhaltenen Bauwerken vergangener Epochen gehören, zählt von Anfang an zu den traditionellen Arbeitsgebieten der Archäologie. Vor allem die Tempel der Griechen sind es, die zunächst in der Architektur der römischen Kaiser, dann in der Renaissance, im Klassizismus, im Neoklassizismus und schließlich in der Postmoderne vielfach nachgeahmt und verarbeitet worden sind. Zahlreiche Archäologen und Bauforscher befassen sich speziell mit diesen Bauten, ihrer Entstehungsgeschichte, Detailausbildung und Rezeption. Ob es sich um die Frage der Entstehung der Steinarchitektur überhaupt handelt oder um die schiere Größe und Monumentalität des ersten antiken Großbaus, des Hera-Tempels von Samos – in jedem Fall ergeben die Untersuchungen der Bauten und ihrer Ausstattung zahlreiche Hinweise auf die gesellschaftlichen Strukturen, die technischen Fähigkeiten und den künstlerischen Anspruch der Menschen, die sie errichteten.

Heute ist das Heiligtum von Olympia wohl das bekannteste der Antike. Was aber wissen wir wirklich vom sportlichen und kultischen Geschehen an diesem Ort? Schon im 19. Jh. wurde hier mit ausgedehnten Grabungen begonnen, die später, teilweise unter politischen Vorzeichen, wiederaufgenommen wurden und

noch heute andauern. Kann ein solcher Ort je vollständig erforscht werden? Die aktuellen Arbeiten rücken nicht nur romantische Vorstellungen vom friedlichen Wettstreit der Helenen zurecht, sie zeigen auch, daß der Ort der Olympischen Spiele noch lange nach seiner klassischen Blüte erhebliche Wirkungen auch auf andere Städte ausübte. Noch immer hat Olympia neue, aufsehenerregende Entdeckungen zu bieten, vor allem, da die moderne Altertumswissenschaft ihre Aufmerksamkeit nicht mehr nur auf die Blütezeit einer archäologischen Stätte richtet, sondern den Ort in seiner gesamten Entwicklung von den Anfängen bis in die Spätzeit zu erfassen versucht.

Für die Expansion römischer Kultur und ihre Vermischung mit lokalem Kultgeschehen stehen als Beispiel die gut erhaltenen Tempel des Hauran. Lokales vermischt sich hier mit Importen – und gerade die Schnittstelle zwischen beidem ist für die Forschung so interessant, da hier spezifische gesellschaftliche und politische Bedingungen greifbar werden. Schon mit der Erforschung lokaler Kulte Syriens verläßt die Archäologie den gewohnten Kulturkreis der klassischen Antike. Die sassanidischen Feuertempel des Iran schließlich liegen vollends außerhalb der bekannten antiken Welt (Abb. 91). Und doch hat gerade dieser exotische, bis heute praktizierte Kult enge Verbindungen zur neueren euro-

päischen Geschichte und Philosophie. Griechische Säulen, Olympische Spiele und die Lehren des Zarathustra machen deutlich, wie eng die Bezüge zwischen den Forschungsergebnissen der Archäologie und unserer neueren Geschichte sind. Das Verständnis vergangener Kulturen trägt so auch zum Verständnis unserer modernen Gesellschaft bei.   KR

«Seine Majestät hocherfreut über neue Funde ...» – Der früheste dorische Steintempel wird entdeckt

«Der hochaltertümliche griechische Tempel ... ist von Seiner Majestät dem Kaiser selbst in Korfu ausgegraben worden. Seine Entdeckung verdanken wir der zufälligen Auffindung eines Kalksteinreliefs neben dem Kloster der beiden Heiligen Theodoroi im Gebiet der antiken Stadt Kerkyra. Als Seine Majestät im Schlosse Achilleion von den ersten Skulpturenfunden hörte, eilte er zu dem Kloster und war dann selbst zugegen, als eine gewaltige, 3 m hohe Gorgo mit zwei mächtigen Raubtieren, als weitere andere Reliefs mit Kampfdarstellungen nach jahrhundertelangem Schlafe aus dem Boden emporstiegen. Es waren spannende und aufregende Stunden, wenn die großen Steine allmählich zum Vorschein kamen und sich bei der Freilegung als merkwürdige altertümliche Bildwerke herausstellten. Man erkannte bald, daß alle Stücke zu einer großen Komposition gehörten, die einst den Giebel eines altgriechischen Tempels geschmückt hatte.

Die griechische Regierung erteilte Seiner Majestät dem Kaiser, der die Arbeiten mit dem lebhaftesten Interesse verfolgt hatte, bereitwillig das Recht, die Grabungen fortzusetzen, den Tempel selbst zu suchen und den heiligen Bezirk ganz aufzudecken. Diese Arbeit wird nur während der Anwesenheit Seiner Majestät in Korfu ausgeführt und ist noch nicht beendet; im kommenden Frühjahr soll sie fortgesetzt werden. Aber schon sind außer den Giebelskulpturen die Fundamentreste und so viele Bauglieder des Tempel zutage gekommen, daß seine Ergänzung im Bilde möglich wurde.» Dies berichtet Wilhelm Dörpfeld, Bauforscher und Ausgräber des bis heute ältesten be-

kannten dorischen Tempels mit Wandaufbau und ringsum geführter Säulenstel-
lung aus Stein, am 27. Januar 1913.

Der Zufall hatte im Jahre 1911 zur Entdeckung des monumentalen Tempels der
Artemis auf der Insel Korfu geführt. Pu-
bliziert wurden die Befunde erst 1939/40
in Zusammenarbeit von G. Rodenwaldt,
H. Schleif, K. Rhomaios und G. Klaffen-
bach als es in Deutschland keinen Kaiser
mehr gab (Abb. 92). Zum Bericht Dörpfelds von 1913 sind noch ein paar interes-

Auf den vorhergehenden Seiten:

*Abb. 91   Takht-i Suleiman. Das Luftbild
zeigt den scharfkantigen Rand des Sees bzw.
des Quelltopfes. Nördlich davon liegen
nebeneinander die beiden sassanidischen
Feuertempel und der im Kern sassanidische
Palast. Erkennbar ist auch die Nordwestecke
der inneren Tempelummauerung und das
auf der nord-südlichen Hauptachse liegende
sassanidische Eingangstor zum Tempelbereich. Im Südwesten begrenzt die geschwungene sassanidische Aquädukt-Mauer heute
die grünen Kleefelder. In diesen zeigen Lese-
steine und Scherbenhaufen an, daß hier in
sassanidischer Zeit die zum Tempel gehör-
ende Siedlung gelegen hat. Die den See im
Westen, Süden und Osten umgebenden Ruinen sowie das große quadratische Gebäude
weiter westlich sind die Reste des ilkhani-
dischen Palastes aus dem späten 13. Jh.,
dessen in die sassanidische Ringmauer ge-
brochenes Tor zwischen den Häusern des
Ausgrabungslagers im Süden sichtbar ist.*

*Abb. 92   Korfu, Artemistempel. Rekon-
struktion der Frontansicht im Bauzustand
um 580 v. Chr. von H. Schleif (1939). Die
Front mit dem Gorgonengiebel ist der älteste
Beleg für einen bis auf den Dachstuhl voll-
kommen aus Stein errichteten Tempel im
dorischen Siedlungsgebiet. Bis auf geringe
Korrekturen in der Ausbildung des Kranzge-
simses (Geison) hat die Rekonstruktion bis
heute Gültigkeit.*

*Abb. 93   Korfu, Artemistempel. Postkarte
Mai 1914. Vor der meterhohen Verschüttung
erläutert W. Dörpfeld (mit hellem Hut rechts)
ein soeben gefundenes, reichverziertes Fragment der keramischen Dachrandverkleidung
(Sima) seinem Kaiser Wilhelm II. (links
neben Dörpfeld). Der Kaiser war bei der Auffindung zugegen und hält in seiner Rechten
ein kleines Schäufelchen.*

*Abb. 94   Ägina, Älterer Aphaiatempel. Der
um 570 v. Chr. aus Stein errichtete Tempel
brannte vom Dachstuhl her um 510 v. Chr.
aus und wurde für einen Nachfolgerbau ab-
gerissen. Die nur kurze Zeit des Bestandes
des Älteren Tempels und die Verschüttung
seiner Bauglieder in der Terrasse des jüngeren Tempels bewahrten vorzüglich die Far-
bigkeit der einzelnen Fragmente.*

93

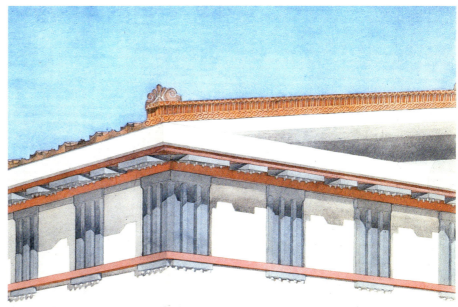

94

sante Bemerkungen nachzutragen: Ein
Korfiote war bei Grabungen in seinem
Garten auf Teile des Tempels gestoßen.
Der griechische Antikendienst wurde in-
formiert und berichtete seinerseits dem in

seiner Frühlingsresidenz auf Korfu wei-
lenden Kaiser Wilhelm II. von den Funden. Der Kaiser rief dann telegraphisch
Dörpfeld von der Abteilung Athen des
Deutschen Archäologischen Instituts zur

95

wissenschaftlichen Unterstützung nach Korfu. Wie bald aus Mitarbeiterkreisen gemunkelt wurde, ließ Dörpfeld nach der Aufdeckung weiterer Relieffragmente einen Teil davon wieder zudecken und Wilhelm II. in seiner Villa «Achilleion» benachrichtigen, um ihm eigenhändig die weiteren Entdeckungen zu überlassen (Abb. 93). Das begeisterte den Kaiser so sehr, daß er sich gerne von Dörpfeld zum Grabungsleiter erklären und auch die Grabungslizenz auf seinen Namen beantragen ließ. Damit aber stand der Grabung die kaiserliche Privatschatulle offen (1913 = 10 000 Goldmark).

Auch Dörpfelds Bemerkung, es werde «nur während der Anwesenheit Seiner Majestät» gegraben, entsprach keineswegs der Realität. Im Gegenteil, ein Telegramm des Kaisers aus Potsdam über «The Eastern Telegraph Company Ltd., Corfu Station» vom 24. Mai 1911 belegt: «Seine Majestät hocherfreut über neue Funde, danken bestens für Meldung. Anheimstellen wegen Abschlusses der Grabung ganz nach Ihrem Ermessen zu verfahren». Die ganze Angelegenheit darf somit als ein frühes Beispiel für äußerst erfolgreiches «fund raising» gelten.

Die geschickte Diplomatie Dörpfelds schmälert den Wert der Entdeckung und Publikation keinesfalls, wenn auch die anfängliche Frühdatierung von Dörpfeld noch in das 7. Jh. v. Chr. bald auf ca. 580 v. Chr. zurückgenommen wurde. Datiert ist der Tempel allein nach stilistischen Kriterien der Giebelreliefs, und es gibt auch unter den später entdeckten dorischen Steintempeln keinen, der mit Sicherheit früher datiert werden kann. Nur wenige Jahre jünger ist der vollständig aus Stein gebaute Vorgängerbau des Aphaiatempels in Ägina (Abb. 94), mög-

Abb. 95　Die einzige noch aufrecht stehende Säule des größten Tempels in ganz Hellas, die Kolonna des zweiten Dipteros (Baubeginn in den 30er Jahren des 6. Jhs. v. Chr.) im Heraion von Samos; Blick von Osten.

Abb. 96　Samos, Heraion. Der Grundriß der beiden Großbauten, Tempel und Altar, in ihrer streng axialen Anordnung. Zu beachten sind der doppelte Säulenkranz, mit dem der Tempel umgeben ist und seine riesigen Ausmaße im Vergleich zum Vorgängerbau, dessen Umriß in der Zeichnung eingestrichelt ist.

Abb. 97　Samos, Heraion. Eine der im Fundament des Nachfolgertempels eingebauten Säulenbasen. Bewundernswert sind die feinen, auf der Drehscheibe gedrechselten waagerechten Kanneluren.

| 0 | 50 | 100 m |

96

licherweise gleichalt oder geringfügig älter als der Artemistempel könnte der Apollontempel von Syrakus sein.

Dörpfeld war nicht der erste Forscher, der sich mit den Frühformen des dorischen Steintempels beschäftigte. Aufsehen erregte die archaische Tempelbaukunst, die seit 1811 durch die Ausgrabung, Vermessung und Rekonstruktion des Tempels der Aphaia auf Ägina von Cockerell und Haller von Hallerstein im Abendland bekannt wurde, zunächst durch die noch unbekannte Lebendigkeit der archaischen Giebelskulpturen um 500 v. Chr. mit dem mandelförmigen Augenschnitt und dem «archaischen Lächeln». Gleichzeitig begann auch die Forschung der Architekten, die die Vorwegnahme der klassischen Formensprache schon eine Generation vor dem Zeustempel in Olympia verwundert beobachteten. Die Forscher erkannten, daß die Höhepunkte der klassisch-griechischen Tempelarchitektur des 5. Jhs. v. Chr., die mit dem Zeustempel von Olympia (begonnen um 460 v. Chr.) und dem Parthenon auf der Akropolis von Athen (begonnen 449 v. Chr.) am besten belegt sind, nicht plötzlich entstanden waren, sondern ihre Vorgänger bereits in archaischer Zeit (7. und 6. Jh. v. Chr.) hatten.

Mit der Forschungsreise R. Koldeweys und O. Puchsteins in den Jahren 1892 bis 1894 nach Unteritalien und Sizilien und der Publikation ihrer Ergebnisse schon 1899 in einem voluminösen Band, wurden nun auf einmal Tempel mit greller Bemalung und ungewohnten Formen bekannt. Diese waren nicht, wie der Aphaiatempel, nur eine Generation älter als der Zeustempel von Olympia, sondern mußten fast 100 Jahre vor ihm in monumentalem Maßstab errichtet worden sein. In den 80er Jahren des vorigen Jahrhunderts brachten dann Tiefgrabungen auf der Athener Akropolis aus dem Schutt der Perserzerstörung nicht nur buntbemalte Skulpturen des 6. Jhs. v. Chr. ans Tageslicht, sondern auch verschiedenste bunte Architekturstücke einer ganzen Reihe von größeren und kleineren Sakralbauten des gleichen Jahrhunderts. Der Archäologe Th. Wiegand stellte diese Architekturfragmente katalogartig zusammen und legte 1904 neben der Zuweisung an einzelnen Bauten auch Rekonstruktionszeichnungen vor. Seitdem ist die baugeschichtliche Diskussion um die frühen Formen der dorischen Architektur und ihre Entwicklung zu einem intensiv geführten, fruchtbaren Disput zwischen Bauhistorikern und Archäologen geworden.

Alle anderen Tempel von der Wende vom 7. zum 6. Jh. v. Chr., an deren Ent-

deckung auch das Deutsche Archäologische Institut nicht unwesentlich beteiligt war, sind Mischformen, bei denen Steingewände, Lehmziegelmauern, Holzsäulen und Holzgebälk Verwendung fanden, z. B. das Heraion von Olympia um 600 v. Chr. oder der Artemistempel von Kalapodi noch um 570/60 v. Chr. Die Klärung dieser Frühformen bis hin zum ältesten reinen Steintempel, den Dörpfeld in Korfu ausgegraben hatte, gehört zu den hochaktuellen Themen der antiken Baugeschichte, deren zahlreiche, noch offene Fragen die Bauforscher auch noch im nächsten Jahrhundert beschäftigen werden. ELS

Monumentalarchitektur im Heraion von Samos

Die Bewohner der Insel Samos hätten den größten Tempel in ganz Hellas errichtet, so der antike Schriftsteller Herodot. Gemeint war das Heraion, das Heiligtum der Hera rund 6 km westlich der antiken Stadt. Die rühmenden Worte Herodots, lenkten schon sehr früh das Interesse auf diesen Platz. Die einzige Säule, die Kolonna, die noch heute von der Großartigkeit dieses Tempels zeugt (Abb. 95) und nicht nur die Landschaft beherrscht, sondern ihr auch den Namen gegeben hat, wurde von allen Reisenden bewundert. Erste Versuche, den dazugehörigen Tempel zu erforschen, scheiterten – ähnlich wie in Olympia – an einer meterhohen Schwemmschicht, die der Fluß Imbrasos im Laufe der Zeit abgelagert hatte. Es bedurfte einer gut organisierten Großgrabung, die schließlich von den Berliner Museen durchgeführt wurde. Das Heraion ist einer der Plätze aus der Pioniergeschichte der Archäo-

logie, die mit bis zu 300 Tagelöhnern freigelegt wurden – hier zusätzlich unterstützt von einer Lorenbahn der Firma Thyssen.

Mit diesen ersten Aktionen in den Jahren 1910 bis 1914 war die Stätte erschlossen, aber keineswegs erforscht. Als in den 20er Jahren die Grabung vom DAI übernommen wurde, war es das wichtigste Ziel, mit sorgfältigen Tiefgrabungen und Nachuntersuchungen das Bild des Heiligtums weiter abzurunden und zu ergänzen. Beeindruckten bis dato nur die mächtigen Fundamente des Tempels, waren es in der Folge immer mehr die zahllosen Kleinfunde, die in erstaunlicher Qualität und Vielfalt ans Licht kamen. Eine Fülle von Weihgaben unterschiedlichster Art und Form gab Aufschluß über die Verehrung der Hera und vor allem über die weiten Handelsverbindungen der Samier, die der Hauptgöttin ihrer Insel Votive aus aller Welt mitgebracht hatten. Von besonderem Rang aber waren die Marmorskulpturen, die die Archäologen zum ersten Mal mit dem ionischen Stil vertraut machten – Kunstwerke von höchster Qualität und kolossalen Ausmaßen.

Die Erforschung des Riesentempels

Diesem Fundreichtum standen die detaillierten Untersuchungen der baulichen Reste gegenüber, die das Heraion schnell zu einem der bedeutendsten Grabungsplätze in der Levante werden ließen. In der Absicht, die Frühgeschichte des heiligen Bezirks zu erforschen, gelang E. Buschor der Nachweis, daß es zu dem Riesentempel, dessen Ruine die Stätte beherrscht, einen Vorgänger ähnlichen Ausmaßes gegeben hat. Ohne jeglichen Hinweis aus den Quellen, gestützt ausschließlich auf

97

98

alten Vorgänger vor Augen hält – einen Tempel von rund 30 m Länge und 6 m Breite, der im Grundriß des Neubaues fast 25 Mal Platz hatte. Im Gegensatz zu diesem bescheidenen, für seine Zeit jedoch typischen Gebäude reichte für den neuen Riesenbau selbstverständlich nicht mehr ein eingespieltes Handwerkerteam; seine Errichtung war nur mit einer umfassenden Planung und einer perfekten Organisation zu bewältigen. Darüber hinaus war eine Reihe von neuen technischen Hilfsgeräten zu entwickeln, um die gewaltige Masse von rund 12 000 m³ Stein im Steinbruch zu gewinnen, zu transportieren, an Ort und Stelle herzurichten und zu versetzen. Das Gebälk und der Dachstuhl bestanden aus Holzbalken von riesigen Ausmaßen, für die Dachfläche von mehr als einem halben Hektar mußten wenigstens 10 000 Flachziegel von 80 x 80 cm hergestellt werden; eine ebensolche Anzahl von Deckziegeln war notwendig, um die Stoßfugen abzudecken. Eine unvorstellbare Masse von Ton war dafür zu verarbeiten.

Diese enorme Leistung der Samier wird zusätzlich gesteigert, wenn man sich das sonstige zeitgenössische Bauschaffen in Griechenland vergegenwärtigt: Während die griechische Architektur bislang aus Holz und Lehmziegeln bestand und nur in den Kunstzentren Athen, Korinth und Argos erste Versuche in Stein gewagt wurden – dort allerdings in bescheidenem Maßstab –, hatte man in Samos einen Tempel von unvorstellbaren Ausmaßen errichtet. Erfahrungen von anderen vergleichbaren Baustellen waren folglich nicht verfügbar, jeder Handgriff für den Umgang mit Stein und noch dazu in solchen Dimensionen mußte erst entwickelt werden. Trotz dieser Schwierigkeiten wurde der Tempel in einer Generation fertiggestellt – stolzes Zeugnis einer äußerst prosperierenden Epoche und vor allem eines auf Aufbruch sinnenden Geistes.

Zum gleichen Bauprogramm gehörte neben dem Tempel auch ein entsprechender Altar. Ins Auge fallen auch bei diesem Bau die enormen Ausmaße und vor allem

---

einen spärlichen Grabungsbefund von wenigen Fundamentresten und sorgfältig beobachteten Raubgräben, konnte er den Grundriß dieses Baues rekonstruieren – einen rund 52 mal 105 m großen Tempel, der offensichtlich von einem doppelten Säulenkranz umgeben war (Abb. 96). Der älteste «Dipteros», 575–560 v. Chr. errichtet und auch heute noch Synonym für die Pracht der ionischen Architektur, war archäologisch erfaßt.

Die Rekonstruktion dieses Tempels weist nur wenige Lücken auf, kontrovers bleibt bislang vor allem die Höhe der Säulen, während für das Aussehen der sonstigen Bauteile kleine, aber ausreichende Belegstücke gefunden wurden. Für die aufgehende Architektur hatte man zwei verschiedene Steinsorten verwendet

– braunen Poros für die Wände und Säulenschäfte, weißen Kalkmergel für die Basen und Kapitellwülste der Säulen. Um diese Bauteile besonders anspruchsvoll zu gestalten, wurde eine eigene Methode entwickelt, die es erlaubte, die Werkstücke auf einer Drehscheibe regelrecht zu drechseln. Die feine Oberfläche der heute noch vorhandenen Werkstücke (Abb. 97) läßt keinen Zweifel an einer solchen Herstellungstechnik. Zu fragen bleibt für uns, wie ein Mechanismus ausgesehen hat, der es erlaubte, Steine von weit mehr als einer Tonne Gewicht in gleichmäßige Drehung zu bringen.

Unabhängig von solchen Detailproblemen fasziniert aber allein die Baumasse dieses Tempels, und das umso mehr, wenn man sich seinen knapp 100 Jahre

---

Abb. 98   Samos, Heraion. Das Antenkapitell des Altares; Rekonstruktion des in römischer Zeit erneuerten Profils.

Abb. 99   Samos, Heraion. Das Volutenkapitell der äußeren Peristase des zweiten Dipteros (um 480 v. Chr.). Die Rekonstruktion des riesigen Werkstückes – der Säulendurchmesser beträgt knapp 2 m – wurde aus einer Vielzahl von kleinen Fragmenten von G. Gruben erarbeitet.

seine streng konzipierte axiale Zuordnung zum Tempel. Der Altar hatte Abmessungen von 35,60 auf 16,80 m und sein Abstand zum Tempel war so bemessen, daß Altar und Vorplatz genau ein Quadrat ergaben. Die Verbindung der beiden Bauten wurde zusätzlich durch eine aufwendige Pflasterung betont; Tempel und Altar waren so als einheitliche Planung gekennzeichnet.

Eine vollständige Rekonstrukion des Altares steht noch aus, sein Schema ist jedoch geklärt: Eine 2,5 m breite, U-förmige Umfassungsmauer rahmte einen Stufenbau, der zum eigentlichen Altartisch hochführte. Besonders eindrucksvoll ist das Blattkranzprofil, das die Umfassungsmauer bekrönte und das uns in ausreichenden Resten erhalten ist, so daß seine Rekonstruktion gesichert ist. An den beiden Wandstirnen entwickelte sich dieses Profil zum größten Antenkapitell, das je in der griechischen Architektur verbaut wurde: Ein dynamischer Profilaufbau von mehr als 1,5 m Höhe (Abb. 98).

Am Altar ist ein Charakteristikum des gesamten Ensembles besonders eindrucksvoll zu zeigen, nämlich die Verwendung von unterschiedlichem Steinmaterial, die schon beim Tempel beobachtet wurde: Seine Umfassungsmauer war aus braunem Poros errichtet, der Stufenbau dagegen aus weißem Kalkmergel, und für die Abdeckung der Altarplatte wurde sogar grüner Serpentinit verwendet. Vergegenwärtigt man sich darüber hinaus die Bemalung der Zierprofile mit kräftigen Farbtönen in Gelb und Rot, bekommt man eine Vorstellung von der urwüchsigen Kraft dieser Architektur. Die Wucht der beiden Bauten – Tempel und Altar – mußte beim Zeitgenossen den Eindruck erwecken, als stünde er vor Schöpfungen aus einer anderen Welt, errichtet für die Ewigkeit.

diesem dramatischen Entschluß gegeben hat, ist unbekannt, sicher ist, daß ein Nachgeben der Fundamente in auch nur einer Linie quer zum Grundriß ausreichte, um die betroffenen Säulen in gefährliche Schieflage zu bringen. Das Gebälk wird dabei auseinandergerissen und der gesamte Tempel zu einer baufälligen Ruine. Der einzige Ausweg besteht dann in einem rigorosen Neuanfang.

Der Befund an Ort und Stelle zeigt, daß die Samier in den 30er Jahren des 6. Jhs. v. Chr. mit Entschlossenheit das Unterfangen in Angriff genommen haben. Die kaum vorstellbare Baumasse des ersten Dipteros wurde abgetragen, und zeitgleich wurde rund 40 m weiter westlich davon mit dem Neubau des zweiten begonnen. Die Verschiebung des Bauplatzes, in der Tradition eines griechischen Heiligtums völlig ungewöhnlich, läßt sich kaum anders erklären, als daß durch dieses Verlegen genau die Schwachzone gemieden werden sollte, die dem ersten Tempel zum Verhängnis geworden war. Mit organisatorischer Umsicht ist es dem zuständigen Architekten gelungen, das Abtragen des einen und das Errichten des anderen Tempels sinnvoll zu kombinieren und auch den Großteil des vorhandenen Baumaterials wieder zu verwenden, zum Teil einfach in den Fundamenten (Abb. 97), zum Teil durch Umarbeiten auch in der aufgehenden Architektur. Nur für den äußeren Säulenkranz wurde neues Material verwendet, hier dann zum ersten Mal im Heraion der Marmor.

Der Grundriß dieses zweiten Dipteros wurde trotz der genannten Schwierigkeiten noch reicher gestaltet als der des Vorgängers und mit einer tripteralen Front gesteigert. Für die Innensäulen der doppelten Peristase wurden die alten Werk-

steine umgearbeitet, lediglich für die Basen und Kapitelle wurden neue Werkstücke in Marmor zugerichtet. Die Säulen der äußeren Peristase wurden dagegen gänzlich in Marmor erstellt und von mächtigen Volutenkapitellen bekrönt. Beeindruckt von der reichen Verzierung dieses Baugliedes mit einem feinen Flechtwerk aus Blüten und Girlanden übersieht man leicht die riesige Dimension eines solchen Kapitells und sein Gewicht von rund 20 t (Abb. 99).

Der zweite Dipteros von Samos, den Herodot dann bei seinem Besuch bewundert und als den größten von ganz Hellas bezeichnet hat, wurde mit großem Elan begonnen. Aus der ersten Katastrophe wurden umfangreiche Konsequenzen gezogen, vor allem bei der Fundamentierung. Auf einem Unterbau aus reinem Meersand und einer Splittschicht wurde das eigentliche Fundament mit mächtigen Ausmaßen und zusätzlichen Hilfskonstruktionen errichtet. Die Fertigstellung dieses Neubaues war den Samiern aber dennoch nicht vergönnt. Nicht nur politisch-ökonomische Schwierigkeiten standen dem Projekt im Weg, es war erneut der schlechte Baugrund der dem Tempel zum Schicksal wurde – allen Maßnahmen zum Trotz. Die Bauarbeiten schleppten sich hin, wurden mehrfach unterbrochen und kamen nach rund 300 Jahren wohl endgültig zum Erliegen.

Das Resumee ist eindrucksvoll und deprimierend zugleich: In kurzer Zeit haben die Samier zwei riesige Tempel gebaut, die in der griechischen Welt bis dato ohne Vorbild waren. Der erste mußte nur kurze Zeit nach seiner Vollendung wieder abgetragen werden, der zweite konnte wegen der ungelösten statischen Probleme erst gar nicht fertiggestellt werden. Verfolgt man die weitere Geschichte,

Abbruch und Neubau

Und doch hatte der Tempel nur eine geringe Lebensdauer. Neuere Untersuchungen haben gezeigt, daß die Bauleute – offensichtlich bar jeglicher Erfahrungen mit solchen Dimensionen – die Probleme der Fundamentierung nicht richtig eingeschätzt hatten. Das gesamte Heiligtum breitet sich in einem Schwemmland aus, dessen Boden für größere Belastungen nicht geeignet ist. Während der Altar wegen seiner massigen Form durchaus Bestand hatte, traten beim Tempel sehr bald schwerwiegende Probleme auf, die letztlich zu seinem Abbruch führten. Wie der Zustand des Baues in der Schlußphase ausgesehen, was den Ausschlag zu

99

zeigt sich, daß beide Bauten die Entwicklung der ionischen Architektur in hohem Maße beeinflußt, ja geprägt haben, den Samiern selbst aber blieb der Erfolg versagt.   HJK

Der Schauplatz der Olympischen Spiele

Olympia bedeutet für uns heute mehr als die bekannte historische Stätte. Der in vierjährigem Turnus beschworene Geist olympischer Ideen steht für das Ideal des friedlichen Wettbewerbs der Völker, von dessen Verwirklichung die Menschheit auch an der Wende zum 3. Jt. noch weit entfernt ist. Die Ruinen von Olympia, die den historischen Ursprung dieses weltumspannenden Ideals bergen, sind durch die deutschen Ausgrabungen seit 1875 zum größten Teil freigelegt worden (Abb. 100). Das Olympische Stadion aber, die ruhmreichste Sportstätte des Altertums, blieb damals noch unter den meterhohen Schwemmschichten späterer Zeiten begraben. Erst ein halbes Jahrhun-

dert später reiften Pläne zur Ausgrabung des Stadions, bei denen zunächst weniger der wissenschaftliche Forschungsdrang als vielmehr die moderne olympische Sportbewegung und das wachsende öffentliche Interesse an der Ursprungsstätte der Olympischen Spiele den Anstoß gaben. Unter Archäologen dagegen herrschte lange die Meinung vor, daß bei einem solchen Unternehmen nur wenige Funde und kaum wissenschaftliche Erkenntnisse zu erwarten seien, die die Mühen und Kosten für die riesigen Erdbewegungen rechtfertigen würden.

Den äußeren Anlaß zur Freilegung des Stadions bildeten die Olympischen Spiele von 1936 in Berlin. Die Ausgrabungen zogen sich von 1937 bis 1942 und nach dem Zweiten Weltkrieg noch einmal von 1953 bis 1960 hin (Abb. 101). Anschließend wurde das Stadion, das auch im Altertum nur aus Erdwällen bestand und keine steinernen Sitzstufen hatte, in seiner ursprünglichen Gestalt, mit grasbewachsenen Zuschauerrängen, wiederhergestellt. Mit dem Abschluß dieser Arbei-

ten 1963 war ein ehrwürdiges, in seiner schlichten Größe beeindruckendes Denkmal der Sportgeschichte wiedergewonnen. Das Stadion gehört heute so selbstverständlich zum Gesamtbild Olympias, daß man sich kaum noch vorstellen kann, daß zu seiner Wiederherstellung einmal eines der umfangreichsten Ausgrabungsunternehmen des 20. Jhs. ins Werk gesetzt worden ist.

Aber auch die wissenschaftlichen Ergebnisse dieser Ausgrabungen waren, entgegen aller anfänglichen Skepsis, höchst bedeutend. So ließen sich aus der Stratigraphie der Zuschauerwälle und der Laufbahn verschiedene Entwicklungsphasen des Stadions ermitteln, das im Laufe seiner fast tausendjährigen Geschichte mehrfach verändert und erweitert worden war. Geradezu überwältigend aber war der Reichtum an Funden, insbesondere Bronzen, die beim Anschütten der Zuschauerwälle unter die Erde gekommen waren. Diese Funde bereichern unsere Vorstellungen von der Vielfalt und künstlerischen Qualität der Votive, die im 7.–5. Jh. v. Chr. aus allen Teilen der griechischen Welt nach Olympia geweiht worden sind. Darüber hinaus aber wurde durch das Fundgut aus dem Stadion noch ein wichtiger bedeutungsgeschichtlicher Aspekt des antiken Olympia erhellt:

Die Ausgrabungen in Olympia sind generell besonders reich an Waffenfunden: Helme, Beinschienen, Schilde, Panzer, Lanzen- und Pfeilspitzen etc. Dieses

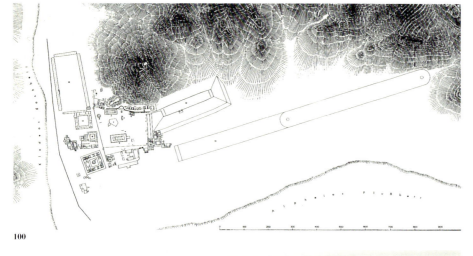

100

101

Abb. 100   Plan von Olympia im 3. Jh. n. Chr. – 1: Zeusaltar; 2: Pelopion; 3: Heratempel; 4: Zeustempel; 5: Demetertempel; 6: Schatzhausterrasse; 7: Statuenbasen; 8: Philippeion; 9, 10: Prytaneion; 11: Bouleuterion; 12: Stadion; 13: Hippodrom; 14, 15: Gymnasion; 16: Heiligtumsverwaltung, südöstlich davon Werkstatt des Phidias; 17, 18: Gästehäuser; 19–23: Bäder, z. T. mit Speiseräumen und Läden; 24: Vereinshaus der Athletengilden.

Abb. 101   Olympia, Freilegung des Stadions im November 1958.

Abb. 102   Orientalischer Helm aus einem Brunnen des Stadion-Nordwalls von Olympia, der nach der eingepunzten Inschrift «Die Athener haben von den Medern/Persern (den Helm) erbeutet und Zeus geweiht» aus der Schlacht von Marathon (490 v. Chr.) stammen muß.

Abb. 103   Ephesische Münze. Vs. Domitian im Lorbeerkranz (ΔΟΜΙΤΙΑΝΟΣ ΚΑΙΣΑΡ ΣΕΒΑΣΤΟΣ ΓΕΡΜΑΝΙΚΟΣ); Rs. Zeus Olympios mit Zepter, auf der vorgestreckten Hand Kultstatue der Artemis Ephesia (ΖΕΥΣ ΟΛΥΜΠΙΟΣ ΕΦΕΣΙΩΝ).

größte «Arsenal» griechischer Waffen
bietet heute im Museum von Olympia
einen einzigartigen Einblick in die hochentwickelte Herstellungstechnik und die
künstlerische Blüte des griechischen
Waffenschmiede-Handwerks archaischer
und klassischer Zeit.

Wozu aber soviele Waffen in Olympia?
Die Antwort auf diese Frage geben Inschriften, die in viele der Stücke eingraviert sind: Es sind Beutestücke, die nach
siegreichen Kriegen dem olympischen
Zeus geweiht worden sind. Vielfach sind
in den Votiv-Inschriften Sieger und Be-
siegte genannt, wodurch sich die Waf-
fenweihungen mit historischen Ereignissen in Verbindung bringen lassen. Der
berühmteste Fall ist ein orientalischer
Helm, der nach der eingepunzten Inschrift durch die Athener von den Persern
erbeutet wurde und deshalb aus der
Schlacht von Marathon, 490 v. Chr.,
stammen muß (Abb. 102). Aber nicht
nur die Siege von Griechen gegen
fremde Völker wurden in diesen Waf-
feninschriften von Olympia gefeiert, sondern wesentlich häufiger Siege griechischer Stadtstaaten über andere Griechen,
wie sie für die politische Geschichte des
antiken Griechenlands so bezeichnend
sind. Diese innergriechischen Auseinandersetzungen bildeten ja auch den Hintergrund des Heiligen Waffenstillstandes,
unter dem alle vier Jahre die Olympischen Spiele stattfanden. Es war daher
eine besondere Überraschung, daß ein
großer Teil der Waffen im Stadion, und
zwar in und auf den Erdwällen der archaischen und klassischen Bauphasen des
Stadions gefunden wurde. Aus der Fund-
lage einzelner Stücke und der Beobachtung von großen Pfostenlöchern in der
Oberfläche der Stadionwälle geht eindeutig hervor, daß diese Beutewaffen
ursprünglich als «Tropaia», d. h. als Sie-
geszeichen in Form von mit Waffen
behängten Holzpfählen auf den Wällen
des Stadions ausgestellt waren. Für die
moderne Vorstellung vom friedlichen
Charakter der Olympischen Spiele mag
es eine schockierende Vorstellung sein,
daß ausgerechnet am Schauplatz der ath-
letischen Kämpfe und vor den Augen von
Zehntausenden von Besuchern solche
martialischen Denkmäler der kriegerischen Auseinandersetzungen unter den
Griechen aufgestellt waren. Aber auch an
diesen archäologischen Funden wird
deutlich, daß man das antike Olympia
nicht aus der Perspektive der modernen
olympischen Idee verstehen kann. Die
leitende Idee des antiken Olympia war
nicht der Friede, sondern der Sieg, sowohl im sportlichen als auch im kriegerischen Kampf. Dies geht aus vielen In-

102

schriften und Denkmälern Olympias her-
vor, und es ist auch nicht zufällig, daß das
Kultbild des Zeus im Haupttempel des
Heiligtums den Gott mit der Siegesgöttin
Nike in der rechten Hand zeigt.   HK

Des Kaisers neue Feste

Die Ausgrabungen des Deutschen Archäologischen Instituts im Südwest-
teil des Heiligtums von Olympia haben
nahe dem Leonidaion ein Gebäude der
2. Hälfte des 1. Jhs. n. Chr. mit außen
teilweise umlaufender Porticus und auf-
wendiger Marmorausstattung im Inneren
zu Tage gebracht (Abb. 100 Nr. 24;
Abb. 106). Sein zentrales Peristyl mit
Wasserbassin ist von repräsentativen
Räumen umgeben, von denen zwei jedoch nur gestampften Lehmboden aufweisen und damit für das Training von
Sportlern bestimmt gewesen sein könnten. Dies hat zu der Vermutung geführt,
man sei hier auf den örtlichen Sitz des
ökumenischen Athletenverbandes gestoßen, was, wie so manches andere an dieser Anlage noch weiterer Klärung bedarf.

1879

103

Ein Einzelfund weist allerdings weit über sie hinaus auf die Bedeutung, die das olympische Heiligtum und seine Spiele in flavischer Zeit hatten.

Es handelt sich um vier augenscheinlich zusammengehörige Fragmente einer dünnen Marmorplatte mit oberem Rand und den Resten von vier Zeilen einer Inschrift (Abb. 104). Man liest ihr unschwer Elemente von Namen und Titulatur Kaiser Domitians ab und kann dank des stereotypen Charakters dieser «Textbausteine» Inhalt und Aussehen der ersten drei Zeilen des Dokuments mit völliger Sicherheit rekonstruieren (siehe Kasten unten).

Entsprechend den epigraphischen Konventionen stehen dabei die ergänzten Partien zwischen [ ] und ist unter die teilweise nur in winzigen Teilen erhaltenen Buchstaben ein Punkt gesetzt. Daraus ergibt sich nach Auflösung der Abkürzungen für den Kaisernamen: *[Imp(erator) Caes]ar Divi Vespasian[i] f(ilius) Dom[itianus Aug(ustus)] [Ge]rman[i]cus pontif(ex) [ma]x(imus) tr[ib(unicia) pot(estate) III] im[p(erator)] VI [p(ater) p(atriae) co(n)s(ul)] X.*

Mit imperator VI ist glücklicherweise ein für die exakte Datierung dieser Inschrift entscheidendes Element erhalten. Die Chronologie der domitianischen Regierung (91–96 n. Chr.) ist allerdings in manchen Details ein notorisches Problem. Eine fortlaufende Ereignisgeschichte gibt es nicht (der 2. Teil von Tacitus' Historien, in dem sie stand, ist verloren), Suetons Biographie intendiert keine chronologische Präzision, und so muß man sich – so gut es geht – mit unzusammenhängenden Einzelnachrichten in der literarischen Überlieferung, mit Inschriften (viele sind natürlich nach der *damnatio memoriae* Domitians vernichtet worden) und mit Münzen, die für die Geschichte Domitians besonders wichtig sind, einen Kontext rekonstruieren. *Imperator* verwenden die römischen Kaiser seit Vespasian regelmäßig, und stereotyp gefolgt von dem ursprünglichen Cognomen *Caesar*, als Pränomen, aber sie verwenden *imperator* zusätzlich auch in republikanischer Tradition als Ehrentitel, der auf Akklamation durch das Militär nach echten oder als solche aufgebauten Kriegserfolgen beruht. Kriegerische Kaiser brachten es zu wiederholten Imperatorakklamationen, Domitian bis zu seiner Ermordung im September 96 n. Chr. auf 23, die im Kaisertitel als *imperator* + Iterationszahl festgehalten wurden. Als *imperator VII* erscheint Domitian Anfang September 84 n. Chr. auf einem Militärdiplom, *imperator V* ist er auf den Mün-

zen, die er ab Jahresanfang 84 n. Chr. geprägt hat. In die acht Monate dazwischen muß die sechste Akklamation gefallen sein, die auf unserer Inschrift anscheinend zum ersten Mal ausdrücklich dokumentiert ist; bisher hat man ihre Existenz nur erschließen können.

Domitian als Germaniensieger und Philhellene

Domitian ist am 14. September 81 n. Chr. seinem Tags zuvor verstorbenen Bruder Titus auf den Kaiserthron gefolgt. Im Gegensatz zu diesem und noch mehr zu seinem Vater Vespasian hatte er bis dahin, obwohl schon 30 Jahre alt, keinerlei militärischen Ruhm erwerben können. Um dieses Legitimationsdefizit zu beseitigen, hat er den Krieg gegen die Chatten vom Zaun gebrochen und ihm auch persönlich wenigstens von der Etappe in Mainz aus beigewohnt. In der 2. Hälfte 83 n. Chr. hat ihm der Senat für seine Erfolge den Titel *Germanicus* verliehen, und bei seiner damaligen Rückkehr nach Rom hat er einen Triumph *de Germanis* gefeiert. In der Münzprägung Domitians wird ab 85 n. Chr. *Germania capta* groß herausgestellt, erste Prägungen zum Thema gibt es etwa Mitte 84 n. Chr. Man hat das als Indiz dafür genommen, daß die beiden Germanischen Provinzen eben zu dieser Zeit konstituiert wurden und in diesem Zusammenhang Domitian mit unserer VI. Imperatorakklamation geehrt wurde. Wenn das richtig wäre, könnte man unsere Inschrift sogar auf wenige Wochen genau in den Sommer 84 n. Chr. datieren.

[IMP·CAES]ẠR·DIVI·VESPASIAN[I]·Ḟ·DOM[ITIANVS·AVG·]

[GE]Ṛ́MAṆ[I]CVS·PONTIF·[MA]X̣·TR[IBB·POT·III·]

IṂ[P·]VI·   [P̣·]P[·   COS·]X̣[·]

- - - - -NOṂ- -

104

Neben Germanien dürfte Domitian in dieser Zeit auch Britannien beschäftigt haben, wo er allerdings Agricola nach dessen großem Erfolg am Mons Graupius abberief und die römische Truppenpräsenz reduzierte, weil ein anderer Kriegsschauplatz Aufmerksamkeit zu fordern begann, der von Sarmaten, Germanen und Dakern bedrohte Donauraum, wo 85 n. Chr. bei einem Einbruch der Daker der Statthalter von Moesia vielleicht zusammen mit einer ganzen Legion umkam, Domitian persönlich eingriff und einen vorläufigen Sieg errang, der seine rasche Rückkehr nach Rom ermöglichte und Anfang 86 n. Chr. Anlaß für einen zweiten Triumph, den über die Daker, war. Der Fortgang des Krieges, der in der 2. Hälfte 86 n. Chr. eine erneute Balkanreise des Kaisers erforderte und erst Ende 88 oder 89 n. Chr. endete, braucht uns, 84 n. Chr. noch dunkle Zukunft, nicht mehr zu beschäftigen.

Domitian war ein gewissenhafter, engagierter, unangenehm autoritärer Verwalter seines Reiches und vor allem, ein um seine Selbstdarstellung sehr besorgter Monarch. Daß sein politisches Planen in

Abb. 104 Olympia. Mehrere Bruchstücke einer beschrifteten Marmorplatte ließen sich zu einem fortlaufenden Text ergänzen, der den römischen Kaiser Domitian als Stifter im Zeusheiligtum ausweist. Ein glücklicher Zufall hat es gefügt, daß in der arg zersplitterten Platte jene Angabe erhalten blieb, die den Zeitpunkt der Stiftung auf wenige Monate genau fixiert: Domitian war damals zum sechsten Mal zum Imperator ausgerufen worden. Das weist auf den Sommer des Jahres 84 n. Chr.

den für uns interessanten frühen Regierungsjahren ganz von den skizzierten Kriegen absorbiert gewesen sei, darf man nicht unterstellen. Als gloriose Lösung eines seit Augustus unbewältigten, für die Römer zudem besonders sensiblen Problems wurde der Germanensieg von 83 unverzüglich und systematisch zur Grundlage einer neuartigen Legitimation kaiserlicher Weltherrschaft ausgebaut, die sich in hellenistischer Manier auf Domitians persönliche Sieghaftigkeit berief und schließlich seine Unbesiegbarkeit behauptete. Im Dienst dieses universalistischen Anspruchs stand auch Domitians Philhellenismus, der von der Forschung trotz weitgehender Quellenverluste mit Recht konstatiert wurde, und hier liegt der Kontext für das neue Dokument, formal bloß ein weiteres Glied in der langen Reihe kaiserlicher Weih- und Widmungsinschriften, mit Buchstaben von etwa 6 cm Höhe und einer Gesamtbreite der ersten Zeile von ungefähr 2 m zwar stattlich, aber in der Gattung keineswegs besonders monumental. Am schwersten wiegt der Verlust des auf die Kaisertitulatur folgenden Textes. Aus den drei davon erhaltenen Buchstaben läßt sich wohl nicht mehr rekonstruieren, womit Domitian das Heiligtum von Olympia bereichert hat, nur daß er als dessen Wohltäter aufgetreten ist und in dieser Rolle auch sichtbar sein wollte, steht fest.

Unsere Inschrift hat eine schon wegen ihrer ebenfalls lateinischen Sprache auffallende Parallele in Delphi, dem anderen großen panhellenischen Heiligtum Griechenlands. Mit fast dreimal so hohen Buchstaben nahm dieser Text eine weit

mehr als doppelt so breite Marmorplatte ein, und hier ist die Angabe der von Domitian getroffenen Maßnahme erhalten: *templum Apollinis sua impensa refecit*, heißt es großartig, obwohl es sich allenfalls um eine neue Marmorverkleidung von Tuffsteinpartien der Cellaaußenwände gehandelt haben wird. Die Kaisertitulatur, mit der auch die delphische Inschrift beginnt, nennt ebenfalls die am 13. September 84 n. Chr. endende *tribunicia potestas III*, aber Domitian ist schon *imperator VI*. Damit ergibt sich ein ganz enger Zeitrahmen, der Mitte September 84 n. Chr. endet, im Hoch- oder Spätsommer 84 n. Chr. beginnt und die delphische Bauinschrift nur so kurz nach der unseren in Olympia plaziert, daß man nicht umhinkommt, die beiden für eine Art Zwillinge zu halten, die eine gemeinsame kaiserliche Intention verbindet.

Die im August/September 84 n. Chr. abgeschlossene Wiederherstellung des Apollontempels ist aber nicht das einzige, was Domitian für Delphi getan hat. Alle vier Jahre wurden dort seit Jahrhunderten die Pythien als musischer und sportlicher Weltagon durchgeführt, und im Vorfeld der Veranstaltung von 91 n. Chr. scheint es zu einem Dissens über den Festtermin gekommen zu sein, bei dem sich die Polisgemeinde von Delphi mit einer Gesandtschaft an Domitian wandte. Der Kaiser antwortete mit einem Brief und legte darin als sein Prinzip dar, daß Naturrecht und Frömmigkeit forderten, die bestehenden Kultgesetze einzuhalten und nicht an der Tradition, den *archaia ethe*, herumzumanipulieren. Es ist gut möglich, daß es sich nicht um eine isolierte Episode des Jahres 90 n. Chr. handelt,

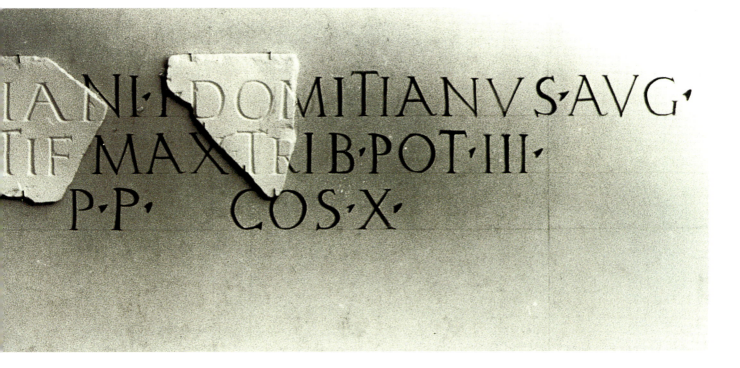

sondern Tempelreparatur und Korrespondenz sich als Indikatoren einer über die Jahre kontinuierlichen Anteilnahme Domitians am delphischen Heiligtum und dessen agonistischem Festival interpretieren lassen.

Vorbild Olympia: Olympische Spiele in Ephesos und Rom

Im Gefolge des propagandistisch so wichtigen Germanensieges hat der Landtag der Provinz Asia bei Domitian um die Genehmigung eines neuen Kaiserkultzentrums nachgesucht, und schon vor Oktober/November 85 n. Chr. war dieses nicht nur bewilligt, sondern auch so weit konkretisiert, daß Ephesos sich als sein Sitz bezeichnen konnte. Ein gewaltiger, mit seinem Dekor an den Erfolg im fernen nördlichen Barbaricum erinnernder Tempel wurde dort für Domitian und seine divinisierten Vorgänger errichtet, der Kultbetrieb spätestens im Herbst 89 n. Chr. feierlich inauguriert. In diesen Zusammenhang gehört die Veranstaltung eines ökumenischen agonistischen Festes in Ephesos, das mit seinem Namen, Olympia, seinem Programm, seinem sportlichen Reglement und seinem kultischen Ritual als Duplikat des altberühmten Festes im elischen Olympia konzipiert war. Ob die ephesischen Olympien damals neu gegründet oder neu belebt wurden, ist umstritten, zumindest das letztere ist gewiß, und natürlich war das Fest auch in Ephesos dem Zeus Olympios gewidmet. Er erscheint damals als Rückseitenbild einer einzigartigen ephesischen Münzemission (Abb. 103), deren Vorderseite die Büste Domitians zeigt und die mit dem neuen Festkomplex intendierte Assimilation des Kaisers an den olympischen Zeus noch für uns augenscheinlich macht. Wann das wie das elische Original im Vierjahreszyklus geplante Fest erstmals stattfand, ist nicht sicher festzustellen, selbst bei Annahme des spätest möglichen Termins im Jahr 89 n. Chr. muß man für den Beginn der Planungen und der nötigen Übernahmekontakte mit Olympia in die Entstehungsphase des neuen Kaiserkultes in Ephesos zurückgehen. So fragmentarisch unsere Kenntnisse auch sind: für die Domitiansinschrift aus Olympia und die Neuerungen in Ephesos scheint sich damit ein Kontext abzuzeichnen, in dem die ehrwürdigsten Traditionen griechischer Agonistik und das Haupt des griechischen Pantheons für die Selbstdarstellung Domitians funktionalisiert wurden.

Am allerdeutlichsten spricht für Domitians Interesse an griechischer Agonistik natürlich der *agon Capitolinus*, die καπετώλεια, die der Kaiser als ersten griechischen Agon im Frühjahr 86 n. Chr. in Rom durchführte und die dann in dem vorgesehenen Fünfjahres-Rhythmus bis ins 4. Jh. n. Chr. hinein wiederholt wurden. Auch diese Festgründung erforderte jahrelange Planungen und eine eingehende Auseinandersetzung mit den im Vorstellungshorizont der Zeit einfach obligatorisch als Modell dienenden griechischen Traditionsfesten, und 84 n. Chr., im Jahr der Weihinschriften von Delphi und Olympia, war das Projekt gewiß längst aktuell. Die *Capitolia* hatten ein dreigliedriges Programm von musisch-theatralisch-literarischen, sportlichen und hippischen Wettkämpfen, boten also mit superlativem Anspruch alles auf, was griechische Agonistik zu bieten hatte, und daß wenigstens für den sportlichen und hippischen Teil die Olympia als das griechische Erzfest Vorbild waren, ist nicht nur zu vermuten, sondern dadurch gesichert, daß das *Capitolia*-Fest einmal geradezu als *Kapetoleia Olympia* von Rom bezeichnet wird. Daß die delphischen Pythien für den musischen Teil eine ähnliche Rolle spielten, ist nicht so deutlich, studiert wurden sie für die Festgründung mit Sicherheit. Als Agonothet, und natürlich im kompletten griechischen Agonothetenornat, was Sueton besonders bemerkenswert und wohl auch irritierend fand, fungierte der Kaiser höchst persönlich, anscheinend ein wesentlicher Punkt der Festaussage, denn, soweit sie nicht durch Abwesenheit verhindert waren, haben dann auch Domitians Nachfolger diese Rolle übernommen.

Daß der Höhepunkt der *Capitolia* eine βουθυσία, ein großer Opferakt mit vorausgehender Prozession und nachfolgendem öffentlichem Festessen, auch dies alles nach griechischem Vorbild, war, ist ausdrücklich überliefert, und nur für den modernen Betrachter ist es nötig, durch derartige Indizien immer wieder daran erinnert zu werden, daß ein Agon stets eine kultische, gottesdienstliche Veranstaltung war. Gewidmet war dieser Kultakt dem *Iuppiter Capitolinus* als dem Haupt der Kapitolinischen Trias, und wie alle Agonotheten trug Domitian eine Priesterkrone, auf der Büstchen der Festgottheiten, in unserem Fall Jupiters, Junos und Minervas, montiert waren. Die Priester, der *flamen Dialis* und das Kollegium der *sodales Flaviales*, die ihm bei der Agonothesie assistierten, trugen ebensolche Büstenkronen, nur war hier als viertes Bildnis noch das Domitians selbst angebracht.

Schon der ungeheure finanzielle und organisatorische Aufwand, den eine so prätentiöse Massenveranstaltung erforderte, läßt das Fest nicht als beiläufigen Zeitvertreib eines verspielten Autokraten, sondern als theatralische Inszenierung eines zentralen herrscherlichen Anliegens vermuten. In der Piazza Navona ist bekanntlich noch immer das Stadion zu erkennen, das Domitian eigens für den gymnischen Teil des Agons auf dem Marsfeld baute, das großartige Odeon, das den musischen Darbietungen diente, ist dagegen fast ganz verschwunden, gehörte aber im 5. Jh. n. Chr. noch zu den bestaunten Attraktionen Roms. Die Konkurrenten bei Domitians Selbstdarstellung waren der Vater Vespasian und der große Bruder Titus, die ihn immer im Schatten gelassen hatten: mit ihrem aus den Beutegeldern ihres jüdischen Krieges erbauten *amphitheatrum* und dem sagenhaften, hunderttägigen Fest in römischer Tradition, das Titus im Sommer 80 n. Chr. zur Einweihung gegeben hatte, war die Latte gelegt, an der sich Domitians neuer Agon messen können mußte. *Iuppiter Capitolinus* hat der sehr fromme Domitian besonders verehrt, seit er ihm in den Bürgerkriegswirren vom Dezember 69 n. Chr. seine Rettung aus dem brennenden Kapitol zu verdanken glaubte, und er hat seine Herrschaft in Münzserien, die 84 n. Chr. einsetzten und deren Botschaft von Poeten wie Martial, Statius und Silius Italicus verbalisiert wurde, als die eines von Jupiter erwählten Stellvertreters auf Erden legitimiert. Die erwähnte ephesische Stadtprägung paßt zu dieser hier nur ganz knapp anzudeutenden domitianischen Konzeption eines gotterkorenen Kaisertums und läßt mit der Verbindung von griechischem Zeus und römischem Jupiter dessen universalistische Konnotation sichtbar werden. Zu ihrer Propagierung und Popularisierung hat sich Domitian den *agon Capitolinus* ausgedacht. Dabei müssen sehr viele Fäden, organisatorische und ideologische, nach Olympia und zum Zeus Olympios als dem Herrn des ehrwürdigsten der griechischen Agone gegangen sein; etwas davon wird in der Weihinschrift von 84 n. Chr. trotz aller Zerstörung sichtbar, und darin dürfte die historische Bedeutung dieses Fundes liegen. MW

Ein neues Blatt in der Geschichte Olympias

Armenien, das Quellgebiet von Tigris und Euphrat, war zunächst für die Griechen, später dann auch für die Römer eine vertraute Region am Rande ihres Einflußbereiches. Dennoch ist es alles andere als selbstverständlich, daß ein

Angehöriger der armenischen Herrscherfamilie, der Prinz Varazdates, im Jahr 369 n. Chr. in Olympia als Sieger im Faustkampf bekränzt worden ist. Jener Varazdates galt nicht nur als der letzte namentlich bezeugte Olympiasieger der Antike, für den gesamten Zeitraum nach der 264. Olympiade im Jahr 277 n. Chr. war er überhaupt der einzige Athlet, von

Abb. 105 Olympia. Bronzetafel aus dem 4. Jh. n. Chr. Man erkennt die ganz verschiedenartigen Handschriften: manche Eintragungen sind markant und sorgfältig vorgenommen; das gilt besonders für die spätesten Eintragungen im unteren Drittel der Platte. Im mittleren Abschnitt sind manche Gravierungen so schwach und oberflächlich, daß sie nur mit Mühe zu entziffern waren. Die beiden Inschriften in der linken oberen Ecke wiederum sind möglicherweise bei der Herstellung der Platte mitgegossen worden. Ihr besonderer Rang zeigt sich auch darin, daß sie auf sehr viel ältere Erfolge Bezug nehmen.

Abb. 106 Der Fundort der Inschriftenplatte liegt innerhalb einer großen Anlage, die auf Grund der besonderen Raumkonstellation als Vereinshaus der kaiserzeitlichen Athletengilden identifiziert werden konnte. An seiner Fertigstellung war der römische Kaiser Domitian beteiligt.

dessen Erfolg in Olympia die antiken Quellen zu berichten wissen.

Konnte man noch von seriösen Wettkämpfen sprechen, wenn das Feld einem «Exoten» wie Varazdates überlassen blieb? Olympia, so mußte man aus dieser Quellenlage schließen, hatte seine Anziehungskraft als festlicher Treffpunkt aller Griechen, als Wettkampfstätte für die besten Athleten, bereits im späteren 3. Jh. n. Chr. eingebüßt. Einen solchen Niedergang Olympias lange vor der verordneten Einstellung des Kults durch christliche Kaiser führte man vor allem auf die unaufhaltsame Professionalisierung der Athleten während der römischen Kaiserzeit zurück. In der latenten Bedrohung des Mittelmeerraumes durch plündernde Germanenstämme («Heruler») im 3. Jh. n. Chr. erblickte man eine weitere Ursache für das frühe Ende Olympias.

Bei unseren Grabungen in Olympia trat uns 1994, eingraviert in eine Bronzetafel, ein Stück Heiligtumsgeschichte entgegen, die ein völlig anderes Bild vom Gang der Entwicklung im 4. Jh. n. Chr. zeichnet (Abb. 105). Auf diesem Dokument verkünden nicht weniger als 18 Athleten ihren Erfolg während der Olympiaden unmittelbar vor und nach dem obskuren Sieg des Varazdates. Die in diesen Inschriften vermeldeten Siege verteilen sich

105

106

auf die Spanne zwischen der 273. und 291. Olympiade, das entspricht dem Zeitraum von 313 bis 385 n. Chr.

Die Bronzetafel hat die beträchtlichen Abmessungen von etwa 75 x 40 cm. Am oberen und am linken Rand deuten feine Meißelspuren darauf hin, daß die 3–4 mm dicke Platte hier behutsam durchtrennt wurde. Allem Anschein nach war unser Dokument aus dem spätantiken Olympia ursprünglich einmal viel umfangreicher. Doch auch der erhaltene Ausschnitt ist bemerkenswert genug. Abgesehen von ihren Namen und der Zeitangabe ihres Erfolgs haben die Athleten weitere Angaben gemacht, die uns wichtige Aufschlüsse über den Charakter der olympischen Wettkämpfe im 4. Jh. n. Chr. geben. So erfahren wir, aus welchen Orten die Olympioniken stammen. Es sind ausschließlich griechische Städte: im Mutterland zum Beispiel Athen und Thespiai in Böotien. Stolz auf siegreiche Mitbürger konnten ferner Sardes und Smyrna, sowie Tenedos und Troas im östlichen Siedlungsgebiet der Griechen sein. Auch nach dem Zusammenwachsen des Mittelmeerraumes im Imperium Romanum wahrte Olympia seinen Charakter als eine vornehmlich von Griechen aufgesuchte Feststätte zu Ehren des Zeus. Die Zahl der Nichtgriechen, die von ihrem Recht der Teilnahme Gebrauch machten, hielt sich offensichtlich in Grenzen.

Bereits auf den ersten Blick erkennt man, daß die Beschriftung der Bronzeplatte nicht systematisch vorgenommen worden ist. Die Eintragungen verteilen sich unregelmäßig über die Fläche und unterscheiden sich vor allem auch in ihrer Sorgfalt und Ausführlichkeit. Bei genauerem Hinsehen stellt man schließlich fest, daß sie nicht in der chronologischen Abfolge der Siege angeordnet sind. Es handelt sich also auf keinen Fall um ein kontinuierlich geführtes Verzeichnis aller olympischen Sieger. Nur eine Auswahl der erfolgreichen Wettkämpfer ist hier verzeichnet. Nach den individuellen Schriftzügen zu urteilen, scheinen die Athleten die Eintragungen eigenhändig vorgenommen zu haben. Das fügt sich zu dem Fundort der Bronzetafel: geborgen wurde sie in einem Gebäudekomplex, der auf Grund seiner spezifischen Räumlichkeiten als das Vereinshaus einer Athletengilde identifiziert werden konnte (Abb. 100 Nr. 24; Abb. 106). Allem Anschein nach gewährt uns die Inschriftensammlung Einblick in das Mitgliederverzeichnis dieser Athletenvereinigung. Somit befinden wir uns mitten unter jenen Sportlern, deren Zusammenschluß zu einer Interessenvertretung als Hauptursache für den vermeintlichen Niedergang Olympias betrachtet wurde. Um so überraschender ist es, bei der Musterung der Eintragungen festzustellen, daß sich

an den Wettkampfdisziplinen seit der «guten alten Zeit» im 5. Jh. v. Chr. nichts geändert hat. Auch an der jahrhundertealten Einteilung der Wettkämpfer in die Altersgruppen «Männer» und «Knaben» hat man noch im 4. Jh. n. Chr. strikt festgehalten.

Die Inschrift bestätigt, was wir bei unbefangener Betrachtung der Angaben zum Berufsstand der Athleten des Altertums auch sonst erfahren: sie waren strengen Regeln unterworfen und fühlten sich ihrem göttlichen Patron Herakles nach den Normen einer sakralen Vereinigung verpflichtet. So haben gerade die Athleten dazu beigetragen, daß der Kultplatz zu Füßen des Kronoshügels bis in die Spätantike seine uralte Tradition wahrte.

Die 1994 geborgene Bronzeinschrift ist kein isoliertes Zeugnis für den langen Atem des Zeusheiligtums von Olympia. Schon in den Jahren zuvor sind wir bei unseren Grabungen auf vielfältige Hinweise gestoßen, die uns zu der Erkenntnis geführt hatten, daß der Kultplatz bis in die Mitte des 5. Jhs. n. Chr. in voller Blüte stand und unvermindert von großen Pilgerscharen aufgesucht worden ist. Die gegen Ende unseres Forschungsprojekts an das Licht beförderte Inschrift hat gewissermaßen «auf den Punkt gebracht», was wir zuvor aus zahlreichen Einzelbeobachtungen nur hypothetisch zu erschließen vermochten.   US

108

*Kulte und Tempel im Hauran.
Kaiserzeitliche Tempelbauten im
Hauran (1. Jh. v.–3. Jh. n. Chr.) – Zeug-
nisse lokaler Kulte in der Region des
Djabal al-Arab*

Die große Vulkanlandschaft des Hauran in Südsyrien war in der Antike vorwiegend ein Agrar- und Weideland, das aus zahlreichen kleinen Dorfgemeinden und wenigen städtischen Zentren bestand. Aufgrund seiner fruchtbaren Böden und seiner handelspolitischen Stellung als Bindeglied im Transitverkehr zwischen der zum Roten Meer führenden Weihrauchstraße im Süden und den großen Handelsstädten Phöniziens im Norden war der Hauran ein begehrtes Gebiet, das mehrfach von fremden Völkern okkupiert wurde. Bedingt durch diese historischen

Abb. 107   Vedute von L. de Laborde aus dem Jahr 1837: Qanawat, «Peripteraltempel».

Abb. 108   Qanawat, «Peripteraltempel», umgeben von modernen Betonbauten.

Gegebenheiten war die einheimische Tradition dem Einfluß fremder Kulturen ausgesetzt. Die hellenistischen Königreiche der Ptolemäer und Seleukiden, sowie Judäa, Nabatäa und schließlich die Römer hinterließen während ihrer Herrschaft Spuren ihrer eigenen Kultur.

Zu den eindrucksvollsten Zeugnissen antiker Architektur im Hauran gehören die monumentalen Tempelbauten aus der Kaiserzeit. Dem langlebigen Baumaterial Basalt ist es zu verdanken, daß die originale Bausubstanz mehrerer Tempelbauten in größeren Partien bis heute überdauert hat. Im 18. und 19. Jh. wurden die in abgeschiedener Landschaft liegenden Ruinen von Reisenden, Malern und Architekten aufgesucht und in Reiseberichten und Veduten dokumentiert (Abb. 107). Dabei waren aber weniger wissenschaftliche Aspekte als vielmehr die romantische Stimmung der Bauten von Interesse. Seit der Mitte des 19. Jhs. rückten die Monumente dann in das Blickfeld archäologischer Untersuchungen, wobei vor allem der Architektur besondere Aufmerksamkeit galt. Heute stellt sich aber nicht nur die Frage nach den formalen Eigenheiten

der Bauwerke, sondern auch nach deren Funktion und Bedeutung im täglichen Leben der lokalen Stammesgemeinden in dieser Region während der Kaiserzeit. Eine Antwort auf diese Frage vermag der architektonische Befund und die Ausstattung der Sakralbauten zu geben. Eine Reihe von Weih- und Stifterinschriften geben Auskunft darüber, wer die Auftraggeber waren und welchen Gottheiten sie die kostspieligen Prunkbauten weihten.

Durch den kontinuierlichen Abbruch antiker Bauten seit der 2. Hälfte des 18. Jhs. und durch die intensive Bebauung von Betonhäusern in jüngster Zeit ist die antike Bausubstanz der Ortschaften im Hauran weitgehend zerstört. Heute präsentieren sich die erhaltenen antiken Sakralbauten dem Betrachter entweder als isolierte, von modernen Bauten umringte Monumente (Abb. 108) oder als «romantische» Ruinen in einsamer Landschaft. Auf diese Weise zeigen sich die Bauwerke in einem von der ursprünglichen städtebaulichen Situation gänzlich abweichenden neuen Kontext. Bedingt durch diesen radikalen Wandel sind nur mit Vorsicht Aussagen darüber zu ma-

109

chen, in welcher Weise die Heiligtümer ursprünglich in die Stadt oder in das Umland eingebunden waren.

Mehrere monumentale Kultanlagen aus der frühen Kaiserzeit fallen durch ihre exponierte Lage in der Landschaft auf. Zu diesen gehört als eines der bekanntesten Zeugnisse im Hauran das Heiligtum in Seeia, dem heutigen Si, das 3 km südlich von Qanawat liegt. Die Anlage erstreckt sich in drei Terrassen über das von Osten nach Westen ansteigende Gelände eines Felssporns, an deren steilen Hängen im Norden und Süden ein Wadi verläuft. Jede Terrasse hat einen heiligen Bezirk mit einem Sakralbau, wobei der Tempel des Baalschamin als der wichtigste Kultbau auf der höchsten Terrasse am westlichen Ende des Felsplateaus in dominierender Lage aufragte. Diese Stelle gewährt einen weiten Ausblick nach allen Seiten über die Ebene des Hauran. Die heutige topographische Situation erweckt den Eindruck, daß das Heiligtum isoliert in einsamer Landschaft gestanden habe.

Die Verbindung der Kultstätte zu Kanatha, einem der städtischen Zentren in der Region des Djabal al-Arab, und deren Lage an einem Kreuzungspunkt dreier antiker Verkehrsrouten widersprechen aber dieser Annahme. Der Befund läßt vielmehr vermuten, daß die sakrale Anlage in Seeia häufig von Pilgern, Reisenden und durchziehenden Händlern und Kaufleuten aufgesucht wurde.

Zu den ausschlaggebenden Kriterien für die Wahl der Kultstätten gehörten die exponierte Lage und die Nähe einer Verkehrsstraße. Viele dieser Anlagen wurden nicht erst in hellenistischer oder römischer Zeit gegründet, sondern schon in der frühen Eisenzeit. Beispiele dafür liefern die Kultplätze in Burqusch und Seeia, deren abgearbeitete Felsplateaus auf eine uralte kultische Nutzung schließen lassen. Ein Kultbau aus der Eisenzeit könnte auch das auf dem Bergkamm eines Kraters liegende Gebäude in Mafali bei Qanawat gewesen sein. Dessen kyklopisches Mauerwerk besteht aus

massiven, polygonal zugehauenen Steinblöcken, zwischen deren Fugen kleine Füllsteine sitzen. Die Monumentalisierung von Kultbauten in hellenistischer Manier ist aber im Hauran nach dem heutigen Erkenntnisstand nicht vor dem 1. Jh. v. Chr. nachweisbar. Die Gründe für diesen formalen Wandel sind in dem politischen und sozialen Umfeld in dieser Epoche zu suchen.

Die Tempel

Im östlichen Hochland des Djabal al-Arab, hoch über dem Wadi in Muschennef liegt auf einem Plateau im nördlichen Bereich des heutigen Ortes mit gleichem

Abb. 109   *Muschennef, Tempelfassade.*

Abb. 110   *Muschennef, Tempel: Nordwestansicht mit Birka (Wasserreservoire).*

Namen ein Heiligtum mit einem der besterhaltenen Tempelbauten römischer Zeit
in Syrien (Abb. 109). Sein ungewöhnlich
guter Zustand erklärt sich durch die
Tatsache, daß das Bauwerk bis in die
jüngste Zeit als Versammlungsraum der
dort ansässigen Drusen benutzt wurde
und somit vom Abbruch weitgehend verschont blieb. Bis auf die Front und Partien der Südwand, die bei einem Erdbeben zusammenstürzten, blieben die
übrigen Wände weitgehend intakt. Die
Front wurde zu Beginn dieses Jahrhunderts von den Einwohnern des Ortes aus
den verstürzten Steinen in eigenwilliger
Weise wiederaufgebaut. Der aus Basalt-
quadern erbaute, 13,45 m x 9,60 m große
Podiumstempel zeigt im Grundriß ein
gängiges Schema: Zu den drei elemen-
taren Baupartien gehören die Eingangs-
halle und der aus Vorcella und Cella bestehende Innenraum.

Alle drei Raumeinheiten wurden in
ihrer ganzen Breite von hohen Gurtbögen
überwölbt und voneinander getrennt. Das
Bauwerk besaß ein Dach aus Steinbalken,
die auf Kragsteinen in den Cellawänden
und auf den Gurtbögen auflagen. Von
dem Heiligtum sind aber nicht nur der
Tempel, das Hauptgebäude, sondern auch
Partien des heiligen Bezirks, sowie mehrere kleine Räume südlich des Tempels

und ein aus dem Felsen gehauenes Was-
serreservoir bekannt (Abb. 110).

Im Gegensatz zu den Tempeln griechischer und römischer Prägung diente nicht
das gesamte Bauwerk in Muschennef als
Stätte für das Kultidol, sondern nur der
rückwärtige Teil, die Cella, die als der
Wohnsitz der Gottheit gilt. Dieses Adyton
war das Allerheiligste und durfte nicht
betreten werden. Seine Innenwände aus
großen Basaltblöcken mit grob behauener
Oberfläche waren aller Wahrscheinlichkeit nach ursprünglich mit einem Ver-
putz, einer Schlemmschicht aus Kalk,
versehen und vermutlich auch bemalt. In
der Regel besaß das Adyton einen in
der Cella zentral gelegenen Raum, der
unterschiedlich gestaltet sein konnte
(Abb. 111).

Gewöhnlich fanden die Kulthandlungen im Freien vor dem Tempel an einem
Altar statt. Bei den Sakralbauten im
Osten und speziell in Mesopotamien hatten bestimmte kultische Begehungen
auch im Innern des Tempels, in der Vorcella ihren Platz. Ein Zeugnis dafür liefern die Fresken aus dem Tempel der Pal-
myrenischen Götter in Dura Europos: In
der Vorcella vollzieht ein Priester namens
Konon im Gefolge seiner Kultgemeinde
Trank- und Weihrauchopfer. Im Hintergrund ist ein Gitter aus Holz zu sehen, das

die Vorcella von dem dahinterliegenden
Adyton abschirmt.

Vorcella und Cella der Tempelbauten
im Hauran sind durch Gurtbögen in
eigene Raumeinheiten unterteilt. Diese
Art der Gestaltung steht wohl in der Tradition der eisenzeitlichen Steinbauweise
im Raum Syrien und Palästina, während
die Gliederung der Wände durch Nischen
und Säulenordnungen sowie die Bildwerke aus hellenistischen Vorbildern ab-
zuleiten sind.

In der Regel verfügten die Tempelbauten im Osten über ein oder mehrere Trep-
penhäuser. Diese dienten als Zugang zum
Dach, auf dem kultische Zeremonien wie
Trank- oder Rauchopfer stattfanden. Rituelle Begehungen dieser Art werden in
den Schriften antiker Autoren erwähnt.
Nach dem Bericht des von Lukian verfaß-
ten Traktats über die Syrische Göttin op-
ferten die Priester des Heiligtums von
Hierapolis auf den monumentalen «Phal-
loi» der Propyläen in dem Glauben, daß
sie so den Göttern näher stünden und ihre
Gebete deutlicher gehört würden. Den
Angaben von Strabo zufolge errichteten
die Nabatäer auf den Dächern ihrer Häuser Altäre, an denen sie Rauch- und
Trankopfer darbrachten.

Auch wenn am Tempel in Muschennef
bis heute keine Treppe nachweisbar ist,

110

111

112

hatte das Gebäude wahrscheinlich einen Zugang zum Dach, da dieser für den Tempelkult notwendig war. Möglicherweise wurde er zerstört, als das Innere der Cella des Tempels in Muschennef in der Neuzeit zu einem Versammlungsraum umgebaut wurde. Die von den besonderen Anforderungen des Kultes bestimmte Raumanordnung im Tempel läßt darauf schließen, daß das Gebäude weder ein griechischer noch ein römischer Tempel war, sondern den Typus eines für diese Region charakteristischen lokalen Kultbaus wiedergibt.

Im Gegensatz zu den kultgebundenen Einrichtungen im Innern präsentiert sich das äußere Erscheinungsbild des Tempels in griechisch-römischer Form. Dazu gehören die Gestaltung der Front mit den zwei Säulen zwischen den Antenmauern, das Podium und die korinthische Ordnung. Die griechisch-römischen Formen dienten aber nur der architektonischen Gestaltung und Dekoration und waren nicht funktional mit dem Tempelkult verknüpft. Der Wunsch nach einem hellenistisch-römischen Äußeren sollte dabei offensichtlich die Ausübung einheimischer Kulte und die Verehrungsweise lokaler Gottheiten nicht beeinträchtigen. Die Front des Tempels war stets am aufwendigsten gestaltet. Zu dem reichen Schmuckwerk der Schauseite gehören nicht nur die Säulenordnung und ein darüberliegender Giebel, sondern auch die Wand der Eingangsfassade. Die Türrahmen der Portale sind häufig mit Weinranken und Blattfriesen verziert (Abb. 112), wobei sich allerdings die Vermutung einiger Forscher, die Weinranken aus dem

Heiligtum in Seeia seien Anspielungen auf den nabatäischen Gott Dusares, nicht bestätigen ließen. Das Motiv ist allgemein als Zeichen für Gedeihen und Prosperität zu werten, kennzeichnet aber nicht näher die Eigenschaften und das Wesen einer bestimmten Gottheit.

Kulteinrichtungen im Areal des Heiligtums

Das Heiligtum in Muschennef besitzt eine ganze Reihe kultischer Einrichtungen, die allgemeine Aussagen über die Ausübung lokaler Kulte erlauben. Während in Muschennef nur der Teil eines Hofes erhalten ist, der als Temenos, als heiliger Bezirk, diente, haben zahlreiche Heiligtümer im Osten gleich mehrere Höfe, die vermutlich spezielle Funktionen hatten. Ein prominentes Beispiel dafür bietet die Anlage in Seeia, bei der auf jeder der Terrassen ein eigener Tempel stand (Abb. 113). Einige Höfe wie der äußere Bezirk des Jupiter-Heiligtums in Damaskus oder der Vorhof des Schamasch-Heiligtums in Hatra hatten aber nicht nur religiöse, sondern auch merkantile Funktionen. Eine Bauinschrift aus dem Damaszener-Heiligtum besagt, daß der als Marktbezirk bezeichnete äußere Hof aus den Geldern des Tempelschatzes finanziert wurde. Dieser Aussage zufolge gehörte der äußere Hof zum Territorium des Heiligtums und wurde als Handelsplatz benutzt. Ein ähnlicher Sachverhalt findet sich im Schamasch-Heiligtum in Hatra: Aramäische Inschriften aus dem Vorhof bezeichnen diesen als «Duketa»,

was soviel wie Handelsplatz heißt. Die großen Vorhöfe der monumentalen Heiligtümer waren nicht nur Versammlungsplätze für die Pilger und Gläubigen, sondern vor allem Marktplätze. Nach dem bekannten Edikt am Nordtor des Zeusbezirks in Hossn Soleiman besaß das Heiligtum das Privileg, seine Waren steuerfrei zu verkaufen und verfügte somit über eine gute Einnahmequelle. Die im Osten weit verbreitete Verknüpfung von religiöser und merkantiler Funktion ist eine spezifische Eigenheit mesopotamischer Heiligtümer. Dabei waren aber die gewöhnlich allen Leuten zugänglichen Marktbezirke von den nur für das Kultpersonal bestimmten heiligen Höfen streng geschieden.

Zu den wichtigsten kultischen Handlungen zählte das Schlachtopfer. Gewöhnlich fand dieses im Temenos an einem Altar vor der Front des Tempels statt. Mit Sicherheit wurde dieser Ritus

Abb. 111   As-Sanamein, Tychaion, Innenansicht der Südwand. Im Zentrum befindet sich eine Apsis, die als Aufstellungsort des Kultbildes das Allerheiligste (Adyton) war.

Abb. 112   Slim, Haus des Scheichs. Detail des Rankenfrieses, Ende des 1. Jhs. v. Chr.

Abb. 113   Seei (Si), Heiligtum. Im Vordergrund Tempel 2 mit gepflastertem Bezirk. Nach hinten (westwärts) setzt sich der Bezirk des Baalschamin-Tempels fort.

Abb. 114   Baalbek, Heiligtum des Jupiter Heliopolitanus. Nordseite des Altarhofs mit Lustrationsbecken.

auch in dem heiligen Bezirk des Tempels in Muschennef vollzogen, von dessen Schlachtopferaltar aber keine Spuren erhalten sind. Ein anschauliches Beispiel liefert das Heiligtum des Qaar al-Bint in Petra, dessen Altar vor der Front des Tempels steht. Eine 6 m breite Treppe führte an der Südseite zur Plattform hinauf. In der Regel wurden die Opfertiere über einen eigenen Zugang zum Schlachtopferaltar getrieben. Im Hof des Bel-Heiligtums in Palmyra befindet sich ein solcher Zugang in Form einer 5 m breiten und 53 m langen Rampe, die durch einen einfachen Torbogen unterhalb der Portiken auf der Westseite in das Innere des Bezirks mündete. Breite Treppenstufen, die entlang der Rampe verlaufen, dienten wohl als Sitzbänke für die Kultgemeinde. Für die blutigen Opfer waren Waschbecken zur Reinigung notwendig. Die Waschungen nach dem Opfer vollzogen sich aber nicht in den Bassins, da sie das Wasser verunreinigt hätten, sondern an den umliegenden Wasserrinnen. Zeugnisse dafür liefern die beiden monumentalen Wasserbecken im Altarhof des Jupiter-Heiligtums in Baalbek (Abb. 114) und das südlich vom Schlachtopferaltar liegende große Bassin im Hof des Bel-Heiligtums in Palmyra.

Dem Schlachtopfer folgte das rituelle Bankett, das entweder in eigenen Räumen oder unter freiem Himmel abgehalten wurde. Dieser Zeremonie könnten die Treppenstufen in dem heiligen Bezirk des Tempels in Muschennef Rechnung getragen haben. Solche Platzanlagen werden nach einer im Temenos des Baalschamin-Tempels in Seeia gefundenen bilinguen Inschrift als «Theatron» bezeichnet. Auf diesem Platz fanden vermutlich sakrale Bankette oder auch andere kultische Begehungen wie die Präsentation von Idolen statt. Gewöhnlich hatten die Heiligtümer auch eigene Banketträume, deren Benutzung wohl eher in der kälteren Jahreszeit üblich war.

Zu den wichtigsten rituellen Begehungen gehören die Prozessionen. Bei diesen wurden die Götterbilder von den Teilnehmern der Kultgemeinde durch die Ortschaften getragen und an bestimmten Plätzen zur Schau gestellt. Auf einem Balkenrelief des Bel-Tempels in Palmyra ist eine Prozession dargestellt. Ein Kamel trägt auf seinem Höcker die mit einem Tuch bedeckten Idole, die weiblichen Teilnehmer tragen lange Gewänder und ihre Häupter sind mit einem Schleier verhüllt.

Lukian berichtet über eine Prozession im Heiligtum von Hierapolis, dem heutigen Membidj in Nordsyrien. An bestimmten Festtagen stiegen die Priester und die Gläubigen in einer feierlichen Prozession zu einem der Teiche hinab, um dort die Götteridole zu waschen. Lukian nennt diese kultische Zeremonie den «Hinabstieg zum See». Diesem Ritus trug auch die Anlage in Muschennef Rechnung: Hinter dem Tempel befindet sich weit tiefer gelegen ein künstlicher, aus dem Felsboden gehauener Teich, den die Araber Birka nennen. An der zu dem Teich gewandten Außenseite der originalen Umfassungsmauer des Temenos befinden sich Stufen einer Treppe in situ, die zur Birka hinabführte. Sie war über ein Portal zugänglich, von dem noch die Spuren einer Türschwelle mit Angel und einer Laibung vorhanden sind. Nach dieser Disposition zu schließen, wurde im Heiligtum von Muschennef ein Ritus vollzogen, der mit dem «Hinabstieg zum See» im Heiligtum von Hierapolis vergleichbar ist. Zahlreiche Kultbauten im Hauran wie das Heiligtum in Seeia, das

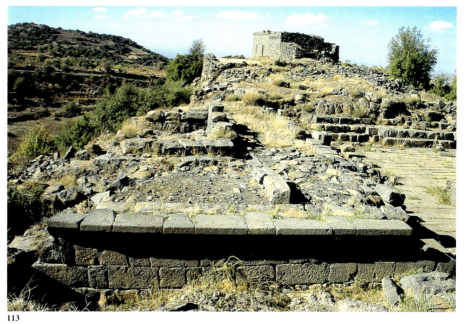
113

114

Tychaion von as-Sanamein oder die «Kalybé» in Umm al-Zaitun verfügen über eine solche Birka, zu der eine Art Prozessionsweg führte. An der Stätte, die ursprünglich als Steinbruch für den Tempelbau verwendet wurde, entstand infolge des Abbaus ein künstliches Becken, das nach der Vollendung der Anlage vermutlich als heiliger Teich für den Kult des Sakralbaus benutzt wurde. Die vielen Beispiele legen die Vermutung nahe, daß diese Zeremonie ein gängiger und weit verbreiteter Ritus im Osten war.

Die Götter

Nach einer Weihinschrift aus dem Tempel in Muschennef war der Sakralbau Zeus geweiht. Aller Wahrscheinlichkeit nach handelt es sich um einen lokalen Gott, der namentlich dem obersten Herrscher des griechischen Götterpantheons angeglichen ist. Von diesem Gott sind keine bildlichen Zeugnisse wie Reliefs oder Statuen überliefert, die Aussagen über dessen Wesen geben könnten. Das für die lokalen Stammesgemeinden im Osten traditionelle Götterbild ist eine einfache Steinstele, der Baitylos. Darstellungen dieser Idole auf Reliefs aus Petra und dem Hauran, sowie auf Tesserae aus Palmyra bezeugen deren weite Verehrung. Ein Relief aus Qanawat zeigt eine bogenförmige Nische mit einem profilierten Rahmen, in der ein Baitylos steht. Versinnbildlicht die Nische das Wohnhaus der Gottheit, so verkörpert die Stele die göttliche Präsenz.

Daneben gab es aber auch figürliche Versionen, die dieselben einheimischen Götter repräsentierten wie die Stelen. Das Nebeneinander anthropomorpher und stelenförmiger Götterbilder zeigt eine Tessera aus Palmyra, auf der eine bewaffnete Gottheit zwischen zwei Baityloi dargestellt ist. Eine spätseverische Münze aus Characmoba gibt die sitzende Gestalt einer Gottheit neben einem Podium mit Baityloi wieder. Angesichts dieser Zeugnisse ist es nicht ausgeschlossen, daß das Kultbild im Tempel von Muschennef in beiden Versionen zur Schau gestellt wurde. Vermutlich war mit dieser Art der Aufstellung die Absicht verbunden, die eigenen Götter auch in hellenisierter

Form zu präsentieren, ohne dabei aber die traditionelle Ausführung aufgeben zu müssen.

Die Tempelstifter

Nach den zahlreichen Weih- und Ehreninschriften aus dem Gebiet des Djabal al-Arab zu schließen, waren die Auftraggeber der Sakralbauten lokale Würdenträger der in dieser Region lebenden Gemeinden. In der frühen Kaiserzeit waren wohl einige der Bauherren Parteigänger des herodianischen Königshauses, das bis zum Tod Agrippas II. (um 100 n. Chr.) als Klientelkönigtum Judäa über die Auranitis herrschte. Diese Vermutung wird durch Ehrenkundgebungen für die Herrscher Judäas in diesem Gebiet erhärtet. Ein lokaler Würdenträger aus Seeia stiftete eine Ehrenstatue für Herodes den Großen und ließ diese in der Vorhalle des Baalschamintempels im Heiligtum von Seeia aufstellen. In al-Hayyat fanden sich vor der «Kalybé», einem Sakralbau, zwei Fragmente einer Stifterinschrift. Diese nennt als Auftraggeber eines Bauwerks Diomedes Dareios, der Eparch des Königs Agrippa II. war.

Ein verändertes Bild ergibt sich aus den Weih- und Ehreninschriften des 2. und 3. Jhs. n. Chr. Diese spiegeln wie die ar-

chäologischen Zeugnisse die intensive Romanisierung im Djabal al-Arab wieder. Die Auftraggeber waren in der Regel ebenfalls lokale Würdenträger, die aber im Dienst der römischen Militärverwaltung standen und somit Parteigänger Roms waren.

Die Romanisierung dieser Region kommt auch in der Gestaltung der Tempelfassaden und deren Bauornamentik zur Geltung. Dabei folgt vor allem die einheitlich gestaltete korinthische Ordnung in der Auswahl der Dekorelemente und deren Abfolge gängigen römischen Mustern. Im Unterschied zu den Gebäuden aus dieser Zeit zeichnen sich die frühkaiserzeitlichen Tempelbauten aus dem späten 1. Jh. v. und frühen 1. Jh. n. Chr. durch eine Fülle individuell gestalteter Dekorformen aus, die zudem in vielfältigen Variationen und Kombinationen auftreten. Die Sakralbauten im Hauran sind eindrucksvolle Zeugnisse für den Prozeß der Aufnahme von Vorbildern, die sich aus der hellenistischen Kultur ableiten lassen. Diese Formen wurden aber nicht direkt übernommen, sondern in eigenwilliger Weise abgewandelt und mit der eigenen Tradition in Einklang gebracht. Ungeachtet aller importierter Formen blieben aber die kultischen Einrichtungen unverändert, zumal die Einwohner jahrhundertelang an der traditionellen

Verehrungsweise ihrer eigenen Gottheiten festgehalten und stets wieder dieselben Kultpraktiken ausgeübt haben.   KF

Takht-i Suleiman
Tempel des sassanidischen Reichsfeuers Atur Gushnasp

Kaum eine Religion der Alten Welt ist so unbekannt und geheimnisvoll geblieben, wie die Lehre Zarathustras, des Propheten Alt-Irans. Die sonst so beredten Nachrichten der antiken griechischen und römischen Autoren machen über Glaubensvorstellung und religiöse Praktiken ihrer persischen Nachbarn und Erzfeinde durchweg unverstandene und eher verwirrende Angaben. Man wußte, daß die Perser das Feuer verehrten und hatte vage und verworrene Vorstellungen einer dualistischen Lehre ihres Propheten Zoroasters. Im Europa der Neuzeit führte das Unwissen über die alt-iranische Glaubenswelt dazu, diese als eine den christlichen wie islamischen Dogmen überlegene Weisheitslehre zu idealisieren, eine Auffassung, wie sie uns noch heute vom Zarastro in Mozarts Zauberflöte vermittelt wird. Im Gegensatz zu den Religionen der antiken Mittelmeerkulturen fehlte ein durch Sagen und Mythen illustriertes alt-iranisches Pantheon, und anders als von Islam, Juden- und Christentum kannte man nicht die heiligen Bücher des Zoroastrismus; diese, bzw. deren bei den zoroastrischen Glaubensflüchtlingen in Indien, den Parsen, erhaltene Reste, das Avesta, rückte erst im 18. Jh. in das Bewußtsein der europäischen Geschichtswissenschaft. Als aber 1771 der Franzose Anquetil du Perron die erste Übersetzung des Avesta vorlegte, stieß er fast überall

116

Abb. 115   Blick auf den Takht-i Suleiman von Südosten. Durch das Südtor in der Ringmauer fließt heute ein Bach über dem Rasenstreifen nach links. Ein älterer Bach zeichnet sich als geschwungene Kalkrippe im Vordergrund ab. Über dem Dorf und den Gärten links der Zendan-i Suleiman, ein Quelltopf wie der Takht-i Suleiman, der jedoch zu einem hohen Kegel angewachsen ist und rechts ein prähistorischer Grabhügel.

Abb. 116   Mobad, zoroastrischer Priester, vor Feueraltar in einem neuzeitlichen Feuertempel in Teheran. Der vasenförmige Altar kommt aus Indien. Das Feuer, zu dem Holzscheite verwendet werden, wird hier bei einer der täglichen Zeremonien zur Flamme entfacht, sonst glimmt es als Glut unter der Asche. Der Priester trägt ein Mundtuch, um das Feuer nicht durch seinen Atem zu verunreinigen.

auf Ablehnung und wurde der Fälschung bezichtigt; und auch als im frühen 19. Jh. die Seriosität seiner Übersetzung allgemein anerkannt werden mußte, gaben die Unklarheiten der fremdartigen Texte Anlaß zu unterschiedlichen Interpretationen und eher freien und willkürlichen Hypothesen. Noch Friedrich Nietzsche verkündete seine eigenen philosophischen Ideen als Weisheiten Zarathustras.

Auch in der archäologischen Forschung des 20. Jhs. fanden die inzwischen weitgehend erschlossenen religiösen und zeremoniellen Grundsätze des Zoroastrismus kaum die notwendige Beachtung. Das hatte besonders folgenrei-

che Auswirkungen in der Diskussion, die in der 1. Hälfte unseres Jahrhunderts um den Bautyp des iranischen Feuertempels geführt wurde. Während in allen anderen alten Kulturen der erhaltene Denkmälerbestand ein recht genaues Bild der jeweiligen religiösen Architekturformen vermittelte, ließ sich aus den nur oberflächlich erforschten Ruinen des vorislamischen Iran eine gesicherte und allgemein anerkannte Vorstellung von zoroastrischer Tempelarchitektur und von den in zoroastrischen Tempeln vollzogenen Kulthandlungen zunächst nicht rekonstruieren. Vielmehr gewann die in jeder Hinsicht auf falschen Voraussetzungen basierende Theorie vom allseitig offenen Baldachin-Tempel, dem Chahartaq, allgemeine Anerkennung, obwohl sie mit den zoroastrischen Kultvorschriften, die größtmögliche Abschirmung des heiligen Feuers verlangen, unvereinbar war (Abb. 116). Die Vorstellung der von Bergeshöhen weit ins Land hinein leuchtenden Feuer entsprach jedoch dem neo-romantischen Zeitgeist und faszinierte nicht nur das Laienpublikum, sondern auch die Fachwissenschaften.

Die letztlich nicht zu übersehende mangelnde archäologische Evidenz in diesem Problemkreis führte, als nach dem 2. Weltkrieg die Feldforschungen in Iran wieder aufgenommen werden konnten, zu der Entscheidung des Deutschen Archäologischen Instituts, einen großen iranischen Feuertempel zu untersuchen. Die Wahl fiel auf den heute als Takht-i Suleiman (Abb. 91. 115. 117. 118), Thron des Salomo, bekannten Ruinenkomplex in Aserbaidschan, das einzige aufgrund mittelalterlicher Quellen lokalisierbare der drei überlieferten Hauptheiligtümer des Sassanidenreiches (224–652 n. Chr.). Als Name des Feuers, das hier verehrt wurde, wird «Atur Gushnasp», Feuer des Hengstes, angegeben; es wird als das Feuer der Krieger bezeichnet. Nur zwei anderen Feuern wird die gleiche Bedeutung zugeschrieben: «Atur Farnbagh», dem Feuer der Priester in Fars und «Atur Burzin Mihr», dem Feuer der Bauern in Khorasan, beide bisher nicht lokalisiert. Wieweit die Angaben der Quellen, die erst aus islamischer Zeit stammen, wörtlich zu nehmen sind, insbesondere ob die Zuschreibung an drei Stände die Annahme einer gesellschaftlichen Drei-Klassengliederung des Sassanidenstaates rechtfertigt, sei dahingestellt. Wahrscheinlich waren die drei Feuer die in spätsassanidischer Zeit bekanntesten Wallfahrtsheiligtümer unter den zahlreichen Bahram-Feuern, d. h. unter den ranghöchsten, den normalen Adurian-Feuern übergeordneten kultischen Feuern Irans.

Den Quellen ist zu entnehmen, daß das «Atur Gushnasp»-Heiligtum das jüngste der drei Hauptfeuer war. Darauf weisen die Grabungsergebnisse hin, die auch die in den Quellen angedeutete besonders enge Verbindung mit dem sassanidischen Königshaus während der letzten beiden Jahrhunderte der Dynastie (Mitte 5. bis Mitte 7. Jh.) bestätigen. Der Takht-i Suleiman ist seit dem frühen 19. Jh. mehrfach von europäischen Reisenden besucht und beschrieben worden. 1937 führte eine amerikanische Expedition unter A. U. Pope hier einen ausführlichen Survey durch. Die Ausgrabungen des Deutschen

Archäologischen Instituts begannen 1959 und wurden 1979 durch die politischen Ereignisse im Iran unterbrochen.

Vor der Sassanidenzeit

Die Tempelanlage des «Atur Gushnasp» steht in einem Hochgebirgstal ca. 2200 m ü. M. an einem geologisch auffälligen Platz (Abb. 115. 117). Eine schwefelhaltige, stark Kalk ablagernde Thermalquelle hat hier eine ca. 60 m über den Talboden aufragende Felskuppe aufgebaut, auf deren Gipfel der Quellaustritt einen ovalen, ca. 70 x 115 m großen und ca. 60 m tiefen See bildet. Das natürliche Wachstum des Berges durch Kalksedimentation beim ungeregelten Abfließen des Quellwassers über die Ränder des Sees wurde erst unterbrochen, als die ersten Siedler des Hochtales das Wasser durch künstliche Kanäle auf ihre Felder leiteten. Als erste menschliche Spuren auf der Bergkuppe wurde bei der Grabung eine kleine, ärmliche Siedlung nördlich des Sees festgestellt, von deren Häusern nur Pflasterungen, Feuerstellen und Feldsteinsockel von Lehm- oder Lehmziegelwänden erhalten waren. In den Räumen und Höfen fanden sich zahlreiche Bestattungen in Grabgruben, die in den Felsuntergrund gehackt waren. Überschneidungen und Mehrfachbelegungen der Gräber lassen eine Besiedlungsdauer von mehreren Generationen vermuten, ehe die dann verfallenden Häuser von dem wieder unreguliert fließenden Quellwasser eingeschwemmt und mit einer Kalkschicht überdeckt wurden. Keramik, dreiflügelige Pfeilspitzen, einfache Schmucksteine und eine Armfibel datieren die Siedlung in die achämenidische Periode, d. h. ins 6./5. Jh. v. Chr.

Danach blieb die Bergkuppe für Jahrhunderte unbebaut, jedoch weist die relativ dünne Kalksedimentschicht über den Dorfruinen darauf hin, daß die Kanalisierung des Quellabflusses zu Irrigationszwecken bald wieder aufgenommen wurde. Das als Trinkwasser wenig geeignete schwefelhaltige Quellwasser und der abgrundtiefe, unheimliche und für Nichtschwimmer gefährliche See machen die Bergkuppe nicht zu einem bevorzugten normalen Siedlungsplatz; bis in die Gegenwart haben sich denn auch dörfliche Siedlungen an Trinkwasserquellen weiter unten im Tal gebildet.

In den ersten Jahrhunderten n. Chr. entstand wiederum am Nordufer des Sees eine kleine, polygonale Befestigung, von der der Feldsteinsockel einer Rundbastion freigelegt wurde. Fragmente der «clinky» oder «cinnamon»-Keramik da-

tieren diese im übrigen völlig fundarme Siedlungsphase in spätparthische oder frühsassanidische Zeit (1.–4. Jh. n. Chr.). Die Funktion der sehr kleinen Anlage, die kaum einen militärischen Wert gehabt haben kann, ist unklar.

Das sassanidische Wallfahrtsheiligtum

Erst im 5. Jh. n. Chr. setzte die Entwicklung ein, die die Bergkuppe mit dem See zu einem der wichtigsten Orte in Iran machte. Das ovale Gipfelplateau wurde auf einer Fläche von ca. 300 x 400 m mit einer 12 m dicken Lehmziegelmauer umgeben und mit einer regelmäßig geplanten Lehmziegelarchitektur bebaut. Obwohl von dieser Lehmziegelanlage nur wenige Reste unter den späteren Überbauungen freigelegt werden konnten, wurde erkennbar, daß mit der ersten Planung bereits die endgültige Gestalt der Anlage im wesentlichen festgelegt war. Auf der Nordseite des Sees umfaßt eine innere Mauer eine quadratische Fläche von ca. 130 m Seitenlänge. Die Mittelachse dieses Areals zielt auf die Mitte des Sees, im Norden liegen auf ihr Tore in der äußeren und inneren Mauer. Von den Gebäuden, die das Areal füllten, fanden sich u. a. Reste einer Anlage mit einem quadratischen Vier-Säulen-Raum, der axial an einem großen Saal oder Hof mit seitlich umgebenden, zellenartigen Kammern lag, ein Gebäudetyp, wie er in Iran seit achämenidischer Zeit vorkommt. Besonders wichtige Partien der Lehmziegelanlage, wie die Tore und die Säulen, bestanden aus gebrannten Ziegeln. Der Baubeginn der Lehmziegelanlage läßt sich aufgrund der Münzfunde nicht früher als in die Regierungszeit des Großkönigs Peroz (459–484 n. Chr.) datieren. In der Folgezeit wurden die Lehmbauten mehrfach verändert und schließlich, wie wiederum Münzfunde vermuten lassen, seit der späten Regierungszeit des Groß-

Abb. 117 Kurdische Frauen am Rande des Sees von Takht-i Suleiman. Vor der Ableitung des Quellwassers durch eingetiefte Kanäle hatte der Wasserstand die Höhe der oberen Kante, die damals von unreguliert fließendem Wasser überspült wurde und durch Kalkablagerung ständig anwuchs. Nach Absenkung des Seespiegels wird die Randzone über der Wasserfläche durch Spritzwasser befeuchtet und vom Schwefelgehalt gelb gefärbt. Gleichzeitig wächst durch die Kalkablagerung des Spritzwassers eine konsolartige Gesteinsborte horizontal in den See hinein, auf deren Oberfläche Humusbildung und Pflanzenwuchs entsteht.

117

königs Kavad (488–531 n. Chr.), genauer nach 528 n. Chr., schrittweise durch Ziegel- und Stein-Mörtelbauten ersetzt.

Um 528 n. Chr. war der Mazdakitenaufstand niedergeschlagen worden, eine sozial-religiöse Revolution, die, zunächst von Kavad unterstützt, die alte Gesellschaftsordnung des Sassanidenstaates zerstört hatte. Mit der Wiederherstellung der staatlichen Autorität erhielt auch die zoroastrische Staatskirche ihre Position als Stütze des Throns zurück; wahrscheinlich gewann sie, auf Kosten des geschwächten Adelsstandes und begünstigt durch die Zentralisierungsbestrebungen Kavads und seines Nachfolgers Khosro I (531–579 n. Chr.), sogar erheblich an Bedeutung hinzu. Eine derartige politische Konstellation kann als geeignete Voraussetzung für eine Aufwertung des «Atur Gushnasp»-Heiligtums gewertet werden, wie wir sie von keinem anderen sassanidischen Sakralbau kennen.

Der «Atur-Gushnasp»-Tempel

Der endgültige Bauzustand des «Atur Gushnasp»-Heiligtums zeigt bereits die klar gegliederte, axiale Folge von Torportalen, Höfen, Iwanen und Kuppelsaal, die wir von der späteren islamischen Sakralarchitektur Irans kennen (Abb. 118). Zentrum der Tempelanlage, die das innere Mauerquadrat füllt, und offensichtlich der bedeutendste Ort auf der gesamten ummauerten Bergkuppe, ist der quadratische Kuppelraum (A) mit vier Eckpfeilern und allseitig umgebenden Korridoren, ein Chahartaq mit Umgang. In seiner Mitte fand sich bei den Grabungen eine große, in den Ziegelboden gehackte Raubgrube, sicher das Werk früher Schatzsucher. Jedoch lassen Standspuren, Pfostenlöcher, Steinsockel und ein Ziegelpodium, die das Raumzentrum umgeben, darauf schließen, daß hier der Altar des Gushnasp-Feuers gestanden hat, der, ähnlich wie die Altäre rezenter Feuertempel (Abb. 116), von verschiedenen Ablagetischen, Ständern u. a. Geräten umgeben gewesen sein muß. Dünne Ziegelwände in den vier Arkaden dienten der Abschirmung dieses «Allerheiligsten» gegen die umgebenden Korridore. Fußboden und Wände waren mit Alabasterplatten bekleidet.

Im Norden und Süden liegt vor dem Kuppelbau je ein Iwan. Auf den größeren, südlichen (S), zum See hin offenen, wird noch einzugehen sein. Der kleinere, nördliche (I), der später durch eine Wand mit Mitteltür nach außen hin abgeschlossen wurde, öffnete sich auf einen quadra-

tischen Arkadenhof, mit dessen nördlichem Zugangstor der eigentliche Tempelbereich begann. Hier und vor allem im Iwan haben wir uns den Andachtsbereich der gläubigen Wallfahrer vorzustellen (Abb. 118); das Innere des Kuppelbaus, insbesondere das Allerheiligste, war zweifellos, wie noch in heutigen Feuertempeln, den «Reinen» bzw. den Priestern vorbehalten, die mit lithurgischen Rezitationen und verschiedenen Opferzeremonien dem heiligen Feuer die notwendige Verehrung darbrachten (Abb. 116).

Östlich neben dem großen Kuppelbau liegt ein kleinerer kreuzförmiger Kuppelraum (B), der durch eine Tür mit dem Umgang des ersteren verbunden war. Ein quadratisches Becken in der Mitte dieses Raumes, das Aschereste enthielt, diente möglicherweise dazu, hier die Asche des heiligen Feuers zu deponieren, ein Brauch wie er auch in modernen Feuertempeln beobachtet werden kann. In einem zweiten kreuzförmigen Kuppelraum (X) an der Nordostecke des Arkadenvorhofs wird ein weiteres Kultfeuer vermutet, ein zweiter, kleinerer aber auffallend solide und sorgfältig gebauter Arkadenhof (E) mit vier windradförmig angelegten Langräumen könnte ein Depotbereich gewesen sein, in zwei nebeneinanderliegenden kleinen Langräumen mit großen Wandnischen (C D) wurde aufgrund von Münzfunden das Schatzhaus gesehen.

Die Amtsstube des Heiligtums

Genauer interpretierbar ist ein neben das Tor zum großen Arkadenhof gebauter Raum (Z), auf dessen Fußboden mehr als 260 Tonsiegelungen, «Bullae», lagen, fingerkuppen- bis kartoffelgroße, mit Siegelabdrücken bedeckte Tonklumpen (Abb. 120), die zumeist als Dokumentations- oder Verschlußsiegel an Schriftstücken, Urkunden, Briefen o. a. angebracht waren. Die in der gesamten alten Welt verbreitete Methode von Siegelungen auf Ton-Bullae entspricht im wesentlichen den mittelalterlichen europäischen Wachssiegelungen. Die Bullae vom Takht-i Suleiman, einer der wenigen großen Fundkomplexe dieser Art, waren gebrannt; d. h. sie waren zusammen mit den Dokumenten, die sie ge- oder versiegelt hatten und die zumeist auf Leder oder Pergament geschrieben waren, verbrannt worden, oder man hatte sie von den Dokumenten abgetrennt und, zu welchem Zweck auch immer, absichtlich isoliert gebrannt. Welche Erklärung auch immer zutreffen mag, die Bullae geben zu der Vermutung Anlaß, daß wir es hier mit einer Amtsstube zu tun haben, in der Verträge geschlossen, Beurkundungen vorgenommen und Dokumente archiviert wurden. Bezeichnenderweise liegt der Raum an der Torkammer zum großen Vorhof des Haupttempels, d. h. an der Nahtstelle zwischen dem gewöhnlichen Volk und dem Bereich offizieller Organisation. Der archäologische Befund spiegelt somit sinnfällig die auch aus den literarischen Quellen zu erschließende wichtige Funktion der Priesterschaft in der staatlichen Administration, insbesondere im Zivilrecht, wider.

Gleichzeitig ist dieser Raum von einer zweiten Torkammer aus zugänglich, die, ebenfalls vom Vorplatz vor dem Tempel aus, durch einen langen Korridor hindurch Zugang zur Freifläche am Seeufer gewährte und kontrollierte. Dieser Bereich war, einem Palastgebäude an der Südwestecke des Tempelquadrats nach zu urteilen, dem König und seinem Gefolge vorbehalten. Der Palast steht an der westlichen Schmalseite eines ca. 100 x 40 m großen Hofes, der im Süden vom See und wahrscheinlich von flankierenden Mauern, im Norden vom großen Süd-Iwan des Feuertempels und seitlich anschließenden Pfeilerarkaden begrenzt wurde. Vom östlichen Hofabschluß konnten nur geringe Mauerspuren eines Qua-

dergebäudes, wahrscheinlich eines weiteren Iwans, festgestellt werden.

Der zweite Feuertempel

Hinter dem westlichen Arkadenflügel zwischen Feuertempel- und Palast-Iwan öffnen sich die Zugänge zu einer Gebäudegruppe, die das westliche Drittel des Tempelquadrats füllt und die sich überraschenderweise als ein zweiter Feuertempel mit einem vom Haupttempel ganz unterschiedlichen Grundriß erwies: Hinter zwei großen Pfeilersälen und weiteren Vorräumen liegt ein kreuzförmiger Kuppelraum (PD), auf dessen Gipsfußboden der dreistufige Sockel und der Schaftansatz eines Altars erhalten waren (Abb. 121). Kleinere altarartige Steinschäfte, Gipsständer, Podien und Bänke im Rundpfeilersaal werden kultischen Zeremonien gedient haben. Auf der Westseite liegt dagegen eine Raumsuite (PE–PF) mit einer kleinen Wandkammer an dem unmittelbar an das Sanktuarium angrenzenden Raum, die eher für Wohn- oder Aufenthaltszwecke geeignet zu sein scheint, vielleicht ein Bereich des Königs für Meditation und Gebet in unmittelbarer Nähe des heiligen Feuers; daß sassanidische Könige sich zu diesem Zweck in Feuertempel zurückzogen, ist mehrfach überliefert. Westlich schließen sich ein großer Kreuzkuppelsaal (PG), weitere Räume, Höfe mit großen Kochstellen, Knochen- und Scherbenabfällen und Aborten an, ein Ensemble, das eindeutig für Festlichkeiten und Bankette genutzt worden ist. Der Bereich besaß einen eigenen, außen mit Zierbastionen besetzten Zugangskorridor, der neben dem Palast in die See-Arkadenhalle einmündete.

Bei allen Unterschieden ihrer Grundrißgestaltung haben die beiden Tempelanlagen eines gemeinsam: in beiden liegt die Cella für das heilige Feuer gut gegen die Außenwelt abgeschirmt hinter Andachts- und Gebetsräumen und entspricht damit sowohl den kultischen Vorschriften als auch den noch heute genutzten und gebauten Feuertempeln zoroastrischer Gemeinden in Iran und Indien. Ein offener Chahartaq als Kultplatz für das Feuer ist weder im sassanidischen «Atur Gushnasp»-Heiligtum noch in mittelalterlichen oder neuzeitlichen Feuertempeln vorhanden. Vielmehr finden sich in der großen Vielfalt gegenwärtiger Feuertempel geradezu überraschend ähnliche Vergleichsbeispiele sowohl für den Umgangstempel wie für den Tempel mit der Cella vorgelagerten Sälen auf dem Takht-i Suleiman. Es ist nicht anzunehmen, daß der längst zerstörte und vergessene Tempel auf dem Takht-i Suleiman den späten Zoroastrier-Gemeinden als Vorbild dienen konnte; vielmehr dürften die grundsätzlich gleichgebliebenen lithurgischen Erfordernisse immer wieder zu ähnlichen architektonischen Lösungen geführt haben.

Das Nebeneinander zweier streng getrennter Feuertempel im «Atur Gushnasp»-Heiligtum können wir zunächst nur hypothetisch zu erklären versuchen. Gehen wir von der Annahme aus, daß im großen zentralen Kuppelbau das Atur Gushnasp-Feuer brannte, so weist sich dessen größerer, südlicher Iwan (S) überzeugend als die Gebets- und Andachtsstelle des Königs und seines Hofes aus, im Gegensatz zum kleineren Nord-Iwan als dem Bereich der normalen Pilger. Da der zweite Tempel nur vom Palasthof aus zugänglich ist, müssen wir in ihm einen dem König und seinem Hof vorbehaltenen Tempel sehen, vielleicht den Tempel für ein dem König persönlich gewidmetes Feuer, das in der mittelalterlichen Literatur erwähnt wird. Die neben diesem zweiten Tempel liegenden Räumlichkeiten scheinen sowohl nach ihrer Anlage wie nach dem archäologischen Befund eine Zwischenstellung zwischen Tempel und Palast eingenommen zu haben. Während das Gushnasp-Feuer, seiner herausgehobenen Stellung entsprechend, ausschließlich von Priestern gehütet und von Gläubigen aller Stände verehrt wurde, scheint das zweite Feuer vielfältigere Aufgaben im höfischen Leben erfüllt zu haben.

Der Palastbereich

Der rechteckige Gebäudeblock des Palastes wird zum größten Teil durch den

Abb. 118   Takht-i Suleiman. Grundriß der Wallfahrts-Anlage in spätsassinidischer Zeit. Der Eingang zum Haupttempel führt durch das Nordtor und durch das Tor der inneren, quadratischen Ummauerung des Tempelbezirks. Der Haupttempel (rot) mit dem im Kuppelraum A anzunehmenden Feuer «Atur Gushnasp» hatte für die einfachen Gläubigen einen Hof und eine Gebetshalle im Norden. Im Süden öffnete er sich mit einer größeren Halle auf einen Palasthof, an dessen Westseite ein Palastgebäude steht (gelb). Vom Palsthof ist ein zweiter Tempel zugänglich (blau), der offenbar dem König und seinem Gefolge vorbehalten war. Das Palastgebäude hatte eine dreitorige, triumphbogenartige Eingangsfassade im Westen, die in der Mitte zwischen den mit Bastionen besetzten Ummauerungen des Tempelbezirks im Norden und des Sees im Süden aufragte.

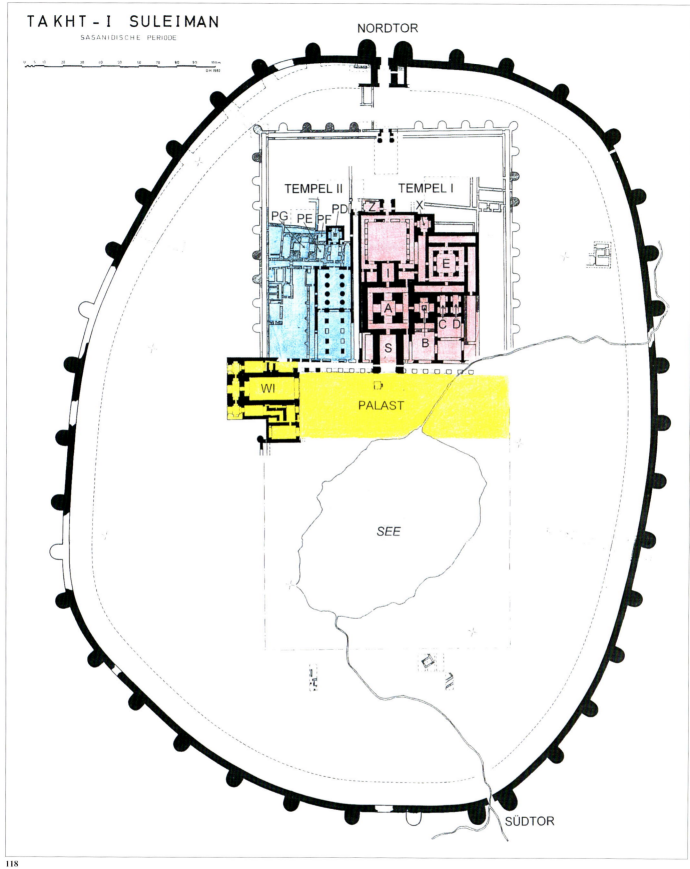

TAKHT - I SULEIMAN
SASANIDISCHE PERIODE

NORDTOR

TEMPEL II

PG PE PF
PD
Z
X
TEMPEL I

E
I
A
C D
S
B

WI
PALAST

SEE

SÜDTOR

118

ca. 12 m breiten und ca. 30 m tiefen, nach Osten offenen Iwan (WI) ausgefüllt. Der Iwan ist in der iranischen Palastarchitektur bis in die jüngste Vergangenheit der wichtigste Raum für große Audienzen gewesen. Im «Atur Gushnasp»-Heiligtum steht genau in der Achse des Palast-Iwans, aber unmittelbar vor dem Süd-Iwan des Haupt-Feuertempels, ein quadratisches Podium mit einer kleinen Zugangstreppe. Die ungewöhnlich feine Bearbeitung der Quaderblöcke dieses Podiums übertrifft die Qualität aller anderen Baukörper der Anlage, so daß man hier einen «Takht», einen Thronsitz des Königs vermuten darf, der sowohl vor seiner Palasthalle als auch in unmittelbarer Nähe des «Atur Gushnasp»-Sanktuariums stand.

Der Palast-Iwan ist seitlich von unterschiedlich großen Sälen und Räumen, gewinkelten Korridoren und kleinen Kammern, wahrscheinlich Wohn- und Schlafräumen umgeben. Den Westteil bilden drei Vestibüle, die sich mit drei großen Toren nach außen öffnen. Mit dieser triumphbogenartigen Außenfassade springt das Palastgebäude weit aus der Mitte einer breiten, mit Rundbastionen besetzten Mauerfront vor, hinter der im Norden der Tempelkomplex lag und die sich im Süden als Umfassungsmauer des Bereiches um den See fortgesetzt zu haben scheint. Diese monumentale Westfront

119

scheint die repräsentative Schauseite der inneren Anlage mit dem dreitorigen Hauptzugang zur Palastanlage gewesen zu sein. Über die Ausgestaltung des Vorplatzes und die Zugangsführung von den Toren in der Ringmauer wissen wir allerdings nichts; hier wie auf der ganzen Südhälfte der Bergkuppe macht die starke Versinterung der Oberfläche die archäologische Untersuchung mit normalen Mitteln fast unmöglich. Allerdings ist die Ursache der hier so starken Kalkablagerungsschicht darin zu vermuten, daß, im Gegensatz zur Nordhälfte der Bergkuppe, hier keine monumentalen Steinbauten gestanden haben, deren Ruinenhügel das Überfluten während der Perioden der Verödung verhinderten, sondern nur kleinere Lehmkonstruktionen, die leicht zerstört und weggeschwemmt werden konnten. Reste solcher Bauten kamen in den Sondagen zutage, mit denen die Kalksinterschicht an einigen Stellen durchschlagen wurde. Offen bleibt aus dem gleichen Grunde auch die Frage, warum das zweite Tor in der Umfassungsmauer, das wohl das äußere Tor zum Palastbezirk gewesen ist, nicht gegenüber dem nördlichen Tor in der Hauptachse der Gesamtanlage liegt. Wir können vorerst nur vermuten, daß mit der Verschiebung nach Südosten eine Geländeschwelle genutzt wurde, die hier den Zugang zum Inneren ohne steilen Anstieg ermöglichte, wie er im Norden den einfachen Pilgern zugemutet wurde.

Nach der arabischen Eroberung

Zum Verschwinden der ursprünglichen Lehmziegelbebauung im Südteil der Anlage hat das Schicksal des Feuerheiligtums in nachsassanidischer Zeit beigetragen, als sich in der wehrhaften Ringmauer ein prosperierendes Ackerbürgerstädtchen entwickelte. Nach der arabischen Eroberung im 7. Jh. zog zunächst die zoroastrische Bevölkerung der dörflichen Siedlung, die am Nordwesthang des Tempelberges bestanden hatte (Abb. 91), hinter die schützenden Mauern. Spätestens im 9. Jh. war der unter dem Namen «Shiz» bekannte Ort eine ländliche islamische Kleinstadt mit einfachen Feldstein- und Lehmhäusern. In der 2. Hälfte des 13. Jhs. erlebte der Platz nochmals eine kurze Hochblüte, als Abaqa Khan, der zweite Herrscher des iranischen Teilstaates im mongolischen Weltreich, hier einen Sommerpalast errichten ließ. Die Mongolen unter Dschingis Khan und seinen Nachfolgern hatten zwischen 1210 und 1260 Asien von China bis Baghdad, dem Sitz des arabischen Khalifen, erobert. Nach ihren verheerenden Vernichtungsfeldzügen verstanden es die mongolischen Herrscher, die sich «Il-Khane» nannten, mit Hilfe der einheimischen Beamtenschaft in kürzester Zeit wieder eine funktionierende Verwaltung aufzubauen und Architektur und Künsten zu einer überraschenden Hochblüte zu verhelfen. Unter zwangloser Einbeziehung fernöstlicher, vor allem chinesischer Motive konnten iranische Handwerker und Künstler nahtlos an die besten Traditionen des seldschukischen Iran anknüpfen.

In «Shiz», das nun den mongolischen Namen «Saturiq» erhielt, wurden für den il-khanidischen Palast die bereits zerfallenen sassanidischen Hauptbauten repariert und erweitert, das sassanidische Planschema wieder aufgenommen und gleichsam perfektioniert. Auf der alten Nord-Süd-Achse wurde als neuer Haupteingang ein Südtor in die Ringmauer gebrochen, von dem über Vorhöfe der Zugang in den von Arkadenhallen und vier Iwanen umgebenen Palasthof mit dem See als Mittelpunkt führte. Hinter den Arkaden lagen Pavillons und verschiedene kleinere Palastbauten. Gegenüber dem Eingangs-Iwan führte eine monumentale Treppe im vergrößerten alten Feuertempel-Iwan in eine ca. 25 x 25 m große Festhalle, die über den wieder eingewölbten alten Feuertempel gebaut war. Auch der alte sassanidische Palast-Iwan wurde mit größerer Höhe wiederaufgebaut und von vielgestaltigen Palast- und Wohnräumen umgeben. Von der

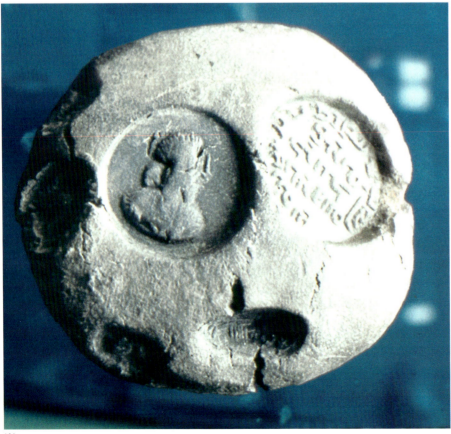

120

prachtvollen Dekoration des Palastes mit farbigen Glasurfliesen unterschiedlicher Techniken, Marmorverkleidungen, Gipsstuck und Wandmalereien haben sich nur Fragmente im Schutt und Abdruckspuren an Wänden und Fußböden erhalten. Diese Reste reichen jedoch aus, um das dekorative Repertoire zu rekonstruieren. Die frühen «Il-Khane» waren keine Mohammedaner. Sie hingen dem Schamanismus und ihrer heimatlichen Himmelsreligion an und begünstigten das in seiner nestorianischen Form damals in Iran weit verbreitete Christentum; eine der Gemahlinnen Abaqa Khans war eine byzantinische Prinzessin, Maria Mugliotissa. Jedoch entstand mit dem von muslimisch-iranischen Meistern und Handwerkern gebauten Palast von Saturiq ein Meisterwerk islamischer Architektur, dessen Ruinen heute als einzige einen Eindruck islamisch-iranischer Palastarchitektur aus vorsafawidischer Zeit liefern.

Spätestens mit dem Untergang der Dynastie der «Il-Khane» in der Mitte des 14. Jhs. müssen die Nachkommen der zuvor exmittierten Bevölkerung von Shiz/Saturiq sich des Palastes bemächtigt und hier wieder eine bäuerliche Siedlung errichtet haben, die jedoch kaum länger als ein halbes Jahrhundert bestand. In dieser Zeit wurde die Fliesendekoration des

121

Abb. 119   Takht-i Suleiman. Das Votivplättchen aus Goldblech gehört zu den für einen Tempel typischen Devotionalienfunden. Dargestellt ist ein nach rechts blickender Mann, der vor seinem für die späte Sassanidenzeit charakteristischen steifen, bortenbesetzten Rock mit beiden Händen ein Schwert oder einen Stab hält. Andere Votivbleche zeigen geometrische schematische Gestalten, sonnen- und rispenförmige Symbole oder einzelne Gliedmaßen.

Abb. 120   Takht-i Suleiman. Tonsiegelung, «Ton-Bulla». Über die Verschnürung oder das Befestigungsband eines meist zu einem Bündel gefalteten Dokuments aus Pergament oder Leder wurde ein weicher Tonklumpen eingeknetet, in den Amtspersonen ihre Siegel eindrückten. Hier zwei große Amtssiegel, Porträtkopf und Pahlavi-Inschrift, daneben vier kleinere Siegel von untergeordneten Beamten.

Abb. 121   Takht-i Suleiman. Altarraum des zweiten Feuertempels. Auf dem Gipsfußboden ist der aus Ziegeln gemauerte und mit Gipsstuck überzogene dreistufige Sockel und der aus einer Sandsteinplatte bestehende Schaftansatz des Feueraltars erhalten. Das Mittelquadrat des Raumes war überkuppelt, die vier kreuzförmig angesetzten Raumteile tonnenüberwölbt. In den Quadratecken standen stuckierte Viertelsäulen aus Ziegeln.

Palastes systematisch herausgebrochen, die verwertbaren Teile müssen für andere Bauprojekte abtransportiert worden sein, nur Einzelstücke sowie große Mengen meist kleiner Fragmente blieben in Raumecken und Abfallgruben zurück. Säulen, Basen, Kapitelle und dekorierte Türgewände wurden herausgerissen und anderweitig verbaut, so offenbar mit demonstrativer Absicht in einer kleinen dörflichen Moschee. Östlich neben dem alten Feuertempel-Iwan entstand ein kleines islamisches Mausoleum und ein Friedhof.

Der endgültige Untergang der Siedlung und die Entvölkerung ihrer Umgebung ist vermutlich mit der Eroberung Irans durch einen anderen Nachkommen Dschingis Khans, Timur Leng, um 1400 n. Chr. in Verbindung zu bringen. Erst seit damals entstanden durch das unreguliert überfließende Quellwasser die meterdicken Kalkablagerungen um den See und in der Südhälfte des Mauerringes, und erst nun gab eine neu zugewanderte, geschichtsunkundige Bevölkerung dem Ort und umgebenden Plätzen die mythologischen Namen Takht-i Suleiman, Zendan-i Suleiman und Tawileh-i Suleiman, Thron-, Gefängnis- und Stall Solomons und Takht-i Bilqis, Thron der Bilqis, der Königin von Saba.   DH

VON DER RESIDENZ
ZUR STADT

Fürsten – Könige – Kalifen

Residenzen und Residenzstädte: Zentren der Macht

Zahlreiche Siedlungen und Städte sind als Sitze lokaler Herrscher entstanden. Schon in vorgeschichtlicher Zeit lassen sich Burgen und Paläste solcher Lokalfürsten nachweisen, die von Siedlungen umgeben sind – und dies nicht nur im Ägäisraum, sondern von der Iberischen Halbinsel bis in das Gebiet des heutigen Usbekistan. Burg und Palast von Tiryns gehören zu den bedeutendsten Residenzen der Vorgeschichte, die mit den zahlreichen kleineren Fürstensitzen dieser Frühzeit eins gemeinsam hat: wir können zwar aufgrund der Funde weiträumige kulturelle Beziehungen aufzeigen, doch wer die Herrscher dieser mächtigen Burganlagen waren, wissen wir nicht.

Auch als in Hattuscha die gewaltigen Mauern, Festungsanlagen und Tempel der hethitischen Könige gefunden wurden, wußte man zunächst nichts von dieser Kultur – die Hethitologie existierte noch nicht. Erst der Fund großer Tontafelarchive vor fast einem Jahrhundert führte zur Identifizierung einer bisher unbekannten Hochkultur, er führte auch zum Beginn einer der wichtigsten und ertragreichsten Grabungen des Deutschen Archäologischen Instituts in Kleinasien.

Doch nicht nur die Residenzen der Könige konnten zu respektablen Städten werden. In der Spätantike waren es oft irrationale Gründe, die etwa aus einem Limeskastell einen vielbesuchten Wallfahrtsort machten. Daß solche Orte trotz ihrer Lage in der unwirtlichen Wüste prachtvoll ausgebaut wurden und auch in nachchristlicher Zeit ihre Bedeutung nicht verloren, zeigen die Ergebnisse der Ausgrabungen in Resafa.

Die Kunst der Könige und Kaiser prägte bis ins 8. Jh. hinein die Kulturen des Mittelmeerraumes. Erst mit den islamischen Kalifen in Baghdad und Córdoba entstand dieser antiken Tradition ernstzunehmende Konkurrenz. Mit dem Islam und seinem überlegenen Kunstschaffen kam Europa vor allem auf der Iberischen Halbinsel in Berührung, in Andalusien, wo bis heute die Pracht kalifaler Selbstdarstellung bewundert werden kann (Abb. 122). Von dieser Hochkultur hat unsere westeuropäische Kultur ebenso profitiert wie von der der griechischen und römischen Antike. Die Residenzen der Fürsten und Könige, der Kaiser und Kalifen waren nicht nur Zentren der Macht, sie waren immer auch Förderer von Kunst, Wissenschaft und Kultur. KR

Ein bronzezeitlicher Fürstensitz in Südostspanien
Die Höhensiedlung des 2. Jts. v. Chr. auf Fuente Álamo

Mächtige Bauten und reiche Grabfunde zeugen von der einstigen Bedeutung der Herren von Fuente Álamo (Abb. 123). Diese bronzezeitlichen «Fürsten» hatten sich eine der Vorhöhen der Sierra Almagro im südostspanischen Gebirgsland als Sitz erwählt, nicht weit vom heutigen Cuevas del Almanzora in der Provinz Almería. Es ist dies die trockenste Region der Iberischen Halbinsel, nur die namengebende Quelle am Fuße des Berges

spendet auch jetzt noch ihr besonders qualitätvolles Wasser. Die Siedlung von Fuente Álamo bestand hier, seinerzeit nur 9 km vom Mittelmeer entfernt, über acht Jahrhunderte hin und spiegelt eine ausgesprochen differenzierte urbanistische und soziale Struktur wieder, die den Vergleich mit ähnlichen Fundplätzen des zentralen Mittelmeers und der Ägäis nicht zu scheuen braucht.

Die Berghöhe selbst wird von zwei Felsrippen gebildet, zwischen denen

Auf den vorhergehenden Seiten:

Abb. 122   Madinat az-Zahra, Reicher Saal (um 954–956): Thronhalle im Zentrum des Palastes mit in Stein skulpierten Wandfeldern, die als hoher Sockelfries umlaufen: Großschrittig ausschwingende, sich zu einem weitmaschigen Netz verschlingende, starksträngige Ranken flankieren den senkrechten Mittelstamm.

Abb. 123   Fuente Álamo 1991. Der Siedlungshügel von SO gesehen, mit den ausgegrabenen Zonen auf der Kuppe (Rechteckbauten und Zisterne) und auf dem Südhang (mit Stütz- und Hausmauern im Vordergrund).

Abb. 124   Fuente Álamo 1979. Die von NO gesehene Kuppe der Höhensiedlung läßt bereits in einer frühen Phase der Ausgrabungen Mauern von Häusern und öffentlichen Gebäuden erkennen. Die extreme Hanglage erschwerte am unteren Osthang die Ausgrabungen erheblich.

sich Siedlungsstrukturen in mächtigen Schichtablagerungen erhalten haben. Die Ausgrabungen, die hier seit 1977 von der Abteilung Madrid des Deutschen Archäologischen Instituts durchgeführt werden, konzentrierten sich zunächst auf die Felskuppe (Abb. 124) und ihren Osthang, wo eine bis zu 6 m mächtige Siedlungsstratigraphie untersucht werden konnte. An ihr läßt sich die Geschichte des Platzes in insgesamt 20 aufeinanderfolgenden Phasen beispielhaft ablesen, die wiederum in sieben größere Siedlungs- bzw. Bebauungshorizonte gegliedert wurden. Die vier ersten Horizonte entsprechen der früh- und mittelbronzezeitlichen El Argar-Kultur (22.–16. Jh. v. Chr.), an die ein spätbronzezeitlicher Siedlungshorizont direkt anschließt (15.–11. Jh. v. Chr.), während die spätere Nutzung sowohl in frührömischer (2./1. Jh. v. Chr.) als auch in arabischer Zeit (8.–10. Jh. n. Chr.) erst nach längeren Intervallen erfolgte. Entsprechend der siedlungsarchäologischen Zielsetzung der Grabungen wurden zahlreiche Nachbarwissenschaften in die Forschung einbezogen, darunter die Paläobotanik, Paläozoologie, Bodenkunde, Geologie, Metallurgie und die Anthropologie.

Zum ersten Siedlungshorizont (22.–20. Jh. v. Chr.) gehören neben z. T. mächtigen Stützmauern und den Überresten von gerade oder kurvig geführten Hauswänden vier kleinere Rundbauten mit

einem Durchmesser von 2–3 m, die nur etwa 1 m hoch erhalten blieben und wohl die Sockel von Getreidespeichern waren. Den Horizonten III und IV (18.–16. Jh. v. Chr.) gehören zwei auffallende Rechteckbauten an, die beide in wesentlichen Zügen – Lage, Bauweise und wohl auch Funktion – übereinstimmen, nur daß das jüngere Bauwerk des Horizonts IV (17./16. Jh. v. Chr.) um einiges größer ist. Starke Mauern und im Verhältnis dazu kleine Innenräume, die Stützpfeiler im Inneren des größeren Bauwerks und schließlich die erhaltenen Reste einer offenbar weiter aufgehenden Lehmkonstruktion lassen vermuten, daß es ursprünglich mindestens zwei Stockwerke gab, deren oberes auch vom höheren Hang her ebenerdig zu erreichen war. Das Innere mag zur Lagerung wichtiger Vorräte oder kostbarer Metallgeräte bzw. -barren gedient haben, der turmartig zu rekonsturierende Bau darüber hinaus für Verteidigungszwecke etwa im Sinne eines Bergfrieds. Vielleicht wurde im oberen Geschoß die Getreideernte eingelagert, womit die rechteckigen Bauten diese Aufgabe von den älteren Rundbauten übernommen hätten. Neben diesen angedeuteten Funktionen wäre zusätzlich eine repräsentative, auch kultische Aufgabe denkbar. Jedenfalls spielten die großen Rechteckbauten eine zentrale Rolle im urbanistischen System.

Der Bevorratung diente auch eine

125

126

127

große Zisterne, die am oberen Rand 8 x 4,5 m mißt und 3,5 m tief ist. Auch wenn am Fuß des Berges eine Quelle lag, muß die Anlage des bis zu 90 000 l fassenden Reservoirs doch für Krisenzeiten notwendig gewesen sein. Bemerkenswert ist der Arbeitsaufwand der Bevölkerung von Fuente Álamo für diese öffentlichen Einrichtungen, die doch wohl zentrale Funktionen für die gesamte Siedlung hatten. Dieser zentrale Bereich, wie er auf anderen Plätzen der El Argar-Kultur bisher nicht nachgewiesen werden konnte, ist für das Verständnis der urbanistischen Gliederung einer bronzezeitlichen Siedlung von großer Bedeutung und gewährt zugleich auch Einblicke in die innere Organisation und soziale Struktur der Bevölkerung.

Unterhalb des zentralen Bereichs auf den Hängen erstreckten sich die Wohnviertel in einer dichten, in verschiedenen Phasen immer wieder erneuerten Bebauung, wie sie durch die Grabungen auf dem West- und vor allem auf dem Südhang nachgewiesen wurde. Terrassenstützmauern und Einarbeitungen in den anstehenden Felsen schufen die an den steilen Hängen notwendigen Flächen für die Anlage der mindestens 3 m tiefen und wohl gleich breiten Häuser. Herdstel-

Abb. 125   Fuente Álamo 1979. Zum Grabinventar der Hockerbestattung eines Mannes in einer Felsnische zählen ein Fußgefäß, eine Dolchklinge und eine Stabdolchklinge. Das Grab gehört der älteren Stufe A der El Argar-Kultur an (22.–20. Jh. v. Chr.).

Abb. 126   Fuente Álamo 1979. Silberringe treten in mehreren Gräbern, auch Frauengräbern, auf und dokumentieren neben den Goldringen der «Fürstengräber» den Reichtum der Toten.

Abb. 127   Fuente Álamo 1979. Die Hockerbestattung der Steinkiste 68 aus der jüngeren Stufe B der El Argar-Kultur (18.–16. Jh. v. Chr.) enthielt ein reiches Grabinventar: zwei Töpfe, ein Fußgefäß, ein kleines Umbruchgefäß, Beil, Dolch und Silberringe.

Abb. 128   Blick von Süden über das Ruinengelände von Dscharkutan auf die bis zu 3000 m hohe Bergkette des Kuhitangtau. Die spätbronzezeitliche Erweiterung der Siedlung im Vordergrund ist heute von Bewässerungskanälen durchzogen und wird landwirtschaftlich genutzt. Der ältere Siedlungsbereich zeichnet sich in der Bildmitte als gelbe Lehmhügelzone ab. Am linken Bildrand unter dem Hochspannungsmast die Zitadelle mit dem zum alten Flußtal des Bustansai abfallenden Geländekante. Der «Tempel» liegt unter den dunklen, hinteren Lehmhügeln am rechten Bildrand.

len, Scherbennester, in den Boden eingelassene Vorratsgefäße, zahlreiche Mühlsteine sowie Webgewichte lassen die unterschiedlichen und offenbar lokal verteilten Aktivitäten der Bewohner erkennen.

Eingebettet in die bronzezeitlichen Schichten fanden sich auf der Kuppe wie auf den Hängen die über hundert Gräber, soweit bisher beobachtet neben und zwischen den Häusern. Wie auch sonst in der El Argar-Kultur üblich wurden die Toten in der Siedlung selbst bestattet, und zwar in künstlichen Felsnischen, in kunstvoll errichteten Kisten aus Steinplatten oder auch – vor allem in der jüngeren Stufe der El Argar-Kultur – in großen Tongefäßen. Steinkisten und Tongefäße waren groß genug, um die Bestattung in der üblichen Hockerlage zu ermöglichen. Den Toten wurden außer Körperschmuck Geräte und Waffen mit in das Grab gegeben, den Männern Stabdolch oder Beil sowie ein Dolch (Abb. 125), den Frauen Dolch und Pfriem aus Kupfer oder Bronze, ferner Spiral- und Fingerringe aus Kupfer oder Silber (Abb. 126). Am häufigsten sind Tongefäße: Schalen oder Näpfe von sphärischer Form und als besonders charakteristische Typen der El Argar-Keramik Umbruchgefäße und Fußpokale (Abb. 127).

In zwei der großen Steinkisten von Fuente Álamo waren reiche Krieger bestattet. Den Toten war jeweils außer Umbruchgefäßen, Dolch und Stabdolch ein massiver Armring aus Gold beigegeben. Der etwa 60jährige Tote aus einem der «Fürstengräber» war dem anthropologischen Befund nach mit über 1,80 m auch damals von weit herausragender Gestalt und verfügte bei robustem Körperbau offenbar über eine gute Gesundheit. In diesem Grab fand sich außerdem die Bestattung einer sehr viel jüngeren Frau. Die Krieger aus beiden Gräbern sind charakteristische Vertreter einer kleinen Personengruppe, die in Fuente Álamo und offenbar auch innerhalb der El Argar-Kultur eine besondere Stellung innehatte, Repräsentation und Verteidigung übernehmen konnte und wohl zugleich Planung und Aufrechterhaltung der öffentlichen Bauten gewährleistete.

Dem beschriebenen anthropologischen Befund stehen Beobachtungen an anderen Skeletten aus ärmer ausgestatteten Gräbern gegenüber, deren Tote eine starke Arbeitsbelastung an Rückgrat und Gelenken schon der Jugendlichen erkennen ließen und auf das Tragen größerer Gewichte im beschwerlichen Bergland hinwiesen. Die Steinplatten der Kistengräber und die nach Hunderten zählenden Steinmühlen gehörten zu diesen Bürden.

Das Transportvolumen muß jedenfalls beträchtlich gewesen sein, da auch die alljährliche Getreideernte auf den Hügel zu schleppen war, ebenso wie die Kupfererze aus dem nahegelegenen Gebirge.

Funde von Erz aber auch von Rillenschlägeln, die zum Zerkleinern des Erzes benutzt wurden, weisen auf Metallverarbeitung hin. Die jedenfalls bewußt gewählte Lage von Fuente Álamo wie anderer Plätze der El Argar-Kultur erlaubte eine Kontrolle der Wege zu den Lagerstätten im Gebirgshinterland und zugleich eine Beherrschung der jeweils vorgelagerten Ebene, die dem Ackerbau sowie der Rinder- und Pferdezucht diente. Vermutlich hatten diese Höhensiedlungen für die Tallandschaften, in denen kleinere Weiler und Gehöfte lagen, eine wirtschaftlich und politisch zentrale Funktion. Es ist weiter anzunehmen, daß diese Plätze von den heute verlandeten Naturhäfen aus über Handelsbeziehungen mit anderern Küsten des Mittelmeers in Verbindung standen. Das wird u. a. durch importierte Glasperlen wie durch zahlreiche Übereinstimmungen in Formengut und Grabsitten bestätigt.

Die Entwicklung des Metallhandwerks und der sich daraus ergebende Handel, eine Intensivierung des Ackerbaus und wohl auch der Haustierhaltung wirkten offenbar im Verein mit äußeren Einflüssen in sehr komplexer Weise zusammen und haben gegenüber der vorausgehenden Kupferzeit einen auffallenden Wandel auch der gesellschaftlichen Strukturen zur Folge, wie er sich in der Wahl der Siedlungsplätze und in der Grabsitte ausdrückt. So wird die Betonung des Individuums durch das Einzelgrab verdeutlicht, ebenso wie die Herausbildung einer Herrschaftsschicht durch die reich ausgestatteten Gräber. Dabei spielt die Kontrolle der Wirtschaftsräume, auch der bereits

oben erwähnten Lagerstätten zweifellos eine entscheidende Rolle. Die betonte Ausstattung der reicheren Gräber durch Waffen läßt an eine Gesellschaft denken, in der die Krieger und wiederum ihre Anführer eine jeweils herausgehobene Schicht darstellten.

Diese Erscheinungen auf der Iberischen Halbinsel haben ihre Entsprechungen im zentralen und östlichen Mittelmeerraum, wo die Entwicklung allerdings im Rahmen der dortigen Hochkulturen auf ungleich höherem Niveau aber doch in verwandter Form verlief. Die schon aus der Ähnlichkeit der Erscheinungen und der annähernden Zeitgleichheit des Auftretens der Einzelgrabsitte oder bestimmter Keramik- und Metallformen zu erschließenden Einflüsse sind auch durch einzelne Importstücke zu belegen. Gleichwohl ist nicht an die Einwanderung größerer Bevölkerungsgruppen zu denken, die etwa an den Küsten der Iberischen Halbinsel Kolonien gegründet hätten, wogegen auch die anthropologischen Ergebnisse sprechen, sondern eher an Handelsbeziehungen, die Kultureinflüsse mit sich brachten und von kleineren Menschengruppen, den Seefahrern und Händlern getragen wurden. HS

Tempel oder Palast?
Dscharkutan – Monumentalbauten und Siedlung im bronzezeitlichen Baktrien

Im Frühjahr 1973 blieb das Auto, mit dem zwei junge Archäologen der Universität Taschkent auf dem Weg nach Süden zu den Ausgrabungen von Zar Tepe und Sapalli Tepe nahe der afghanischen Grenze waren, wenige Kilometer hinter der kleinen südusbekischen Distriktstadt Sherabad wegen eines Defektes liegen. Während sich der Fahrer um die Repa-

128

129

130

ratur des Wagens bemühte, bemerkten die beiden, S. R. Pidaev und V. N. Pilipko, daß sie sich in einem ausgedehnten antiken Siedlungsgebiet befanden; das Gelände war weit und breit mit bronzezeitlicher Keramik bedeckt. Der Bericht von ihrer Entdeckung alarmierte vor allem die Archäologengruppe in Sapalli Tepe, wo unter der Leitung von A. A. Askarov, dem Gründer des Archäologischen Akademie-Instituts Usbekistans, eine ebenfalls bronzezeitliche Siedlung ausgegraben wurde.

Noch im gleichen Jahr begannen A. A. Askarov, T. Shirinov und ihre Mitarbeiter mit der archäologischen Untersuchung des neuen Fundplatzes und retteten damit zumindest den größeren Teil der alten Siedlung vor der Zerstörung; Dscharkutan, so wurde der Platz nach einer alten Viehhürde genannt, ist keiner der zahllosen hohen und daher leicht erkennbaren Siedlungshügel oder Tells, die während der Antike und des Mittelalters in den fruchtbaren Gebieten Zentralasiens wie überall in der Alten Welt entstanden, sondern ein eher unauffälliges, leicht hügeliges Gebiet auf dem Steilufer eines alten Flußeinschnittes, des Bustansai, das gerade für den Baumwollanbau planiert wurde (Abb. 128. 131). In den folgenden zwei Jahrzehnten legten die usbekischen Archäologen in dem ca. 800 m langen und heute noch ca. 400 m, ursprünglich wohl etwa 600 m breiten Siedlungsgebiet mehrere monumentale Gebäudekomplexe und, z. T. in der Siedlung selbst, zumeist aber in den südwestlich anschließenden Nekropolen mehr als 1500 Gräber frei. Schnell wurde klar, daß Dscharkutan zur gleichen bronzezeitlichen Kulturgruppe gehörte wie der bereits seit 1969 untersuchte Sapalli Tepe.

Während in Sapalli Tepe jedoch nur ein geschlossener Gebäudekomplex vorhanden ist und jede Spur von Nekropolen fehlt, ist Dscharkutan eine weiträumige Siedlung mit unterschiedlichen Großbauten, Wohnbezirken, Keramik- und Bronzewerkstätten, ein Siedlungstyp, der gern als proto-urban, d. h. als am Beginn städtischer Siedlungsform in dieser Region stehend, bezeichnet wird. Zudem hatte Dscharkutan eine erheblich längere und entwicklungsreichere Geschichte als das etwas ältere, aber kurzlebigere Sapalli Tepe. Charakteristisch für diese zunächst nach dem antiken Oxus, dem heutigen Amudarya bzw. nach der antiken Landschaft Baktrien benannte Bronzezeit-Kultur ist eine meist unverzierte Keramik von hoher technologischer Perfektion und großer formaler Eleganz (Abb. 129). Besonders markant sind hohe Standfußschalen und bauchige Pokale. Zu den typischen Fundobjekten gehören bronzene Ziernadeln, Ringe, Messer, Schalen und «Flacons» (Parfüm-Fläschchen), Keulenköpfe aus poliertem Stein, knopfartige Siegel oder «Kompartimentsiegel» aus unterschiedlichem Material, Schmuckperlen aus Lapislazuli und blau glasierter Fritte, kleine, z. T. eindrucksvolle Stierplastiken aus Keramik, in den Gräbern kleine, meist ungebrannte menschliche Tonfiguren und verschiedene Miniaturobjekte aus Bronze und Lehm.

Die nächstverwandten Fundplätze dieser baktrischen Bronzezeit-Kultur, zu denen auch einige Plätze südlich des Oxus, in Nordafghanistan gehören, liegen in der westlich benachbarten, aber durch eine Wüste getrennten antiken Margiana, dem Gebiet um die alte Stadt Merv in Süd-Turkmenistan. Nach der Entdeckung

dieser besonders reichen und gut erhaltenen Grabungsplätze in den frühen 70er Jahren durch den Moskauer Archäologen V. Sarianidi erhielt der eigenartige zentralasiatische Kulturkreis den gemein-

Abb. 129   Dscharkutanzeitliche, d. h. der frühen Siedlungsperiode angehörende Bestattung in der Nekropole am Südrand der Siedlung. Die Lage des Toten auf seiner rechten Seite kennzeichnet ihn als Mann. Vielzahl und Formenreichtum der Beigabengefäße sind charakteristisch für die frühen Bestattungen. Das Grab wurde bereits in der Bronzezeit von Grabräubern geöffnet und durchwühlt, so daß die ursprünglich sorgfältig um den Toten herum aufgestellten Beigabengefäße z. T. umgestürzt und zerbrochen wurden. Typisch für die Frühzeit sind die Pokale und Standfußschalen, von denen die ersteren in den späten Perioden ganz verschwinden, die letzteren geradezu barock gedrechselte Standbeine entwickeln. Die Toten wurden in «Katakombengräbern» beigesetzt, Grabhöhlen, die von einem vertikalen Schacht aus seitlich in das feste Lehmerdreich gegraben wurden.

Abb. 130   Blick von Norden auf die Nordostecke des «Tempels» auf Hügel VI von Dscharkutan. Hinter der neuen Grabungsfläche und dem alten Grabungsschnitt die z. T. gereinigte Oberfläche der 4 m dicken Umfassungsmauer mit ihren rechteckigen Lehmziegeln. Dahinter im Gebäudeinneren die für diesen Gebäudetyp charakteristischen, kammartig angeordneten Schmalräume, die wahrscheinlich als Unterbau hochgelegener Wohn- oder Aufenthaltsräume dienten. Links der diagonale Durchgang zur nordöstlichen Eckbastion, darüber der Rest der folgenden Zwischenbastion. Die Südmauer des Gebäudes wird rechts hinter den beiden Arbeitern im Hintergrund als heller Streifen sichtbar.

samen Namen «baktrisch-margianischer archäologischer Komplex». Die erstaunlichste Leistung dieser Kultur liegt auf architektonischem Gebiet. Nach einer Phase des Experimentierens mit wenig eindrucksvollen rechteckigen Befestigungsanlagen mit kleinräumiger, unregelmäßiger Innenbebauung treten unvermittelt streng geometrisch geplante Bauten von geradezu «modern» anmutender Monumentalität auf. Extrem dicke, z.T. mehrfache Umfassungsmauern mit regelmäßigen Rundbastionen und die im wesentlichen axiale Anordnung von Zugang und Haupträumen nehmen die Merkmale römischer, sassanidischer und islamischer Architektur vorweg.

In den Geschichtswissenschaften der damaligen Sowjetunion besaß die Frage nach der Herkunft und den Wanderungen der Arier, deren Heimat man ja zumeist in den südrussischen und zentralasiatischen Steppen vermutete, und, verbunden damit, nach der Entstehung des Zoroastrismus einen erstaunlich hohen Stellenwert. So verwundert es nicht, daß man die als sensationell empfundene, neu entdeckte baktrisch-margianische Bronzezeit-Kultur als ein Produkt der nach Süden, nach Indien und Iran wandernden oder von Iran hierher gekommenen Arier und die Monumentalbauten als proto-zoroastrische Feuertempel interpretierte – Theorien, die nicht unwidersprochen blieben. Kontrovers diskutiert wird auch die Datierung der neu gefundenen Kultur: Die Ausgräber setzen sie in die Zeit zwischen dem 16. und 10. Jh. v. Chr., in der westlichen Forschung wird der Beginn etwa 500 Jahre früher angesetzt.

Die Grabung in Dscharkutan war in den frühen 90er Jahren zum Stillstand

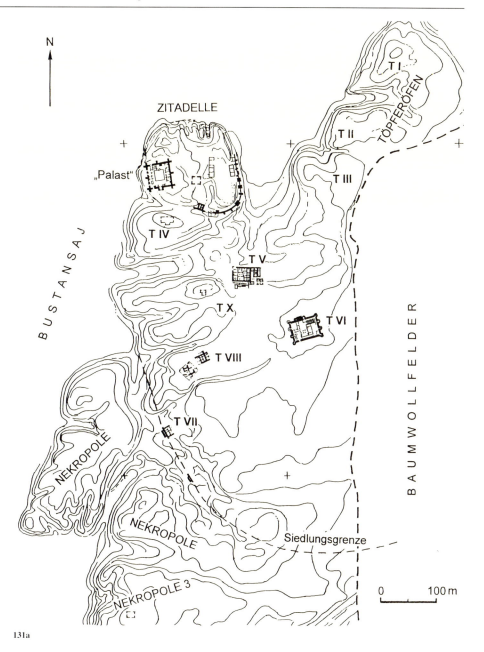

131a

Abb. 131 Das Siedlungsgelände von Dscharkutan ist ein hügeliges Plateau am Ostrand eines alten Flußtales, des Bustansai. Die älteste und, den Kleinfunden nach zu urteilen, reichste Besiedlung lag auf der «Zitadelle» und den südlich anschließenden Hügeln T IV, T V und T X. Nach Süden und Osten schlossen sich «Industrie-Zonen» an, im Nordosten ein Töpferviertel (a). – Auf Hügel VI wurde, noch in der Frühzeit, über älteren Werkstatt- und Abfallschichten ein festungsartiges Gebäude errichtet, dessen auffallend starke Umfassungsmauer mit großen Rundbastionen besetzt ist. Es enthält einen Wirtschaftsteil im Westen und einen stark zerstörten repräsentativen Bereich im Osten, in dem wahrscheinlich ein Vier-Säulensaal und ein Geschoßbau auf einem parallelen Mauerrost zu ergänzen sind. Die Untersuchungen sind noch nicht abgeschlossen. Die Frage, ob das Gebäude ein Tempel oder Palast war, ist umstritten (b).

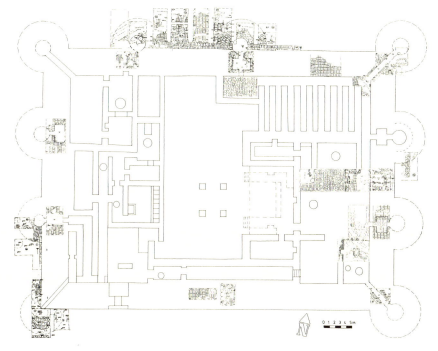

131b

gekommen, ohne daß die Erforschung des Platzes als abgeschlossen angesehen werden konnte. 1994 wurden die Arbeiten daher als usbekisch-deutsches Gemeinschaftsprojekt wieder aufgenommen (Abb. 130). Inzwischen konnten über die Struktur der Siedlung einige Aufschlüsse gewonnen werden (Abb. 131a). So hat es eine anfänglich aufgrund längerer Mauerstreifen vermutete Befestigungsmauer nicht gegeben. Es gab offenbar auch keine geschlossene Bebauung mit einem Straßennetz; vielmehr scheinen größere und kleinere Gebäudegruppen wie Einzelgehöfte regellos über das Gelände verteilt gewesen zu sein. Neben Lehmziegelbauten unterschiedlicher Qualität gab es einfache Stampflehmhütten. Außer einem Töpferviertel im äußersten Nordosten fanden sich fast überall Spuren von Bronzeverarbeitung. An den Abhängen der «Zitadelle» wurden besonders großräumige, reiche Wohngebäude mit Wandkaminen freigelegt. Reste einer Ringmauer auf der nordwestlichen Geländeerhebung, auf der auch der als Palast bezeichnete älteste Monumentalbau steht, gaben Anlaß, hier eine Zitadelle anzunehmen. Wie sich jetzt zeigte, überlagert die Mauer die Reste der Gebäude, so daß sie nicht zum ursprünglichen Baubestand gehören kann. Da sich auf dem Zitadellenhügel als einzigem Ort in Dscharkutan früheisenzeitliche Keramik findet, wird zu untersuchen sein, ob die Mauer tatsächlich zum bronzezeitlichen Baubestand gehört.

Während der «Palast» auf der Zitadelle in seinem eindrucksvollen, turmbewehrten Mauergeviert nur einen Hof mit umgebenden Kammern enthält, ähnelt der etwa in der Siedlungsmitte gelegene zweite Monumentalbau durch bestimmte Raumformen seiner differenzierten Innenbebauung den als Tempel interpretierten Großbauten der Margiana (Abb. 131b). Inzwischen ließ sich auch nachweisen, daß das Gebäude knapp 8 m breite, für diese Bauten typische Rundbastionen mit runden Turmkammern und in der ca. 4 m starken Mauer liegende, rechteckige Vorkammern besaß. Zwischen den Bastionen der Westseite lag ein axialer Eingang.

Während einer langen und offenbar ruinösen Nachbesiedlung waren die Bastionen und andere Gebäudeteile abgegraben worden. Gravierender noch sind die Beschädigungen der jüngsten Geschichte. Bei der Oberflächenreinigung kamen die Schaufelspuren der landwirtschaftlichen Planierraupen, die die Hügelkuppe einzuebnen begonnen hatten, mit solcher Klarheit zutage, daß sich der Winkel bestimmen ließ, mit dem sie diagonal über die Ruine gefahren sind. Die Kulturschichten der einst am höchsten gelegenen und wohl wichtigsten Gebäudebereiche sind heute als Abraum um die Ruine herum ausgebreitet. Erhalten blieb der massive Unterbau aus Lehmziegeln und vier Steinfundamente, auf denen wohl Holzsäulen standen, die das Dach des großen Hauptsaales des Gebäudes trugen. Von den Wänden des Saales und der Seitenräume ist nichts erhalten, jedoch existieren Reste der Vorräume und in der Nordostecke eine charakteristische Anordnung dicht nebeneinander liegender Wände. Die nur 90 cm breiten Zwischenräume können vielleicht als Abstellkammern genutzt worden sein, ihre eigentliche Funktion dürfte aber die eines Unterbaus für hoch gelegene, luftige Räume oder Terrassen gewesen sein, wie sie bis heute in den heißen Regionen der orientalischen Welt in der reicheren Wohnarchitektur gebaut werden (Abb. 130).

Wir finden somit im «Tempel» von Dscharkutan alle architektonischen Bestandteile wieder, die auch für die besser erhaltenen Bauten der Margiana charakteristisch sind. In beiden Fällen liegt hinter oder neben einem repräsentativen Bereich ein Wirtschaftsteil; in Dscharkutan ist dieser tiefer gelegen und daher besser erhalten. Immer öffnet sich der Haupteingang in einer durch Rundbastionen symmetrisch gegliederten, monumentalen Fassade und führt durch Höfe und Vorräume in einen Hauptsaal, und fast immer ist ein Mauerrost als Substruktion für hochgelegene Räumlichkeiten vorhanden.

Es wäre verfrüht, bereits jetzt die Frage nach der Funktion dieser Bauten entscheiden zu wollen. Ihre Interpretation als Tempel ist selbstverständlich hypothetisch, und über die Religion dieser noch so wenig bekannten Kultur wissen wir nichts. Sicherlich kann zu einem orientalischen Tempel ein Wirtschaftsteil gehören, und zweifellos kann er äußere und innere Monumentalität besitzen. Die gleichen Eigenschaften können aber auch für einen Fürstensitz sprechen. Auf diesen weist zusätzlich ein bauliches Detail hin: die Substruktionsmauern für hochgelegene Räume, die in einem repräsentativen Wohnbau, einem Palast, eher zu erwarten sind als in einem Heiligtum.   DH

Tiryns – Mauern und Paläste für namenlose Herrscher

Im 2. Jt. v. Chr. entstanden in Griechenland die ersten Hochkulturen auf europäischem Boden, zunächst im minoischen Kreta, danach, in mykenischer Zeit, auf dem griechischen Festland. Seitdem sich H. Schliemann vor über 120 Jahren zur Aufgabe setzte, die historische Realität der homerischen Epen zu beweisen und hierdurch die mykenische Kultur entdeckte, wissen wir, daß die sich zum Golf von Nafplion öffnende Ebene von Argos zu den Kernregionen dieser Kultur zählte. Keine andere griechische Landschaft verfügt über eine ähnliche Dichte mykenischer Palastzentren wie diese nur knapp 250 km^2 große Ebene, denn neben dem namengebenden Mykene befinden sich hier mit Midea und Tiryns zwei weitere mykenische Zentren. Zwei Faktoren dürften diese beispiellose Machtzusammenballung begünstigt haben: einerseits die bereits in der Antike gerühmte Fruchtbarkeit der Ebene, andererseits unterschiedliche Interessenschwerpunkte der einzelnen Orte. Im Falle von Tiryns liegt einer der Gründe für die Bedeutung auf der Hand: Zumindest in mykenischer Zeit war es der wichtigste Hafenort der Argolis und damit Drehscheibe für den sich auf den gesamten Mittelmeerraum erstreckenden Fernhandel dieses Zeitabschnitts.

Der heute rund 2 km von der Bucht von Nafplion entfernte, schmale Felsrücken von Tiryns erhebt sich bis zu einer Höhe von fast 30 m aus der umgebenden Ebene. Das Plateau des Felsens fällt von Süden nach Norden ab, eine topographische Gegebenheit, die in der mykenischen Zeit dazu genutzt wurde, um eine Gliederung in eine Oberburg, Mittelburg und Unterburg zu schaffen. Der Vergleich mit anderen mykenischen Zentren zeigt, daß hiermit die gesellschaftliche Hierarchie versinnbildlicht wurde, denn das Zentrum der Macht befand sich stets auf einem topographisch besonders exponierten Punkt, in Tiryns im Palast auf der Oberburg. Um den Felsen mit seinen Bauten erstreckte sich auf allen Seiten eine ausgedehnte bronzezeitliche Siedlung, deren Größe in den einzelnen Besiedlungsabschnitten noch nicht feststeht.

Die das heutige Erscheinungsbild von Tiryns prägende, in kyklopischer Technik ausgeführte mächtige mykenische Befestigung (Abb. 132) blieb seit der Antike stets in Teilen sichtbar und wurde von Pausanias, aber auch von späteren Reisenden aufgesucht und bewundernd be-

*Abb. 132 **Blick auf die in kyklopischer Bauweise errichtete Befestigung der Oberburg von Tiryns.***

*Abb. 133 **Tiryns-Unterburg. Übersichtsaufnahme.***

schrieben. Pausanias nannte die Mauern von Tiryns sogar in einem Atemzug mit den ägyptischen Pyramiden. Wegen der Sichtbarkeit der Ruine setzte auch die Grabungstätigkeit in Tiryns sehr früh ein, nämlich im Jahre 1831, als der deutsche Philologe Friedrich Thiersch, allerdings nur an einem einzigen Tag, Sondagen auf der Oberburg anlegen ließ. Diese Grabung blieb jedoch eine Episode, die zunächst keine weitergehende Beschäftigung mit dem Fundplatz nach sich zog. Den Beginn der systematischen Erforschung von Tiryns markiert die Ausgrabung von H. Schliemann und dem Architekten des Deutschen Archäologischen Institutes in Athen, W. Dörpfeld, im Jahre 1884, der eine kurze Sondierungskampagne von Schliemann 1876 vorausgegangen war. In dieser Zeit konnte bereits ein Großteil der Reste des letzten mykenischen Palastes auf der Oberburg freigelegt werden. Hieran knüpften die Ausgrabungen des Deutschen Archäologischen Institutes zwischen 1905 und 1929 an, die zunächst unter Leitung von Dörpfeld, später unter der von G. Karo und K. Müller standen. Neben den architektonischen Resten auf dem Akropolisfelsen wurden im Rahmen dieser Ausgrabungen erstmalig auch Teile der Außensiedlung in die Untersuchungen einbezogen. Ende der 50er Jahre führten Restaurierungsarbeiten an den Burgmauern durch den griechischen Antikendienst unter N. Verdelis zur Entdeckung der mykenischen Brunnengänge in der Unterburg. Dies gab Anlaß, seitens des Deutschen Archäologischen Institutes nach langer Unterbrechung im Jahre 1967 die Ausgrabungen in Tiryns wieder aufzunehmen. Der Schwerpunkt der Untersuchungen lag auf den durch die vorausgegangenen Ausgrabungen nur unzureichend erforschten Arealen, nämlich der Unterburg und der Außensiedlung. Neue Maßstäbe in der Erforschung des bronzezeitlichen Tiryns setzte dabei die von der Deutschen Forschungsgemeinschaft geförderte und von K. Kilian geleitete Großgrabung in der Unterburg von 1976 bis 1983 (Abb. 133), durch die die Nutzung und die Konzeption der Bebauung dieses Siedlungsteiles in mykenischer Zeit geklärt werden konnte. In den Jahren 1984 und 1985 schließlich führten die Grabungen von Kilian im Bereich der Megaronbauten der Oberburg zu neuen Erkenntnissen hinsichtlich der Baugeschichte im zentralen Bereich des mykenischen Palastes.

Wohl aufgrund seiner Lage wurde Tiryns über die Jahrtausende hinweg von Menschen als Siedlungsstandort ausgewählt. Nach Scherbenfunden und vereinzelten Schichtresten läßt sich der Beginn

132

133

der Besiedlung mindestens bis in das Mittelneolithikum (ca. 6000–5500 v. Chr.) zurückverfolgen. Allerdings fielen die Reste der ältesten Ansiedlungen weitgehend späteren Baumaßnahmen zum Opfer, so daß keine Angaben zu ihrer Größe und Struktur gemacht werden können. Umgekehrt ist auch unsere Kenntnis der jüngsten Siedlungsphasen, der byzantinischen Zeit, sehr unzureichend, da die zugehörigen Hinterlassenschaften überwiegend schon bei der Freilegung des mykenischen Palastes durch die Grabungen des letzten Jahrhunderts abgetragen wurden. Wir wissen nicht, ob Tiryns seit seiner Erstbesiedlung im Neolithikum kontinuierlich über 6000 Jahre besiedelt war, oder, was aufgrund der Erfahrungen an anderen Plätzen wahrscheinlicher ist, zu bestimmten Zeiten verlassen wurde. Immerhin steht aber fest, daß selbst im

Falle einer zeitweiligen Siedlungsunterbrechung immer wieder Menschen zu dem Ort zurückkehrten und eine neue Siedlung gründeten. Gemäß der bisher erzielten Grabungsergebnisse zeichnen sich in der langen Besiedlungsgeschichte zwei Zeitabschnitte ab, in denen Tiryns eine überragende Bedeutung innehatte, das eine Mal in der frühen Bronzezeit, dem Frühhelladikum, im 3. Jt. v. Chr., das andere Mal im Späthelladikum, d. h. der mykenischen Zeit, zwischen ca. 1400 und 1050 v. Chr. Nach der Bronzezeit blieben Tiryns und seine Umgebung zwar besiedelt, doch konnte der Ort nie mehr wieder an seine vorherige Bedeutung anknüpfen. Für die Archäologie bildet dies gewissermaßen einen Glücksfall, denn so blieb das bronzezeitliche Tiryns von Überbauung und Zerstörung durch spätere Siedlungen weitgehend verschont. An-

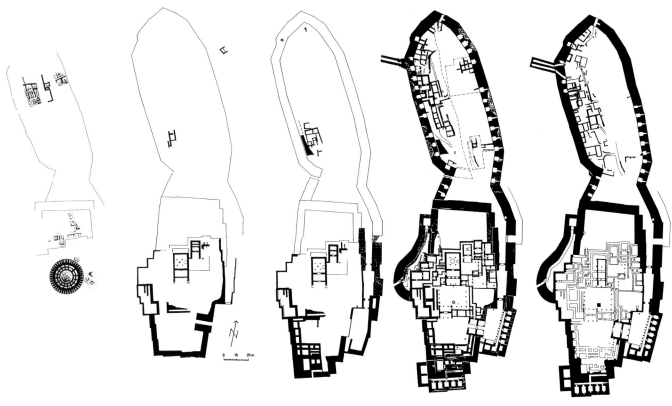

Ca. 2500–2200 v. Chr.   Ca. 1400–1300 v. Chr.   Ca. 1300–1250 v. Chr.   Ca.1250–1200 v.Chr.   Ca.1200–1050 v.Chr.

134

ders als in anderen Hauptorten lassen sich hier dementsprechend zusammenhängende Siedlungsstrukturen der Bronzezeit erforschen.

Der Spätabschnitt der Stufe Frühhelladisch II (ca. 2500–2200 v. Chr.) brachte für die Argolis ein bis dahin nicht gekanntes kulturelles Entwicklungsniveau, und vieles spricht dafür, daß die Region bereits in diesem Zeitabschnitt an der Schwelle zur Entstehung einer Hochkultur stand. Es war die Zeit, in der in Lerna, das gegenüber von Tiryns an der Bucht von Nafplion liegt, das palastähnliche «Haus der Dachziegel» errichtet wurde. Etwa gleichzeitig entstand im Bereich der Oberburg von Tiryns ebenfalls ein Bauwerk monumentalen Ausmaßes, jedoch ganz anderer Form, der «Rundbau». Es handelt sich um ein turmähnliches Gebäude von fast 28 m Durchmesser, einer durch ca. 44 bastionsartige Vorsprünge gegliederten Außenseite und einer Einteilung in Kammern und Korridore im Inneren. Für den Rundbau, der bis zum heutigen Tag ohne Parallele geblieben ist, wurden ganz unterschiedliche Deutungen vorgeschlagen: Residenz, Heiligtum oder Getreidespeicher. Einen Fingerzeig auf die wahrscheinliche Funktion des rätselhaften Gebäudes geben auffällige Übereinstimmungen zu den mykenischen Palastbauten. Nicht nur befand sich der Rundbau exakt an der Stelle, an der über 1000 Jahre später das große und das

kleine Megaron erbaut werden sollten, sondern ihm stand eine Siedlung aus dicht gedrängten, verwinkelten Häuserinseln in der Unterburg gegenüber (Abb. 134). Dies deutet an, daß die Gleichsetzung von topographischer Abstufung mit gesellschaftlicher Bedeutung bereits lange vor den mykenischen Palästen vollzogen wurde, indem das Hauptgebäude der Siedlung auf dem höchsten Punkt des Hügels plaziert wurde. Außerdem erinnert die annähernd gleichzeitige Errichtung zweier monumentaler Gebäude in Tiryns und Lerna an das Konkurrenzgebaren zwischen den späteren mykenischen Hauptorten. Wahrscheinlich war der Rundbau ein repräsentatives, wehrhaft wirkendes Gebäude, das in Friedenszeiten als Landmarke von weither zu sehen war und in Kriegszeiten als Rückzugspunkt diente, Funktionen, die an den Bergfried mittelalterlicher Burgen erinnern. Wie geomorphologische Untersuchungen durch E. Zangger gezeigt haben, lag Tiryns im 3. Jt. v. Chr. nur wenige hundert Meter vom Meer entfernt, was allerdings nicht mehr für die mykenische Zeit galt. Starke Bodenerosion führte nämlich noch im Laufe des 3. Jts. v. Chr. zu einer allmählichen Vorverlagerung der Küstenlinie, so daß die Entfernung des späthelladischen Tiryns vom Meer bereits ca. 1 km betrug.

Im späten 3. Jt. v. Chr. gingen der Rundbau von Tiryns und das «Haus der

Dachziegel» in Lerna in Feuersbrünsten unter, und mit diesen Großgebäuden verschwanden auch viele andere bemerkenswerte Errungenschaften der Frühhelladisch II-Kultur. So tief war der Einschnitt, daß die Argolis erst viele Jahrhunderte später wieder ein vergleichbar hohes Kulturniveau erreichen sollte. Der Wiederaufstieg von Tiryns zu einem Zentrum muß spätestens in der frühmykenischen Zeit (Späthelladisch I–II; ca. 1600–1400 v. Chr.) begonnen haben, denn schon im 14. Jh. v. Chr., im Laufe der Phase Späthelladisch IIIA, läßt sich auf der Oberburg die Erbauung eines Palastes und einer ihn umgebenden Befestigung nachweisen. Dabei kamen architektonische Konzepte zur Anwendung, die bis zum Ende der mykenischen Palastgesellschaft verbindlich bleiben soll-

Abb. 134   Die Bebauung auf dem Burgfelsen von Tiryns während der späten Stufe Frühhelladisch II (ca. 2500–2200 v. Chr.) sowie der palatialen (ca. 1400–1200 v. Chr.) und der nachpalatialen Zeit (ca. 1200–1050 v. Chr.) der mykenischen Kultur.

Abb. 135   Tiryns-Unterburg. Brunnengang der mykenischen Zeit mit kyklopischem Mauerwerk und Spitzgewölbe.

Abb. 136   Tiryns-Unterburg. Blick auf den Kultraum 110 der nachpalatialen Zeit mit großen weiblichen Figurinen in Fallage.

ten (Abb. 134). Besonders deutlich wird dies an der Errichtung eines großen und eines kleinen Megarons als Sitz der politischen Gewalt. Diese Megaronbauten nehmen in ihren Maßen und in ihrer Auslegung bereits alle Elemente der späteren Palastbauten vorweg. Ihre Wände waren mit Fresken bemalt, und im Hauptraum des großen Megarons gab es eine von vier Säulen umgebene, zentrale Herdstelle, auf die ein Thronplatz an der Ostwand des Raumes bezogen war. Ob den Megara auch Höfe vorgelagert waren, läßt sich aufgrund der derzeitigen Grabungsergebnisse allerdings noch nicht sagen. Offenbar lag der Erbauung des mykenischen Palastes von Anbeginn ein voll ausgebildeter architektonischer Entwurf zugrunde, in dessen Zentrum der Thronraum des großen Megarons stand. Da die gleiche Konzeption auch dem Palast im nahegelegenen Mykene und selbst noch dem im weit entfernten Pylos in Messenien eigen ist, sah Kilian hierin den architektonischen Ausdruck einer spezifisch mykenischen Herrscherideologie. Wenn aber der in den zeitgenössischen mykenischen Schriftquellen als *wanax* bezeichnete Herrscher in dem großen Megaron residierte, welche Funktion hatte dann das kleine Megaron? Die ältere Forschung meinte hierin den Sitz der Königin zu erkennen, wogegen Kilian das kleine Megaron mit dem *lawagetas*, dem in der Hierarchie hinter dem Herrscher rangierenden Funktionsträger, in Verbindung brachte.

Etwa zeitgleich mit der Erbauung des Palastes in Tiryns lassen sich auch in Mykene Bauaktivitäten beobachten, und von diesem Zeitpunkt bis zum Ende der mykenischen Paläste ist ein bemerkens-

werter Gleichklang bei wichtigen Baumaßnahmen zwischen den beiden Orten zu verzeichnen. Dies liegt sicher zum Teil an Naturkatastrophen, wie Erdbeben, die alle Siedlungen der Argolis gleichermaßen trafen, zum Teil aber auch an einer Konkurrenz zwischen den Eliten, die ihren Burgen eine besonders prächtige und Ehrfurcht einflößende Ausgestaltung geben wollten. Das mit Abstand ehrgeizigste Bauprogramm wurde in Tiryns und Mykene etwa um 1250 v. Chr. (Ende von Späthelladisch IIIB1), wahrscheinlich im Anschluß an ein Erdbeben in die Tat umgesetzt (Abb. 134). Ein neuer, noch prunkvollerer Palast trat an die Stelle des alten. Die Megara erhielten neben freskengeschmückten Wänden nun auch bemalte Stuckfußböden, und der Charakter eines Doppelpalastes wurde dadurch verstärkt, daß den beiden Megara ein großer und ein kleiner Hof mit Säulenhalle zugeordnet und auch das kleine Megaron mit einem Zentralherd und Thronplatz ausgestattet wurde.

Aber die Baumaßnahmen beschränkten sich nicht auf die Oberburg. Vielmehr wurde die Unterburg, die bis dahin mit einer in Bruchsteintechnik ausgeführten Mauer befestigt war, in eine den gesamten Felsen umschließende gewaltige kyklopische Befestigung einbezogen. Zusätzlich erhielt der Bereich der Unterburg eine neue Gestaltung, indem parallel zur Befestigung Terrassen aufgeschüttet und hierauf mehrstöckige Gebäudetrakte erbaut wurden. Die Gebäude standen in unmittelbarer Beziehung zum Palast, denn es fanden sich in einem Raum der Unterburg einige ungebrannte Tontafeln mit Linear B-Inschriften. Diese Silbenschrift, mit der eine frühe Form von Grie-

chisch geschrieben wurde, diente der Palastverwaltung zur Abfassung administrativer Texte. Abgesehen von der mächtigen Befestigung entstanden in dieser Zeit einige andere noch heute beeindruckende architektonische Besonderheiten der Burg von Tiryns. So wurden im Nordwesten der Unterburg zwei ca. 30 m tiefe Brunnengänge zur internen Wasserversorgung der Burg angelegt und mit kyklopischem Mauerwerk und Spitzgewölbe ausgekleidet (Abb. 135). Entlang der Westseite der Burg wurde in weitem Bogen ein stark befestigter Treppenaufgang von der Außensiedlung zur Mittelburg angefügt. Schließlich legte man in der südlichen und östlichen Befestigung der Oberburg zwei als Galerien bezeichnete Trakte an, die aus einem Korridor mit Spitzgewölbe und mehreren Kammern bestanden. Die Galerien gehören zu den Architekturmerkmalen von Tiryns, die von keinem anderen mykenischen Palast bekannt sind. Ihre Erbauung könnte mit der Bedeutung von Tiryns als Umschlagplatz für Handelsgüter und die hieraus hervorgehende Notwendigkeit zur Schaffung großer Lagerkapazitäten in Zusammenhang stehen.

Der Umfang der in Tiryns und Mykene in einem kurzen Zeitraum des 13. Jhs. v. Chr. verwirklichten Bauprogramme läßt starke Herrscherpersönlichkeiten vermuten, die diese Maßnahmen veranlassen und den notwendigen Arbeitseinsatz befehlen konnten. Wir kennen jedoch die Namen dieser Personen nicht, denn es gehört zu den Eigenheiten der minoischen und der mykenischen Hochkulturen, daß sie – im Unterschied etwa zu Ägypten oder dem Hethiterreich – Schrift nicht einsetzten,

135

136

137

schen Paläste Griechenlands ein ähnliches Schicksal. Der Verweis auf die Naturkatastrophe reicht gewiß nicht aus, um den Zusammenbruch der mykenischen Paläste zu erklären, denn schon zuvor ereigneten sich zerstörerische Erdbeben, auf die jedoch stets mit Neubauten reagiert wurde. Anscheinend gab es nach der Katastrophe um 1200 v. Chr. aber niemanden mehr, der die Autorität und Macht gehabt hätte, ein neues palatiales Bauprogramm in die Wege zu leiten. Die Katastrophe muß die Paläste folglich in einem besonders ungünstigen Moment getroffen haben. Die spezifischen politischen Rahmenbedingungen, die am Vorabend des Unterganges herrschten, können wir bisher nicht nachvollziehen, doch ist auffällig, daß bei den Neubauten wenige Jahrzehnte zuvor besonders der Abschreckungs- und Verteidigungssektor gestärkt wurde. Aufschlußreich sind hierbei die in Tiryns und auch in Mykene angelegten Brunnengänge, die als Vorbereitung auf Belagerungen zu verstehen sind. Es ist deshalb zu vermuten, daß wiederholte kriegerische Auseinandersetzungen mit inneren und mit äußeren Feinden, ein für die Schwächung der Paläste in den letzten Jahrzehnten ihres Bestehens ausschlaggebender Faktor waren.

Nach der Katastrophe verschwanden die Paläste und mit ihnen die Kenntnis der Schrift, es verschwand aber nicht die mykenische Kultur. In Tiryns kann, im Gegenteil, in der nachpalatialen Zeit des Späthelladikums (Späthelladisch IIIC; ca. 1200–1050 v. Chr.) eine besonders rege Siedlungsaktivität nachgewiesen werden. Die Außensiedlung scheint eine große Ausdehnung erreicht zu haben und auch auf der Unterburg erfolgte schon bald nach der Zerstörung eine planmäßige Neubebauung. Diese neue Siedlung unterschied sich jedoch grundlegend von der zur Zeit des Palastes. Das vorherrschende Gliederungsschema bestand nun aus kleinen, wohl meist einstöckigen Häusern, die sich entlang der Innenseite der Befestigung um mehrere kleine Höfe gruppierten und als Wohn- und Vorratsräume dienten (Abb. 134). An einem dieser Höfe befand sich über mehrere Bauphasen hinweg jeweils ein kleines Heiligtum, das direkt an die Befestigungsmauer angebaut war und noch Teile des Kultinventars, darunter großformatige, weibliche Figurinen, enthielt (Abb. 136. 137). Die Figurinen knüpfen in ihrer Form an palastzeitliche Traditionen an, was die Kontinuität in der Kultausübung vor und nach 1200 v. Chr. verdeutlicht. Daß auf dem gleichen Grundstück immer wieder Kultbauten etwa gleicher Form errichtet wurden, belegt wiederum die Siedlungs-

kontinuität der nachpalatialen Zeit in der Unterburg. Die Freilegung dieser Siedlung hat endgültig die Vorstellung widerlegt, daß auf das Ende der Paläste unmittelbar ein «dunkles Zeitalter» gefolgt sei. Nach den Forschungsergebnissen von Kilian kann nicht einmal ausgeschlossen werden, daß Reste der Machtstrukturen den Zusammenbruch der Paläste überdauert haben. In diesem Zusammenhang wäre es sehr wichtig, zu wissen, wie die Oberburg in der Zeit nach Zerstörung des Palastes genutzt wurde. Die Abtragung der hierfür ausschlaggebenden Schichten durch die Grabungen des letzten Jahrhunderts setzt einer Stellungnahme zu dieser Frage indes sehr enge Grenzen. Allerdings äußerte Kilian die Vermutung, daß ein in den Ruinen des großen Megarons errichteter, langschmaler Megaronbau, der bislang als geometrischer Tempel interpretiert wurde, möglicherweise ein nachpalatialer mykenischer Repräsentativbau war.

Auch wenn das Ende der Paläste keinen umfassenden kulturellen Niedergang bewirkt hat und wir erkennen müssen, daß es im 12. Jh. v. Chr. sogar vorübergehend zu einer Blüte mykenischer Kultur mit wohl geordneten Gemeinwesen kam, so war das Ende der späten Bronzezeit dennoch mit unübersehbaren Verfallserscheinungen verbunden. In Tiryns kam es im Laufe des 11. Jhs. v. Chr. zu einem Einschnitt, als die Siedlung auf der Unterburg weitgehend aufgegeben wurde. Damit endete die Geschichte des bronzezeitlichen Tiryns.

Die Ausgrabungen in Tiryns seit dem letzten Jahrhundert haben ein bronzezeitliches Zentrum vor unseren Augen erstehen lassen. Der Plan der mykenischen Burganlage ist in den wichtigsten Teilen geklärt, und dank seiner guten Erhaltung und der besonders klaren Gliederung bildet der Palast auf der Oberburg das wohl beste Beispiel für Repräsentationsarchitektur der mykenischen Zeit. Gleichwohl bleibt Tiryns auch in Zukunft ein lohnendes Forschungsobjekt. Nach Erforschung der Akropolis treten nun allerdings andere Fragestellungen in den Vordergrund. Dies betrifft besonders den noch immer unklaren Charakter der großen bronzezeitlichen Außensiedlung sowie das Verhält-

um Herrschernamen auf Reliefs oder Fresken festzuhalten. Den prächtigen Palastneubauten war indes kein langer Bestand vergönnt. Nur wenige Jahrzehnte nach ihrer Fertigstellung, gingen sie um 1200 v. Chr. in einer durch ein Erdbeben verursachten Brandkatastrophe unter. Von der Intensität des Feuers kann sich selbst der heutige Besucher von Tiryns ein Bild machen, denn auf den Steinfundamenten des Palastes auf der Oberburg sind an vielen Stellen noch verschmolzene Reste der aus Lehmziegeln, Holz und Kalkmörtel bestehenden Wände erhalten. Die Katastrophe besiegelte das Schicksal der mykenischen Palastgesellschaft und dies nicht nur in Tiryns, sondern auch in den anderen Zentren der Argolis, und darüber hinaus ereilte etwa gleichzeitig auch die anderen mykeni-

Abb. 137   Tiryns. Figurine aus Kultraum 110 der nachpalatialen Zeit.

Abb. 138   Seit 1906 sind in Hattuscha rund 25.000 Keilschrifttafeln, meist Bruchstücke wie dieses hier, gefunden worden. Die Texte sind in Hethitisch, Akkadisch, Luwisch, Hurritisch, Hattisch und Palaisch verfaßt.

nis dieser Siedlung zu dem Palast. Unbekannt ist auch, ob es mykenische Hafenanlagen gegeben hat und wo sie sich gegebenenfalls befunden haben könnten – brennende Forschungsfragen, die auch nach über einem Jahrhundert Grabungstätigkeit auch für die Zukunft noch spannende und aufschlußreiche Erkenntnisse zur Geschichte der mykenischen Kultur versprechen.   JM

Die hethitische Reichshauptstadt Hattuscha – Großmacht in Anatolien im 2. Jt. v. Chr.

Im Gebäude der Vereinten Nationen in New York hängt das vergrößerte Faksimile einer Keilschrifttafel (Abb. 138): Der Friedensvertrag zwischen Pharao Ramses II. von Ägypten und Großkönig Hattuschili III. von Hatti (ca. 1265–1235 v. Chr.), dem Reich der Hethiter in Kleinasien. Dieses etwa 3260 Jahre alte Dokument führt den heutigen Lenkern der Weltgeschicke täglich vor Augen, daß internationale Verträge eine jahrtausendealte Tradition haben – und daß der Wortlaut, wenn der Zufall es will, auch nach Jahrtausenden noch für kritische Überprüfungen zur Verfügung stehen kann.

Eine Hauptstadt wird wiederentdeckt

Gefunden wurde diese Tontafel im Jahr 1906 bei Ausgrabungen in Boğazköy (Abb. 139), einem Ort im Anatolischen Hochland 150 km östlich von Ankara. Hier war bereits 1834 von Charles Texier ein ausgedehntes Ruinengelände entdeckt worden, aber erst gut 70 Jahre später ermöglichte es der Fund von rund 2500 Keilschrifttafelfragmenten dem Assyriologen Hugo Winkler, das jahrzehntelange Rätselraten um die Identität des Ortes endgültig zu beenden – dies waren die Überreste von Hattuscha, der Hauptstadt des hethitischen Reichs, das neben Assyrien, Babylonien, Mitanni und Ägypten im 2. Jt. v. Chr. die fünfte Großmacht des Alten Orients bildete.

Dieses Ergebnis weckte den Wunsch nach einer umfassenderen Untersuchung des Ortes. Im folgenden Jahr erhielten Winkler und sein Partner Theodor Makridi vom Osmanischen Museum in Istanbul daher tatkräftige Unterstützung: Das Archäologische Institut des Deutschen Reiches entsandte seinen Generalsekretär Otto Puchstein, der mit einer eigenen Mitarbeitergruppe und 30 000 Mark aus dem Fonds des Kaisers anreiste. Die beiden Arbeitsgruppen führten parallel Ausgrabungen durch, bei de-

nen unter anderem etwa 7500 weitere Keilschrifttafelfragmente ans Tageslicht kamen. Es entstanden Architekturpläne, eine ausführliche Photodokumentation und auch ein topographischer Gesamtplan der zwei Quadratkilometer messenden Stadtanlage. In einer 1912 veröffentlichten großen Monographie werden die Konturen der Stadt erstmals deutlich: Sie lag an einem felsigen Berghang am Rand einer fruchtbaren Ebene, auf zwei Seiten durch tiefe Täler geschützt. Eine über 6 km lange Befestigungsmauer mit monumentalen Stadttoren, die teilweise Reliefschmuck trugen, umgab die Stadt (Abb. 140–142). An verschiedenen Stellen lagen die Ruinen vielräumiger Tempelbauten. Ihre Wände aus Lehmziegeln waren zwar vergangen, aber die Sockelbereiche aus großen Kalksteinblöcken gaben eine Vorstellung vom Aussehen der Gebäude. Ein zur Zitadelle ausgebautes Hochplateau wurde als Königsburg (Büyükkale) identifiziert, nicht zuletzt aufgrund eines Tontafelarchivs, das die Korrespondenz der hethitischen Herrscher enthielt.

Wenn man heute dieses Buch zur Hand nimmt, besticht einerseits die ausführliche Art der Darstellung, aber andererseits fällt auch die relativ trockene Art der Beschreibung auf, die auf kulturelle Interpretationen weitgehend verzichtet – verzichten mußte, weil zu dem Zeitpunkt noch viel zu wenig über das Volk der Hethiter bekannt war.

Eine neue Wissenschaft entsteht

Das frühe Engagement des Archäologischen Instituts an diesem Ort fand zunächst keine Fortsetzung. Winkler und Makridi haben 1911 und 1912 erneut in Boğazköy gearbeitet, aber danach entstand eine lange Pause – Winkler starb 1913, und der 1. Weltkrieg und der türkische Befreiungskrieg ließen alle Pläne zur Weiterarbeit in weite Ferne rücken.

Inzwischen erlebte jedoch die Erforschung der hethitischen Kultur eine Initialzündung besonderer Art – im Jahr 1915 gelang dem Philologen Bedřich Hrozný anhand der Keilschrifttexte aus Boğazköy die Entschlüsselung der hethitischen Sprache. Bis dahin hatte man nur diejenigen Texte, die in der damals schon länger bekannten akkadischen Sprache verfaßt waren, verstehen können. Die Mehrzahl war jedoch hethitisch geschrieben und blieb weitestgehend unzugänglich. Nun aber ließ sich zumindest in größeren Teilen der wechselhafte Lauf der Geschichte eines Reichs rekonstruieren, das mit allen Großen jener Zeit im

Alten Orient in diplomatischem Kontakt gestanden hatte, das von vielen Ländern Tribute erhielt und das über einen langen Zeitraum hinweg in Anatolien und Nordsyrien tonangebend gewesen war. Hethiter zogen bis nach Babylon (1200 km Luftlinie von Hattuscha!) und verursachten das Ende der Dynastie von Hammurabi, sie lieferten sich Seeschlachten um die Kupferinsel Zypern und dehnten ihre Einflußsphäre nach Westen bis an die Küste der Ägäis aus. Andere Keilschrifttafeln berichteten von religiösen Ritualen, von Orakeln und Gesetzen, von Wirtschaft und Handel. So entstand durch die Textfunde aus den Ausgrabungen in Hattuscha, die bis heute auf etwa 25 000 Stücke angewachsen sind, die Hethitologie als neue Disziplin der altorientalischen Sprach- und Kulturwissenschaften.

Weitere Ausgrabungen – die Stadt bekommt zeitliche Tiefe

Das Jahr 1931 markiert den Beginn neuer Ausgrabungen am Ort. Träger waren das Archäologische Institut, dessen Abteilung Istanbul zwei Jahre zuvor gegründet worden war, und die Deutsche Orient-Gesellschaft, die auch schon einen großen Teil der früheren Kampagnen finanziert hatte.

Kurt Bittel, damals 24 Jahre alt und schon promovierter Prähistoriker, wurde mit der Leitung der Grabung betraut. Mit nur 6000 Mark, einem Zehntel des Gesamtbudgets der Kampagne von 1907, konnte er rund einen Monat lang ausgraben. Als vielversprechendsten Grabungsplatz für den Anfang wählte Bittel die Königsburg (Büyükkale) aus. Hier lag der Schutt von mehreren Bauperioden

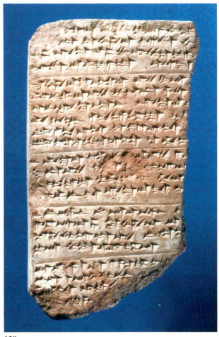

138

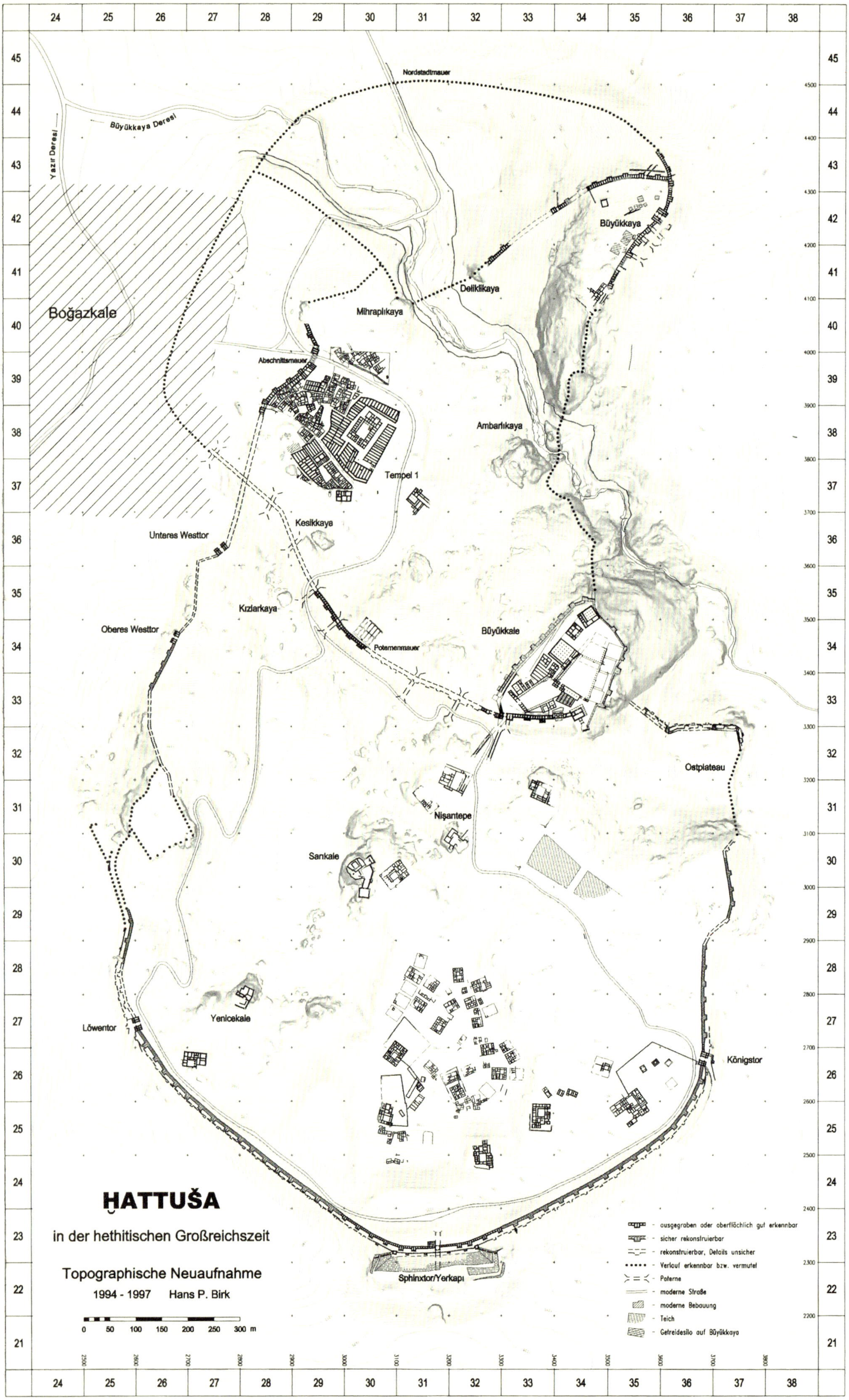

ḪATTUŠA
in der hethitischen Großreichszeit
Topographische Neuaufnahme
1994 - 1997 Hans P. Birk
0 50 100 150 200 250 300 m
Nordstadtmauer
Büyükkaya Deresi
Yazır Deresi
Büyükkaya
Deliklikaya
Mihraplıkaya
Boğazkale
Abschnittsmauer
Ambarlıkaya
Tempel 1
Kesikkaya
Unteres Westtor
Kızlarkaya
Oberes Westtor
Büyükkale
Poternenmauer
Ostplateau
Nişantepe
Sarıkale
Yenicekale
Löwentor
Königstor
Sphinxtor/Yerkapı
ausgegraben oder oberflächlich gut erkennbar
sicher rekonstruierbar
rekonstruierbar, Details unsicher
Verlauf erkennbar bzw. vermutet
Poterne
moderne Straße
moderne Bebauung
Teich
Getreidesilo auf Büyükkaya

140

übereinander, ganz wie bei einer orientalischen Tell-Siedlung. Mit der vorsichtigen Aufdeckung dieser Schichten konnte es am ehesten gelingen, die zeitliche Tiefe dieser Stadt auszuloten. Man wußte inzwischen zwar, daß sie rund 400 Jahre Reichshauptstadt gewesen war, aber die einzelnen Monumente ließen sich nur schwer irgendwo innerhalb dieser Zeitspanne festmachen.

Nach neun Grabungskampagnen bis zum Ausbruch des 2. Weltkriegs war nicht nur dieses Ziel erreicht, sondern auch für die vor- und nachhethitischen Siedlungsspuren im Stadtgebiet ein erstes Chronologiegerüst erstellt. Dieses Gerüst ist dann durch die späteren Ausgrabungen ständig vervollständigt worden, und heute stellt sich die Geschichte der Stadt und der Landschaft von Hattuscha so dar:

Die ersten Siedler kommen im Chalkolithikum (6. Jt. v. Chr.) in dieses Gebiet.

Abb. 139   Plan von Boğazköy/Hattuscha, Stand 1998.

Abb. 140   Hattuscha. Das Königstor nach seiner Freilegung 1907. Das Relief auf der linken Seite zeigt einen bewaffneten Krieger, der durch den Hörnerschmuck am Helm als Gott ausgewiesen ist.

Eine dauerhafte Besiedlung findet aber erst in der frühen Bronzezeit, gegen Ende des 3. Jts. v. Chr., statt. Das Volk der Hatti, anatolische Ureinwohner, siedelt hier und im weiten Umkreis – reiche Gräber von hattischen Fürsten hat man im benachbarten Alacahüyük ausgegraben. Im 19. und 18. Jh. v. Chr. wird neben der Siedlung, die schon den Namen Hattusch führt, ein «karum» eingerichtet: Eine Kolonie von assyrischen Händlern, die den östlichen Teil Anatoliens mit einem dichten Netz von Karawanenrouten und Handelsstationen überzogen haben. Sie kaufen im Land vor allem Kupfer, Silber und Gold und liefern im Gegenzug Zinn, Stoffe und Kleider. Die Kaufleute stehen unter dem Schutz des lokalen Herrschers, und im Gegenzug formt die Kolonie eine Quelle bescheidenen Reichtums für die Stadt. Gegen Ende des 18. Jhs. v. Chr. wird Hattusch zerstört, aber keine hundert Jahre später ersteht es unter dem Namen Hattuscha neu und wird zur Hauptstadt des hethitischen Reiches. Nach einem fulminanten Start mit der Eroberung von großen Teilen Anatoliens und Nordsyriens und dem erwähnten Kriegszug nach Babylon kommen Rückschläge; blutige Thronfolgestreitigkeiten, feindliche Angriffe und innere Unruhen lassen das Reich wieder auf den Bereich von Zen-

tralanatolien schrumpfen, und gegen Ende des 15. Jhs. v. Chr. brennen Teile der Hauptstadt nieder. Erst in der Mitte des 14. Jhs. v. Chr. kommt mit Schupiluliuma I. ein energischer König auf den Thron, der Hattuscha wieder auf den Weg zur Großmacht führt. Dies ist die Frühzeit des hethitischen Großreiches, in der nun endlich auch die Macht des Reiches von Mitanni, dem mächtigen Gegenspieler im Bereich von Euphrat und Tigris (heute Südosttürkei, Nordsyrien und Nordirak), gebrochen wird. Nun grenzt hethitisches Gebiet in Syrien direkt an die nördlichste Provinz des ägyptischen Pharaonenreiches. Der Machtzuwachs führt im 13. Jh. v. Chr. zu einem Bauboom in der Hauptstadt: Mit der Errichtung einer neuen, 3,3 km langen Befestigungsmauer über die südlich anschließenden Höhen wird das Stadtgebiet auf die doppelte Größe gebracht. In diesem heute Oberstadt genannten Bereich entstehen zahlreiche Großbauten, und daneben wird auf der Königsburg ein kompletter Umbau vorgenommen: Hier wird ein großer Palastkomplex mit kolonadengesäumten Höfen, Wohn- und Magazinbauten und einer großen Audienzhalle errichtet (Abb. 143). Zusätzlich werden auch Teile der Altstadt restrukturiert. Aber der Niedergang ist schon nicht mehr fern: Leider

141

142

haben die Hethiter kaum Texte zur Geschichte ihres Landes – abgesehen von der Geschichte der Dynasten – hinterlassen, aber aus dem Mosaik der Informationen läßt sich erkennen, daß Thronfolge-

streitigkeiten, Mißernten und feindliche Angriffe die Stadt so schwächten, daß sie schließlich um 1200 v. Chr. aufgegeben wurde. Kurz danach war dann auch das Reich am Ende, und die Hethiter verschwanden in Zentralanatolien von der Bildfläche. Der Untergang war so vollständig, daß man bis vor einigen Jahren noch davon ausging, daß dieses Gebiet erst in der «phrygischen» Eisenzeit, 300 bis 400 Jahre später, wiederbesiedelt worden sei. Neueste Ausgrabungen haben jetzt jedoch im Nordosten des Stadtgebietes von Hattuscha die Überreste einer Siedlung zutage gefördert, die diese als «Dunkles Zeitalter» apostrophierte Lücke überbrücken hilft. Die eisenzeitliche Siedlung gewinnt dann vor allem im 7.–5. Jh. v. Chr. an Größe, und im Stadtgebiet werden wieder verschiedene Befestigungsanlagen gebaut. Im Anschluß daran gibt es – nun wieder in beschränkterem Umfang – noch Siedlungsaktivitäten in hellenistischer, römischer und byzantinischer Zeit.

Nach der Denkpause: Die Unterstadtgrabung

1939 brachte der nächste Krieg eine neue Unterbrechung der Ausgrabungstätigkeit. Die nun folgende Zwangspause von 12

Jahren gab den Ausgräbern Gelegenheit, das Erreichte auszuwerten. 1952 erschien der erste Band einer Serie von inzwischen 16 Monographien zu den Ergebnissen der Ausgrabungen in Hattuscha/Boğazköy (daneben gibt es 12 weitere Bände zu den archäologischen Ergebnissen und 134 Bände zu den Keilschrifttexten). Schon im Einleitungskapitel ist hier eine Liste von neun Grabungsprojekten, die noch auszuführen seien, abgedruckt. Mit anderen Worten, es mußte weitergehen. Und tatsächlich konnte Bittel noch im selben Jahr mit neuen Ausgrabungen beginnen, die ohne weitere Unterbrechungen bis heute andauern.

In den Vorkriegsjahren hatte man sich – neben diversen Testgrabungen – vor allem auf die Königsburg konzentriert. Diese Arbeit wurde nun fortgesetzt und fand 1966 ihren Abschluß. Daneben rückte aber immer mehr auch das übrige Stadtgebiet und die nähere Umgebung in den Blickwinkel der Forscher. Als Schauplatz für eine neue Großgrabung wählte man einen Teilbereich der «Unterstadt» oder «Altstadt» von Hattuscha aus, am Fuß des Hangs unterhalb der Königsburg gelegen. Im Zentrum erhob sich hier ein monumentaler Doppeltempel des 13. Jhs. v. Chr. (Tempel 1; Abb. 139. 144), der den höchsten Gottheiten des Landes, dem Wettergott des Himmels und

143

der Sonnengöttin von Arinna, gewidmet gewesen sein dürfte. Zusammen mit den ihn umgebenden vielräumigen Magazintrakten bedeckte er eine Grundfläche von 14500 m². Die teilweise mehrstöckigen Magazine dienten zum einen zur Aufbewahrung von Vorräten und Waren, die aus den Tempelgütern erwirtschaftet oder als Spende oder Tribut abgeliefert wurden. Die Untergeschosse waren teilweise völlig vollgestellt mit riesigen Tongefäßen, die bis zu 2000 l Fassungsvermögen hatten. Öl und Wein konnten hier ebenso aufgehoben werden wie Getreide und Hülsenfrüchte. Daneben boten die Magazine aber auch Raum für die Gerätschaften, die man bei Kulthandlungen und Prozessionen benötigte – Geschirr aus Ton und Metall, Tische, Stühle und andere Möbelstücke, Musikinstrumente,

Abb. 141 Hattuscha. Das Löwentor, Außenseite.

Abb. 142 Hattuscha. Am Löwentor wurde der Besucher von zwei männlichen Löwenfiguren mit mächtiger Mähne und drohend aufgerissenen Maul empfangen.

Abb. 143 Büyükkale, Rekonstruktion der hethitischen Palastanlage im 13. Jh. v. Chr.

tragbare Götterbilder und Baldachine, Fahnen, die Gewänder der Priesterschaft und ihrer Helfer und vieles mehr sowie sicher zeitweise auch Opfertiere. Außerdem fand man in den Magazinräumen an der Südostseite das größte Tontafelarchiv der Stadt.

Umgeben war der Tempel von einer kleinteiligen Wohnbebauung, die über Jahrhunderte existierte und sich entsprechend häufig verändert hat. In den älteren Schichten herrschten noch Hofhäuser mit offenem Innenhof vor, später jedoch kamen Hallenhäuser mit überdachter Wohnhalle auf, eine typisch städtische Hausform. Hier wohnten Priester, Beamte, Händler und Handwerker, während die bäuerliche Bevölkerung eher außerhalb der Stadt in Dörfern und Weilern in der Umgebung lebte. Die Häuser besaßen wie die Tempel- und Palastbauten Wände aus luftgetrockneten Lehmziegeln, teilweise unterstützt von einer Fachwerkkonstruktion, sowie Flachdächer. Während Frischwasser an kommunalen Zapfstellen zur Verfügung stand, gab es für die Abwasserentsorgung sogar Hausanschlüsse, die in Kanalisationsgräben unter die Straßen und Gassen führten. In diesem Grabungsabschnitt sind zwar nur 5–10 % der Unterstadt von Hattuscha untersucht worden, aber man hat doch zumindest einen Eindruck gewinnen kön-

nen von Aufbau und Funktion einer hethitischen Wohnstadt.

Die Oberstadt von Hattuscha

Im Jahr 1978 übernahm P. Neve, bereits seit 1963 örtlicher Grabungsleiter, die Gesamtleitung des Projekts (bis 1993). Ab nun stand der Bereich der südlichen Oberstadt von Hattuscha im Zentrum der Forschung. In diesem Gebiet waren schon früher fünf Tempelanlagen entdeckt und untersucht worden. Prinzipiell ging man aber davon aus, daß die Befestigung der Oberstadt und die daraus resultierende Verdoppelung des Stadtgebietes im 13. Jh. v. Chr. im wesentlichen der Schaffung von Wohnraum für eine wachsende Bevölkerung gedient hatte. Nun förderte jedoch die Grabung nicht weniger als 24 weitere Tempelbauten unterschiedlicher Größe zutage und damit die Erkenntnis, daß zumindest Teile der Oberstadt rein kultischen Zwecken gedient haben müssen. Dadurch bekommt die Bezeichnung «Stadt der tausend Götter», mit der Hattuscha in manchen Keilschrifttexten belegt ist, einen neuen Klang: Die Texte berichten davon, daß die Hethiter die Gottheiten fremder Völker – auch die der unterlegenen Feinde – in ihr religiöses Weltbild einbezogen und ihnen Kultstätten errichteten (Abb. 145). Hattuscha war nicht nur weltliche Metropole und Regierungssitz, sondern auch Kulthauptstadt des Reiches. Die Tempel in der Oberstadt, zu denen sich im Fortgang der Grabungen sicher noch weitere gesellen werden, legen davon ein beredtes Zeugnis ab.

Die Reste des vorerst letzten Tempels kamen 1989 im Nordosten der Oberstadt zutage. Hier wurde das Vorgelände der Königsburg untersucht und dabei verschiedene offizielle Bauten freigelegt. In einem Untergeschoß fand man über 3300 Tonplomben mit Siegelabdrücken von Großkönigen, Prinzen, Funktionären und Schreibern. Sie dienten einst als Unterschrift und Zertifikat an beschrifteten Holztafeln, Schachteln und Warenballen und liefern der Forschung eine Fülle an Material, da Namen und Titel des Trägers, oft noch ergänzt um genealogische Angaben, darauf verewigt sind.

Ebenfalls in diesem Grabungsabschnitt wurden zwei aus großen Quadern gesetzte Kammern gefunden und rekonstruiert, die die frühesten Beispiele für Steingewölbebau darstellen. In einer der Kammern ist eine mehrzeilige Inschrift mit luwischen Hieroglyphen – eine neben der Keilschrift bei den Hethitern gebräuchliche Bilderschrift, die nicht mit den ägyptischen Hieroglyphen verwandt ist –

angebracht. In ihr berichtet der letzte bekannte Großkönig der Hethiter, Schupiluliuma II., über diverse Eroberungen und Städtegründungen. Von drohenden Gefahren oder gar dem kurz bevorstehenden Untergang des Reiches ist keine Rede – Durchhalteparolen?

Die Getreidelager von Büyükkaya

Mit den Ausgrabungen auf Büyükkaya im Nordosten der Stadt wurde 1993 ein neuer Abschnitt der Grabungen in Hattuscha begonnen. Dieser Höhenrücken ist seit dem Chalkolithikum für Siedler attraktiv gewesen, da er oberhalb einer fruchtbaren Ebene liegt und relativ leicht zu schützen ist. Auch die Hethiter nutzten diesen Vorzug und bezogen den Berg schon früh in das befestigte Stadtgebiet mit ein. In der jüngeren Großreichszeit im 13. Jh. v. Chr. verwandelten sie Büyükkaya in eine stark befestigte Zitadelle. Deren Hauptzweck bestand nun im Schutz von riesigen unterirdischen Silos, die viele hundert Tonnen Getreide fassen konnten. Hier lagerten unter zentraler Verwaltung die Getreidevorräte der Stadt bzw. des Landes, mit denen die Herrscher die Versorgung steuern und auch Krisenzeiten überbrücken konnten – die Grundvoraussetzung für den Erhalt der Macht.

Nicht immer reichten die Vorräte jedoch aus, denn verschiedene Keilschrifttexte berichten von Hungerjahren in Hatti, ausgelöst durch Mißernten oder auch durch feindliche Überfälle, bei denen die Getreidefelder niedergebrannt wurden. Hier bewährte sich übrigens der eingangs erwähnte Friedensvertrag mit Ägypten, denn sowohl Ramses II. als auch einige Jahrzehnte später sein Sohn Merenptah sandten Schiffsladungen Getreide nach Hatti, letzterer explizit als Hilfe für eine Hungersnot.

Perspektive

Bei der Planung und Durchführung der Grabungen ist heute auch in Hattuscha der Einsatz moderner Technik und elektronischer Datenverarbeitung unverzichtbar geworden: Luftbildauswertung gibt die Möglichkeit, anhand von geringfügigen Schattenwürfen oder Unterschieden im Pflanzenbewuchs unterirdisch gelegene Architekturreste und auch großräumige Strukturen zu erkennen – so wurden z. B. 1998 in der westlichen Oberstadt mehrere längst verschüttete Staubecken, die einst der Wasserversorgung dienten, aufgespürt; mit physikalischen Prospektionsmethoden wie Geoelektrik, Geomagnetik und Georadar kann man sogar

in den Boden «hineinsehen» und viel-versprechende Grabungsstellen lokalisieren; bei der gerade abgeschlossenen topographischen Neuvermessung des Geländes kamen Geräte mit Laser für Distanzmessungen und digitalem Kompaß sowie auch das weltumspannende Satellitenpeilsystem GPS zum Einsatz; und an die Stelle des Post-Reiters der Bittel'schen Grabung der 30er Jahre, der vierzehn Stunden unterwegs war, um Briefe auf der Station im 35 km entfernten Yozgat zu holen, sind heute Telefon-, Fax- und e-mail Anschluß im Grabungshaus getreten.

Das Ziel des neuesten Grabungsabschnitts in Hattuscha, der inzwischen angelaufen ist, ist diesmal der westliche Teil der Oberstadt. Über seine Funktion ist bisher nichts bekannt, da noch keinerlei Ausgrabungen stattgefunden haben. Hier können weitere Tempelanlagen oder Bauten der Stadt- und Reichsverwaltung gelegen haben, aber auch eine Nutzung als einfaches Wohnviertel kann nicht ausgeschlossen werden. Erkenntnisse über Aufbau und Organisation der Hauptstadt werden erwartet, und natürlich spielt auch die Hoffnung auf neue Keilschrifttafelarchive eine Rolle. Erst die Texte geben konkrete Anhaltspunkte zu den geistigen Dimensionen des damaligen Lebens, die wir in der Ausgrabung selten genug zu fassen bekommen. Außerdem führen sie über die Grenzen der Stadt hinaus und liefern Daten zur Geschichte des Reichs und – über seine auswärtigen Beziehungen – auch zur Geschichte anderer Länder des Alten Orients. In diesem Sinn ist die Grabung in Hattuscha, das 1987 von der UNESCO in die Liste des Weltkulturerbes aufgenommen worden ist, Teil eines Netzwerks von Grabungsplätzen im Nahen Osten, denn von Zentralanatolien bis nach Oberägypten gibt es Tontafelarchive oder Bauinschriften, in

145

denen über Kriege, Verträge und Handelsverbindungen mit Nachbarländern berichtet wird. Nicht jeder König war in gleicher Weise mitteilungbedürftig, aber letztlich eint sie alle ein menschlicher Drang: Der Drang, etwas Bleibendes zu schaffen und sich sowohl den Zeitgenossen als auch der Nachwelt in möglichst glänzendem Licht zu präsentieren. Wort und Bild waren dafür die geeigneten Mittel, und davon profitiert heute die archäologische Forschung. JS

Resafa – Vom Kastell zur Kalifenresidenz

Den gelehrten Reverend M. William Halifax überraschte vor allem das die Sonnenstrahlen reflektierende Baumaterial (reines Gipsgestein) der Ruine, die da vor der Karawane auftauchte, mit der er im Jahre 1691 durch die nordsyrische Wüstensteppe zog. Von den Bauten selbst war er vergleichsweise weniger beeindruckt. Immerhin gibt sein diesbezüglicher Bericht in einer Oxforder Zeitschrift vier Jahre danach erstmals Kunde von einer der bedeutendsten spätantik-mittelalterlichen Ruinenstätte des Vorderen Orients. Etwa 200 Jahre später begann man, sich auch wissenschaftlich mit den Ruinen zu beschäftigen und identifizierte sie mit einer gewissen Wahrscheinlichkeit mit dem im Alten Testament (2, Könige XIX, 12) genannten Resef, mit Sicherheit dagegen mit dem römischen Grenzkastell Rosapha, der späteren umaiyadischen Kalifenresidenz Rusafat Hischam, dem christlich-byzantinischen Sergiupolis, das die heute dort lebenden Beduinen wieder Resafa nennen.

146

Seit 1952 forscht das Deutsche Archäologische Institut in Resafa. Daß dort das antike Stadtbild nicht wie sonst bei entsprechenden Anlagen durch Siedlungskontinuität bis in die Gegenwart durch aufeinanderfolgende Neubauten völlig verunklärt worden war, sondern seit rund 700 Jahren unberührt freiliegt, erleichert die Aufgabe des Ausgräbers. Aus den gegebenen historischen Voraussetzungen leiten sich mehr oder weniger wie von selbst auch die archäologischen Fragestellungen ab, auf die sich die Forschungsarbeiten in Resafa seither konzentrierten und deren vielleicht umfassendste die nach den Umständen der

Abb. 144   Hattuscha. Blick auf Tempel 1 und die Unterstadt.

Abb. 145   Felsheiligtum von Yazılıkaya. Auf der Hauptszene der Wandreliefs begegnen sich die obersten Gottheiten, der Wettergott Teschup und die Sonnengöttin Hepat, mit ihrem Gefolge.

Abb. 146   Cholle/Halul, Grenzkastell des römischen Limes in Syrien. Das auf geodätischer Vermessung basierende Computerbild läßt ein viertürmiges Quadriburgium erkennen, das innerhalb eines befestigten Castellvicus liegt. In etwa der gleichen Form hat man sich das Resafa der Sergiuszeit vorzustellen.

147

Gründung dieser spätantiken Stadt ist, so- wie nach ihrer Bedeutung und ihrem Er- scheinungsbild während der folgenden Jahrhunderte und schließlich nach der Art ihres Endes. Dabei sind wir in der glück- lichen Lage, die archäologisch erzielten Ergebnisse den für nahezu alle Epochen relativ reichlich überlieferten schriftli- chen Quellen gegenüberstellen zu kön- nen.

In einer der letzten Christenverfolgun- gen wird um das Jahr 300 n. Chr. – wie die Vita der Heiligen Sergius und Bacchus berichtet – Sergius, ein Offizier der kaiserlichen Palastgarde in einem kleinen Kastell des römischen Ostlimes – es heißt damals Rosapha – wegen seines christlichen Glaubens hingerichtet. Es ist dies eines der zahlreichen, für die frühe christliche Zeit überlieferten Soldaten- martyrien, vergleichbar für den Osten die Heiligen Georgios, Demetrios oder Menas. Für Resafa jedenfalls ist dieses Ereignis der Schlüsselpunkt für seine weitere Entwicklung, und diesem Um- stand verdanken wir es auch, daß es nicht, wie die meisten Anlagen dieser Art, nach dem Verlust seiner Aufgabe innerhalb der Reichsverteidigung wieder in die Bedeu- tungslosigkeit zurückfiel.

Einen eigenen Arbeitsschwerpunkt ge- rade der vergangenen Jahre widmeten wir

daher der Erforschung dieser frühen Phase. Dabei wurde unter maßgeblicher Mitarbeit von Michaela Konrad durch gezielte Sondagen innerhalb des Stadt- areals der Nachweis älterer Besiedlung erbracht, durch Kleinfunde ließ sich da- bei jetzt sogar eine erste militärische Prä- senz schon für die frühflavische Zeit be- legen. Damit bestätigen sich hier erstmals auf archäologischem Wege die Grenz- sicherungsmaßnahmen innerhalb dieses Abschnitts durch M. Ulpius Trajanus in der Zeit zwischen 72 und 76 n. Chr. Da es jedoch nur sehr bedingt möglich ist, in Resafa weiterreichende Ergebnisse hin- sichtlich der Lage, Form und Ausdeh- nung des spätrömischen Kastells unter den mächtigen Kulturschichten der späte- ren Epochen großflächig auszugraben, entschlossen wir uns vertretungsweise zur Untersuchung der benachbarten Kastelle, die nach dem 4. Jh. n. Chr. nicht mehr überbaut worden und so archäolo- gisch leichter zu erfassen waren. In einem eigenen «Limesprojekt» wurde damit erstmals in Syrien ein gut 40 km langer Abschnitt der römischen Grenze syste- matisch durch Grabung bzw. topogra- phische Surveys dokumentiert. Auf diese Weise konnte das südlich von Resafa gelegene Nachbarkastell Cholle mit sei- nem innerhalb eines befestigten Vicus

gelegenen Quadriburgium erfaßt werden (Abb. 146). Nebenbei entdeckten wir in diesem Zusammenhang eine bisher noch nicht lokalisierte umaiyadische ländliche Residenz, wahrscheinlich das schriftlich belegte az-Zaituna. Umfangreiche Gra- bungen ließen auch ein eindrucksvolles Bild vom nördlichen Nachbarkastell Re- safas, Qusair as-Saila entstehen. Schließ- lich dehnte sich das Projekt bis nach Sura aus, spätrömische Festung und Sitz des Präfekten der XVI Legio Flavia Firma an der Stelle, an welcher der Limes auf den Euphrat trifft. Auf diese Weise läßt sich jetzt Resafa sehr eindrucksvoll in die frühen historischen Zusammenhänge seiner Entstehungszeit einbinden.

Alle sichtbaren Baureste, die der Besu- cher heute in der romantischen Ruinen- stadt antrifft, stammen im Wesentlichen aus der Zeit, als die Verehrung des Märty-

Abb. 147   Resafa. Die Luftaufnahme zeigt die rechteckige mauer- und turmbewehrte Stadtanlage des 6. Jhs. n. Chr., darin einzelne Ruinen von Gebäuden gleicher Zeitstellung.

Abb. 148   Die Fassade des Nordtores in Resafa, wohl eine der schönsten Architektur- schöpfungen dieser Art aus frühbyzanti- nischer Zeit.

148

rergrabes des Sergius ihren Höhepunkt erreicht hatte, d. h. aus dem 6. Jh. n. Chr. (Abb. 147). Aus den schriftlichen Quellen wissen wir, daß dieses Grab sehr bald in zunehmendem Maße zum Ziel von Verehrung und Pilgern wurde – bis ins ferne Gallien war der Ruhm des Heiligen gelangt. Mit den Pilgern kam auch Geld in die Stadt, das den Bischöfen immer umfangreichere Bauaktivitäten ermöglichte. So verschwand schon bald das ursprünglich aus Lehmziegeln errichtete Kastell samt seinen ersten Nachfolgebauten und machte einer Stadt Platz, die im 6. Jh. ein Areal von 21 ha umfaßte und von einer massiven Stadtmauer umgeben war. Bei allen Gebäuden kam jetzt fast ausschließlich als Baumaterial Gipsgestein zur Verwendung, das aus nahegelegenen Brüchen herangeschafft wurde. Der Untersuchung und Dokumentation der z. T. noch bis zu einer Höhe von 15 m aufrechtstehenden Anlagen dieser Epoche galt von Anfang an ein Schwerpunkt der Aktivitäten des DAI in Resafa.

So wurde schon unter J. Kollwitz durch W. Karnapp die z. T. sehr gut erhaltene Stadtmauer mit ihren Wehrgängen, ihren 50 Türmen und ihren vier Haupttoren untersucht. Sie gilt als eines der wichtigsten Beispiele frühbyzantinischer Wehrarchitektur überhaupt – und die Gestaltung der

Fassade des Nordtors (Abb. 148) zeigt eindrucksvoll, daß sich die architektonische Leistung nicht nur in der Wehrtechnik erschöpfte, sondern daß die Architekten auch künstlerischen Ansprüchen gerecht wurden.

Vielleicht der wichtigsten Frage, nämlich der nach der Wasserversorgung einer Stadt in dieser extremen Lage, die ja ein Wohnen und Leben erst möglich macht, waren umfangreiche Untersuchungen während der 80er Jahre gewidmet. Zwar kannte man immer schon die tief in den Erdboden eingegrabenen und überwölbten Zisternen, die sich in der Südwestecke des Stadtareals befinden, doch war noch nicht geklärt, woher das Wasser für ihre Füllung kam (Abb. 149). Den Forschungen G. Gabrechts und W. Brinkers verdanken wir jetzt die Kenntnis, daß die über das Stadtareal verteilten, birnenförmigen kleineren Zisternen direkt mit Regenwasser von den Dächern gespeist wurden. Zu nicht trinkbarem Brauchwasser waren bis zu 40 m tiefe Stollen in den felsigen Untergrund getrieben worden. Diese Brunnenschächte finden sich ebenfalls an zahlreichen Stellen des Geländes innerhalb der Stadtmauern. Zur Füllung der großen Zisternen machte man sich das Wasser zu Nutze, das im Falle von Winterregen auf der Westseite der Stadt

in dem flachen Wadi vorbeifließt. Ein Damm staute es zur erforderlichen Höhe auf, ein Vorklärbecken sorgte für die erste Ablagerung des mitgeführten Sandes, ehe ein Kanal durch die Stadtmauer hindurchführte und das Wasser innerhalb der Stadt mittels eines Wasserverteilers auf die verschiedenen Zisternen verteilt wurde. Dort gab es nochmals Vorrichtungen zur Absetzung des Schwemmsandes, und danach stürzte das Wasser über die Einflußöffnungen in die Zisternen, deren Böden 15 m tiefer liegen. Die Bewohner der Stadt entnahmen das Wasser über Öffnungen, die sich in den Gewölbescheiteln der Zisternen befinden. Nach einer vorsichtigen Berechnung würde die gespeicherte Gesamtmenge an Wasser bei einem angenommenen durchschnittlichen Tagesverbrauch von 10 l pro Kopf für insgesamt 6000 Einwohner über ein Jahr lang ausreichen. Selbstverständlich sind hier nicht die Unregelmäßigkeiten der Witterungsbedingungen und die wechselnde Anzahl von Benutzern (Pilger, Karawanen, etc.) berücksichtigt.

Zwei der vier großen, das Ruinengebiet auch heute noch prägenden christlichen Kultbauten untersuchte J. Kollwitz bereits in der ersten Phase der Forschungen des Deutschen Archäologischen Instituts in Resafa. Durch die Auffindung einer se-

149

dieser dreifachen Funktion zumindest während der letzten 500 Jahre ihres Bestehens innehatte, denn nach dem offenbar relativ frühen Einsturz der beiden anderen großen Basiliken wurde in sie der Sarkophag des Märtyrers überführt. Seitenanbauten weisen auf die wahrscheinliche Wohnung des Stadtbischofs hin und auf das einzige große Baptisterium der Sergiusstadt. Der große Hof auf der Nordseite der Anlage ist bestens zur Aufnahme für große Pilgermassen geeignet. Daß das Gebäude auf unsicherem Boden stand, konnten seine Erbauer nicht wissen. Bald nach der Errichtung senkte sich aufgrund einer unterirdischen Höhlung der Südteil der Kirche bedenklich ab, was umfangreiche Konsolidierungsmaßnahmen nach sich zog. Aber auch danach gab der Untergrund keine Ruhe, und so kann man an diesem Gebäude bis zu seinem Ende im Zusammenhang mit dem Einfall der Mongolen in der Mitte des 13. Jhs. die Anstrengungen verfolgen, die gemacht wurden, um es in seiner Funktion zu erhalten. Die letzte Reparatur war besonders tiefgreifend: um das ganze Gebäude herum wurden von außen korsettartig große Mauerblöcke angelegt. Dabei nahm man in Kauf, daß teilweise Eingänge, Fenster usw. nun nicht mehr nutzbar waren.

Ursprünglich übertraf diese Kirche in der Kühnheit ihrer weitgespannten Arkaden bisher gewohntes innerhalb der syrischen Architekturentwicklung bei weitem (Abb. 150). Von der reichen Ausstattung gibt es noch gute Hinweise auf das ursprüngliche Apsismosaik, und in der Apsis selbst konnten wir noch erhebliche Teile des aus bunten Marmorplatten zusammengesetzten Fußbodens aufdecken. Außerdem lieferte uns das Bauwerk zahlreiche Hinweise auf den Ablauf der Liturgie. Ein seitlicher Nebenraum, der eben-

kundär verbauten steinernen Gründungsinschrift im Jahre 1986 konnte inzwischen eine dieser beiden Kirchen, die «Basilika B», auf das Jahr 518 n. Chr. datiert werden. Damit ist es erstmals über einen Vergleich der Bauplastik möglich, auch eine etwas gesichertere zeitliche Eingrenzung der Stadtmauer bzw. der Errichtung des «Zentralbaus», einer weiteren, höchst kunstvoll ausgestatteten Kirche, zu erlangen. Zu Beginn des 6. Jhs. n. Chr. muß demnach in der Sergiusstadt eine ungeheuer große Bautätigkeit geherrscht haben, bei der eng miteinander verwandte Bauhütten tätig waren. Die Dokumentation und Ausgrabung einer dritten christlichen Basilika, der «Basilika C» wurde erst vor kurzem ab-

geschlossen. Interessant bei dieser Anlage ist, daß sie sich auf einem umlaufenden Treppenpodest erhob und daß sie – im Gegensatz zu den beiden genannten Kirchen – nicht durch Erdbebeneinwirkung ein relativ frühes Ende gefunden hatte, sondern wohl bis ins Mittelalter als Kirche genutzt worden war.

Das gleiche gilt auch für die größte kirchliche Anlage der Stadt, die «Basilika A» (inschriftlich ist auch eine Weihung an das Hl. Kreuz belegt), welche fast die gesamte Südostecke des Stadtgeländes einnimmt. Ihre Dimensionen, die Großzügigkeit ihrer Bauanlage sowie der sie umgebenden Höfe prädestinierte sie geradezu für die Rolle der Märtyrer-, Pilger und Bischofskirche der Stadt, die sie in

Abb. 149   Die riesigen, unterirdischen Zisternen von Resafa nehmen das aufgestaute Regenwasser auf. Durch Einlaßöffnungen an der Stirnseite wurden die 15 m tiefen Reservoires gefüllt. Die Entnahmestellen für das Wasser befinden sich in den Gewölbescheiteln.

Abb. 150   Die große Basilika in Resafa fungierte bis zum Ende der Stadt als Märtyrer- und Bischofskirche. Ihre kühnen, weitgespannten Arkaden des Mittelschiffes gehören zu den bedeutendsten Leistungen frühbyzantinischer Architektur. Störungen der Statik machten frühzeitig ein Unterfangen der Weitarkaden mit kleineren Bögen notwendig. Die Wände stehen bis zu den teilweise erhaltenen Fenstern in 18 m Höhe.

151

152

stenstadt Resafa so spät noch von Christen und christlichen Kirchen die Rede ist. Denn mit dem Einfall der Araber im 7. Jh. war ja der Islam die vorherrschende Religion auch in diesem Teil des Vorderen Orients geworden. Es scheint aber, daß es wieder der Kult des Sergius war, der eine Kontinuität auch in diese späten Jahrhunderte garantierte, denn wie wir aus schriftlichen Nachrichten wissen, wurde Sergius gerade von den ortsansässigen Nomadenstämmen auch weiterhin hochverehrt. Daher erstaunt es auch nicht allzu sehr, wenn der umaiyadische Kalif Hischam (724–742 n. Chr.) seine Hauptmoschee unmittelbar an den Pilgerhof der christlichen Kathedrale anbauen ließ. Er ging sogar soweit, Durchgänge zwischen Moschee und Kirche vorzusehen. Nirgendwo bisher dokumentiert sich ein Nebeneinander zwischen bedeutenden Kultgebäuden dieser beiden Religionen so klar wie in der Stadt des Heiligen Sergius, Rusafat Hischam, wie es jetzt genannt wird. Der architektonischen Dokumentation dieser dreischiffigen Hofmoschee war ein weiterer Arbeitsschwerpunkt unseres Programms gewidmet, der durch die Publikation von D. Sack abgeschlossen werden konnte.

Natürlich bestand auch Resafa nicht nur aus Kultgebäuden. Deshalb interessierten uns von Anfang an auch schon Fragen der Städteplanung und der innerstädtischen Wohnbebauung. In diesem Zusammenhang wurde im Laufe der vergangenen Jahre ein Wohnbezirk untersucht, und die Ausgrabung eines größeren Suq-Bereiches erbrachte interessante Aufschlüsse über Handwerk und Handel in dieser orientalischen Stadt. Es versteht sich von selbst, daß dabei immer ein Studium der Kleinfunde eine wichtige Rolle spielte (Abb. 152). Urbanistischen Fragen geht auch ein noch nicht abgeschlossenes Grabungsprojekt nach, das unter der Leitung von St. Westphalen steht.

Parallel zu diesen Untersuchungen innerhalb der byzantinischen Stadtmauer

falls reich mosaik- und marmorverziert war, barg den Sarkophag des Heiligen Sergius. Aufgrund der erhaltenen architektonischen Reste läßt sich jetzt sehr gut rekonstruieren, wie die Pilger durch einen eigenen Eingang hinter dem Sarkophag vorbeiziehen konnten, dort geweihtes Öl als Andenken mitnahmen und durch einen anderen Ausgang das Heiligtum in Richtung des großen Pilgerhofes verließen. Dies sind bisher einmalige Beobachtungen, die erstmals Licht auf den Kultbetrieb in einem der wichtigsten frühchristlichen Wallfahrtsorte werfen. Im Südosten des Komplexes befand sich neben einer doppelgeschossigen Bischofswohnung das große Baptisterium. In seiner ersten Phase war es sehr kostbar mit einem Moasaikboden mit Tier-

und Pflanzendarstellungen ausgestattet (Abb. 151).

Insgesamt acht Arbeitskampagnen bis 1986 widmeten wir der Ausgrabung und architektonischen Dokumentation dieses riesigen Komplexes. Dabei kam vor allem die photogrammetrische Aufnahmemethode zum Einsatz, die durch die Institute für Photogrammetrie der Universität Bonn bzw. der Technischen Universität München durchgeführt wurde. In der Gesamtpublikation konnte schließlich auch das Ende dieser Anlage, in der sich bis zu einem gewissen Grade auch ein Teil der Geschichte der Stadt spiegelt, fest nachgewiesen werden. Danach ging die Basilika erst mit dem Einfall der Mongolen der Jahre 1258/60 zugrunde.

Es mag verwundern, daß in der Wü-

wurden auch punktuell antike Anlagen im unmittelbaren Umfeld der Stadt erfaßt, denn hier liegen nicht nur die ausgedehnten Steinbrüche, die nach ihrer Auflassung zu Friedhöfen umgewandelt wurden, sondern hier gibt es auch erhebliche Spuren, die auf Garten- und Parkanlagen hinweisen, vor allem aber befinden sich hier die Palastanlagen der umaiyadischen Epoche, die aus Lehmziegel errichtet wurden und sich deshalb heute im Gelände nur noch sehr schwach abzeichnen. Während in den 50er Jahren bereits einer dieser Paläste z.T. ausgegraben wurde, sind wir heute dazu übergegangen, einzelne Anlagen durch erdmagnetische Untersuchungen zu erfassen und auf diese Weise die Monumente in ihrem

Abb. 151   Das Paradeisos-Mosaik des Baptisteriums in Resafa folgt einem bekannten Bildthema. Wie der Ausschnitt bezeugt, gelang dem frühbyzantinischen Mosaizisten eine Arbeit von hoher Qualität.

Abb. 152   Die Pantherschale, aus einem Haus Resafas ausgegraben und in die erste Hälfte des 13. Jhs. datiert, stellt ein schönes Beispiel dieser syrischen, feinen glasierten Keramikware dar, welche in unendlicher Vielfalt Pflanzen- und Tiermotive kombinierte.

Abb. 153   Die fünf vergoldeten und teilweise nielloverzierten Silbergefäße wurden 1982 in Resafa ausgegraben. Vor der drohenden Mongolengefahr der Jahre 1258/60 n.Chr. war dieser Teil des Kirchenschatzes versteckt worden.

Mauerverlauf zwar genau zu dokumentieren, sie jedoch weiter unter dem konservierenden Boden ruhen lassen zu können. Zu Beginn der 90er Jahre war es dennoch notwendig, ein kleineres Gebäude dieser Epoche eingehender zu untersuchen, da es durch Raubgrabungen stark gefährdet war. Es handelt sich dabei um einen kleinen quadratischen Gartenpavillon, der innerhalb einer großen umfriedeten Zone liegt. Stuck- und Malereireste datieren ihn eindeutig in das frühe 8. Jh. Mit diesem Monument haben wir den bisher frühesten syrischen Vertreter einer Gebäudegattung entdeckt, die in der islamischen Epoche eine hervorragende Rolle spielte. Park- bzw. Gartenpavillons kennen wir aus späteren Epochen und aus zahlreichen literarischen Nachrichten. Diese hohe Kultur läßt sich jetzt auch für Resafa nachweisen, obwohl dies im heutigen steppenartigen Zustand des Umlandes schwer nachvollziehbar zu sein scheint. Andererseits hat uns aber bereits eine Grabung der späten 70er Jahre innerhalb einer Villa *extra muros* gezeigt, welche Anforderungen an Wohnkultur selbst in dieser Gegend gestellt wurden. Denn diese Anlage – gegründet in der Spätantike und bis in umaiyadische Zeit benutzt – besaß eine kleine Privattherme mit allen dazugehörigen Einrichtungen.

Schließlich sei noch ein sehr gut erhaltenes Quadergebäude außerhalb des Nordtores der Stadt erwähnt. Dabei handelt es sich um einen Vierstützenbau mit Apsis und Nebenkammern. Eine Inschrift in der Apsis nennt Al Mundir als Gründer der Anlage. Al Mundir war ein ghassa-

nidischer Nomadenfürst, der seine Truppen dem byzantinischen Kaiser in der Mitte des 6. Jhs. n.Chr. zum Kampf gegen die Perser zeitweise zur Verfügung stellte. Die Arbeiten an dieser Anlage, die schließlich auch Hinweise auf ihren ursprünglichen Zweck bringen sollen, sind noch im Gange.

Das Silber der Kreuzritter

Ein letztes Schlaglicht auf das Ende der Stadt wirft der Fund eines Votivschatzes, der aufgrund der archäologischen Beobachtungen vor dem Jahr 1243 in einem Raum des nördlichen Pilgerhofes der großen Kathedrale versteckt worden war (Abb. 153). Zwar spaltete der beduinische Arbeiter am 2. Mai 1982 mit einem Pickelhieb das den Schatz bergende grünglasierte Tongefäß in zwei Hälften, der Inhalt wurde dabei jedoch nicht beschädigt. Es wurde uns schnell bewußt, daß wir auf diese Weise den ersten Kirchenschatz auf syrischem Boden entdeckt hatten, der nicht durch Raubgrabungen ans Tageslicht kam, sondern während einer regulären archäologischen Ausgrabungskampagne, wenn es sich dabei sicherlich auch nur um einen sehr geringen Teil des legendären Schatzes handelt, der sich im Laufe der Jahrhunderte am Grab des Hl. Sergius angesammelt hatte. Ganz besonders interessant bei unserem Fund ist jedoch seine Zeitstellung. Denn alle Stücke sind etwa um das Jahr 1200 entstanden, müssen also zu den letzten Votivgaben an das Sergiusgrab vor dem

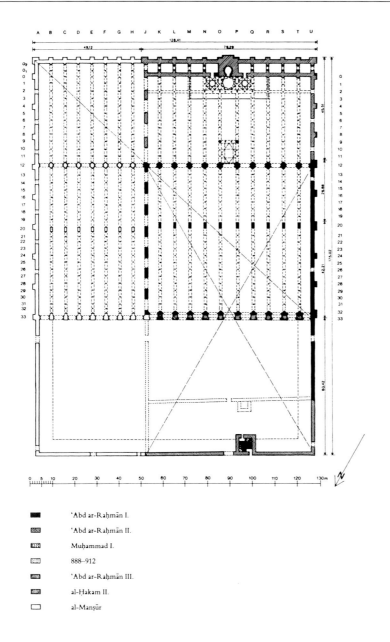

■   'Abd ar-Raḥmān I.

▨   'Abd ar-Raḥmān II.

▦   Muḥammad I.

▦   888–912

▧   'Abd ar-Raḥmān III.

▨   al-Ḥakam II.

☐   al-Manṣūr

eingravieren. Dabei wurde die ursprüngliche Schicht der Feuervergoldung zerstört, was sich bei der Restaurierung des Schatzes im Rheinischen Landesmuseum in Bonn ganz eindeutig herausstellte. Die Inschrift nennt sowohl den Namen des Stifters, seinen Wohnort in Edessa (heute Urfa in der Türkei) als auch die Bestimmung des Stückes, nämlich das Grab des Hl. Sergius in Resafa.

Eine ganz besondere Geschichte erzählt das letzte Stück des Ensembles, ein von mittelalterlich höfischen Miniaturen bekannter Typ eines Trinkgefäßes. Aufgrund der zur Dekoration gehörenden, eingravierten, schildförmigen Wappen kennen wir den Besitzer dieses Gefäßes. Es war Sire Raoul I. von Couzy, der als Teilnehmer am 3. Kreuzzug unter Richard Löwenherz im November des Jahres 1191 in St. Jean d'Acre im Heiligen Land gefallen war. Die übrigen Wappen lassen sich seinen Söhnen bzw. anderen der Familie Couzy untertanen Herrschaften zuordnen. Wir dürfen davon ausgehen, daß Raoul I. dieses Trinkgefäß auf dem Kreuzzug mit sich geführt hat und daß es nach seinem Tod in den Besitz einer Christin gelangte, die es dann an das Grab des Hl. Sergius nach Resafa stiftete. Letzteres entnehmen wir einer sekundär in den Rand des Gefäßes eingeritzten arabischen Inschrift.

Dieser letzte bedeutende Fund beleuchtet die Situation in der Mitte des 13. Jhs., welche durch die verheerende Invasion der Mogolen bestimmt war, in deren Zusammenhang auch der Kult des Sergius und das Leben in Resafa erlosch. Unsere bisherigen Aktivitäten haben wichtige und vielfältige Erkenntnisse für die unterschiedlichsten Bereiche der Geschichte und Kulturgeschichte erbracht, bei denen sich gerade über die christliche und arabische Religion die vielfältigen Verflechtungen zwischen Morgen- und Abendland bis ins Mittelalter hinein verfolgen lassen. Bemerkenswert gerade in diesem

Ende der Stadt und damit auch dem Ende des Sergiuskultes unter die Erde gelangt sein. Alle Stücke sind aus dünnem Silber getrieben, vergoldet und teilweise nielloverziert. Bei jedem läßt sich die Geschichte seiner Herkunft nachvollziehen. So stammt der nachträglich zur Hängelampe umfunktionierte Becher sicher aus höfisch-orientalischem Zusammenhang und war vielleicht in Resafa selbst oder in einem der anderen syrischen Kunstzentren entstanden. Sphinx- und Tierdarstellungen mischen sich hier mit lebendigen Rankenverzierungen. Wegen seiner altsyrischen Inschriften, die an das Apostelmahl erinnern und auch den Stifter erwähnen, dürfte der sehr große eucharistische Kelch sicher ebenfalls im syrisch-mesopotamischen Raum entstanden sein. Jedoch vereinigen sich in ihm auch andere Elemente. So haben etwa die vier Pantokrator-Darstellungen wie auch die

in das Innere der Kelchschale eingravierte Muttergottes mit dem Jesusknaben und den Erzengeln ihre ikonographische Quelle im byzantinischen Umfeld. Andererseits ist der Kelch in seiner Gesamtform ganz eindeutig einem westlich-romanischen Vorbild nachempfunden, das wohl über Kreuzfahrer in den Orient gelangt war. Zu einem solchen Musterstück aus dem Westen mag der einzelne Fuß eines Kelches gehört haben. Die Vorbilder für seine spezifische Form finden sich in Nordfrankreich bzw. in Südengland. Die kleine Patene ist aufgrund ihrer Dekoration mit den Bögen, innerhalb derer sich die segnende Hand Gottes und das Kreuz befinden, am ehesten in einer nordwesteuropäischen Werkstätte hergestellt worden. Allerdings gelangte sie wohl ebenfalls über die Kreuzzüge in den Orient. Dort ließ der Stifter in altsyrischen Lettern eine Inschrift auf den Rand

Abb. 154   Córdoba, Hauptmoschee. Grundriß nach der letzten Erweiterung im ausgehenden 10. Jh. Rechts unten: die fast quadratische Gründungsmoschee (um 785), rechts oben: der kalifale Betsaal al-Hakams II. (um 965–970), links, in voller Tiefe der drei Vorgängerphasen: die Erweiterung des al-Mansur (987–988).

Abb. 155   Córdoba, Hauptmoschee. Luftphoto. Im Vordergrund die römische Brücke über den Guadalquivir. Aus dem islamischen Betsaal ragt die Kathedrale des 16. Jhs. heraus. Im Hintergrund das zum Glockenturm umgewandelte Minarett Abd ar-Rahmans III.

156

Zusammenhang, daß der Enkel des Kalifen Hischam (724–742 n.Chr.) die ent-
scheidenden Jahre seines Lebens bei seinem Großvater in der Sergiusstadt ver-
bracht hatte, ehe er als Abd ar-Rahman I.

das umaiyadische Kalifat in Spanien
gründete. Seinen ersten Palast in der
neuen Residenz Córdoba nannte er daher
Rusafa.

In Resafa in Syrien harrt noch so

manches seiner Erforschung. Die ersten
Jahre des beginnenden neuen Jahrtau-
sends werden jedoch hier weniger mit
Ausgrabungen, sondern mit notwendigen, bescheidenen Erschließungs- und

Konsolidierungsarbeiten ausgefüllt sein. Denn auch an der einsamen Wüstenstadt geht inzwischen der Tourismus nicht mehr vorbei und erfordert Maßnahmen, durch die die Ruinen interessierten Besuchern zugänglich gemacht und für die weitere Erforschung erhalten werden können. TU

Die Macht der Kalifen von Córdoba: ihre Hauptmoschee – ihre Paläste

Um die Mitte des 8. Jhs. stürzte in Syrien die erste Kalifendynastie, die Umaiyaden. Ihre Überwinder, die Abbasiden, erhoben Baghdad zur Hauptstadt. Die Kunst

Abb. 156 Córdoba, Hauptmoschee. Erweiterung al Hakams II. (um 965–970), Systeme sich kreuzender Bögen unter der Kuppel am Südende des Mittelschiffes. Links der Zugangsbogen zur Betnische, zum Mihrab.

Abb. 157 Córdoba, Hauptmoschee. Erweiterung al-Hakams II. (um 965–970): Kuppel am Südende des Mittelschiffes, im Zentrum des Qibla-Querschiffs. (Zu dem fast quadratischen, überkuppelten Raum öffnet sich der Mihrab, die Betnische). Im Zenit der Kuppel: eine hängende, gestirnte Halbkugel im goldenen Strahlenkranz.

Asiens, auch der Ferne Osten, durchdrang den Islam. Am Mittelmeer blieb die antike Tradition stark. Mit dem nach Westen fliehenden Umaiyaden, der 756 auf der Iberischen Halbinsel als Abd ar-Rahman I. die Macht ergriff, gelangte aber eine neue Welle orientalischer Einflüsse in das westliche Mittelmeer. Sie verstärkte sich im 9. und 10. Jh.: Die Kunst der neugegründeten abbasidischen Außenresidenz Samarra strahlte auch nach Westen aus. In inneren Kämpfen stärkten die umaiyadischen Emire ihre Macht. Unter dem Eindruck der aufstrebenden schiitischen Fatimidendynastie, die von Tunesien aus Ägypten eroberte und Kairo gründete, nahm auch der umaiyadische Emir Abd ar-Rahman III. 929 den Kalifentitel an.

Das Bauprogramm im Raum seiner Hauptstadt Córdoba manifestiert die Würde dieses mächtigsten spanisch-islamischen Herrschers. Die Hauptmoschee der Stadt war 785 von Abd ar-Rahman I. gegründet und 833–848 von seinem Nachfolger, Abd ar-Rahman II., vergrößert worden (Abb. 154. 155). Nun wurde sie abermals erweitert. Abd ar-Rahman III. ließ das im ausgehenden 8. Jh. errichtete erste Minarett abreißen, den Hof nach Norden erweitern und einen neuen monumentalen Turm bauen, der als

Leitbild noch im 12. Jh. auf die großen almohadischen Minarette in Spanien und Marokko einwirkte. Den eigentlichen Kern und Höhepunkt des Bauprogramms in der Moschee konnte aber erst al-Hakam II., Sohn des Abd ar-Rahman III., verwirklichen. Unmittelbar nach seiner Thronbesteigung gab er im Oktober 961 den Befehl zu einer Erweiterung des Betsaales. Bei diesem Neubau, der die Vorgängerbauten an Größe und Pracht überstrahlte, nahm al-Hakam die Tiefe von 12 Jochen der Gründungsmoschee auf. Vier Rippenkuppeln entstanden, die den Auftakt und das Südende des Mittelschiffes betonen, drei von ihnen überwölben das Zentrum des Querschiffes vor der Betwand, der Qibla: hier thronte der Herrscher in seiner fünf Schiffe breiten, umgitterten Loge, der Maqsura. Prachtvolle Mosaiken schmücken die Mittelkuppel. Zu Systemen sich kreuzender Bögen verdichtete Arkaden unterfangen die Gewölbe (Abb. 156. 157).

Die letzte Erweiterung des Betsaales ist das Werk des al-Mansur, des allmächtigen Ministers Hischams II., des entmachteten Sohnes al-Hakams II.: 987–88 ließ er in voller Tiefe des zweimal nach Süden, bis an den Guadalquivir verlängerten Betsaales acht Schiffe seitlich im Osten anbauen, so daß die Moschee nun 175 m

157

tief und 128 m breit war. Kein anderer Betsaal des Westislam konnte mit Pracht und Größe der Moschee von Córdoba konkurrieren. Die Anlage, insbesondere die prunkvolle kalifale Phase al-Hakams II., wird im 11. und 12. Jh. zum Leitbau der westislamischen Sakralarchitektur. In Anlagen sehr unterschiedlicher Größe spiegelt sie sich wieder: in der kleinen Quartiermoschee am Bab al-Mardum (Cristo de la Luz) in Toledo (999–1000 errichtet) ebenso, wie noch in der riesenhaften Hassan-Moschee in Rabat: dort, im «Siegeslager» (ribat al-fath), stellte der almohadische Kalif Yaqub al-Mansur seinem Heer das Hauptsanktuarium des von den Christen bedrohten islamischen Spanien vor Augen; 1195 errang er bei Alarcos den letzten großen islamischen Schlachtensieg gegen die unaufhaltsam vordringende Reconquista.

Aber Abd ar-Rahman III. und sein Sohn al-Hakam II. beschränkten sich nicht auf ein religiöses Bauprogramm. Das erheblich gestiegene Repräsentationsbedürfnis der Kalifen ließ den an der Hauptmoschee liegenden Emirpalast, der über einem westgotischen Vorgängerbau errichtet worden war, zu eng erscheinen. Etwa 8 km westlich des Stadtkerns gründete Abd ar-Rahman III. 936 seine neue Residenz: Madinat az-Zahra (Abb. 158). Ihre Stadtkrone ist der Kalifenpalast, in dessen Zentrum er um 955 den Rei-

chen Saal anlegte, seine Thronhalle (Abb. 122). Der Vergleich mit der erwähnten Außenresidenz der Abbasiden in Samarra drängt sich auf: Während aber der abbasidische Kalif dem Druck der Spannungen zwischen seinen turkvölkischen Garden und der Baghdader Bevölkerung weichen mußte, konnte Abd ar-Rahman III. auf dem Höhepunkt umaiyadischer Herrschaft auf der Iberischen Halbinsel in souveräner Ruhe die fähigsten Künstler seines blühenden Reiches versammeln.

Basis und Kern der Forschungen der Abteilung Madrid des Deutschen Archäologischen Instituts zur islamischen Architektur ist die in Córdoba und Madinat az-Zahra konzentrierte kalifale Bauhütte des hohen 10. Jhs. Fast alle unsere Forschungen wurden von Félix Hernández Giménez, dem Denkmalpflegearchitekten der Moschee von Córdoba und Ausgräber von Madinat az-Zahra, angeregt und unterstützt.

Die römischen und westgotischen Spolienkapitelle in der Moschee von Córdoba und ihre islamischen Nachschöpfungen ließen sich schon in der Gründungsmoschee untersuchen. Es fällt auf, daß die islamischen Meister sich fast ausschließlich von den römischen Spolien anregen ließen, nur selten von den zeitnäheren westgotischen Stücken. Wie stark sich die islamischen Herrscher als

Nachfolger des römischen Imperiums sahen, zeigt sich auch an den Kapitellen im hierarchischen und liturgischen Zentrum, am Mihrab, der Betnische, kanongerechten korinthischen Stücken, die lediglich im Detail eine umaiyadische Umdeutung erfahren haben. Wir verfolgten die Kriterien der Versetzung von Kapitellen bis in die letzte Moscheephase: Die Bauleute al-Mansurs glichen sich den voraufgehenden Bauabschnitten an. Mit den schon unter Abd ar-Rahman III. in zwei Typen standardisierten glattblättrigen Kapitellen imitierten sie an den Flanken der beiden ersten Moscheephasen deren Spolienchaos; der diagonale Wechselrhytmus der Moschee al-Hakams II. wurde so zu alternierenden Querreihen vereinfacht. Der im Verdacht eines Usurpators stehende al-Mansur verzichtete so auf jede Eigendarstellung und manifestierte sich in seiner Bautätigkeit als loyaler Diener der umaiyadischen Dynastie.

In der Moschee al-Hakams II. untersuchten wir die Arkaden, auf denen die vier Rippenkuppeln ruhen (Abb. 156). Die gegenüber den normalen Schiffen verdichtete Struktur dieser Arkaden hatte nicht nur statisch-konstruktive Gründe, vor allem sollte auch die bevorzugte Stellung des überkuppelten Bereichs in der Moschee betont werden. Die in der Tiefe des Betsaales ausgerichteten, normalen

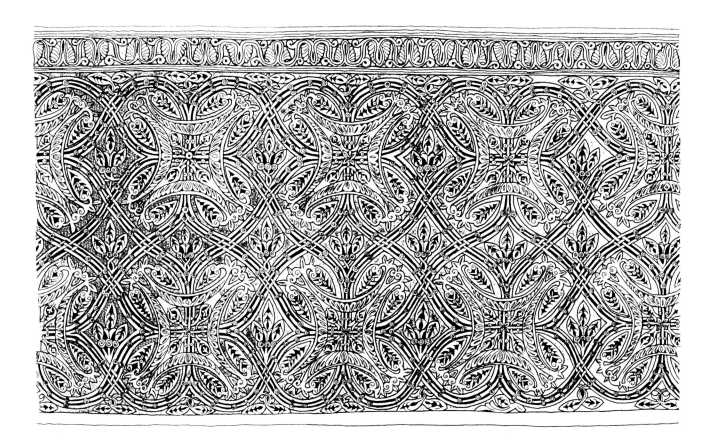

159a

doppelgeschossigen Schiffsarkaden mutieren hier zu vielpässig gebrochenen, zwei- bis dreiregistrigen Systemen sich kreuzender Bögen. Vom Auftakt des Mittelschiffes zum Mihrab und zur Maqsura hin, d. h. in Richtung des vermuteten Bauablaufes, ist der Weg zu immer fließenderen Lösungen zu verfolgen: trennende Zwischengesimse und Konsolen an den Kämpfern der oberen Bögen entfallen in den Systemen am Südende, die die Herrscherloge umstehen.

Besondere Aufmerksamkeit in Bezug auf die dekorative Ausgestaltung galt in der Moschee al-Hakams II. dem liturgischen Zentrum der Moschee. Nur den fast quadratischen, überwölbten Raum im Zentrum des südlichen Querschiffes, den man dem Mihrab, der Betnische, vorschaltete, schmückte man mit Mosaiken: die Stirn des Mihrabbogens, die Nischen des Bogenfrieses über ihm und die gesamte Oberfläche der Rippenkuppel, die den Vormihrabraum überspannt (Abb. 157). Byzantinische Anregungen der Mosaikkunst – ein arabischer Chronist berichtet, der Kalif habe dem Kaiser von Konstantinopel befohlen, Meister und Material zu schicken – wurden in islamische Dekorformen umgesetzt. Der Gewölbeschmuck steht in der Tradition der antiken Himmelskuppel: Im Zenit hängt eine in der Art eines Himmelsglobus gegliederte Halbkugel mit Sternen in einem Kranz goldener Strahlen.

In Madinat az-Zahra grub F. Hernández Giménez 1944 den Reichen Saal aus, die Thronhalle im Zentrum des Palastes (Abb. 122. 158). Die Wiederzusammensetzung und Restaurierung des plastischen Steindekors des Reichen Saales

159b

Seite 138/139:

Abb. 158 Madinat az-Zahra (bei Córdoba), Kalifenpalast. Luftphoto. Im Zentrum der wiederhergestellte Reiche Saal, dem ein Wasserbecken vorgelegt ist.

Abb. 159 Cortijo del Alcaide (Provinz Córdoba), aus einem schloßartigen Landsitz (des ausgehenden 10. Jhs.?): Ausschnitte zweier in Stein skulpierter Wandfelder. – a. In einem Netz sich verflechtender Bänder erscheinen, in zwei Registern rapportierend, Paare vielgliedriger säbelförmiger Blätter, die Bäume umschließen, von denen siebartig gerasterte Kelche herabhängen. – b. In das Netz sich verflechtender dreisträngiger Bänder sind Kombinationen aus vier flachen Kelchen gesetzt. In diesem streng rapportierenden Muster tritt der Gegensatz zu den freiwüchsigen Rankensystemen von Madinat az-Zahra stark hervor.

konnte zur Untersuchung der pflanzlichen und geometrischen Schmuckelemente genutzt werden. Die Analyse der fast mannshohen Wandpaneele spiegelt die Schöpferkraft einer Meisterelite wieder – ein fast überbordender Reichtum an Dekorformen, der erst in den Folgeepochen des 11. und 12. Jhs., in der Zeit der Kleinfürsten und unter den almoravidischen und almohadischen Herrschern, eingeengt und normend kanonisiert wurde. Nach Nordafrika, insbesondere nach Marokko, wo die neue Kalifenresidenz Marrakesch zu einem Brennpunkt spanisch-islamischen Kunstimports geworden war, gelangte ein wesentlich vereinfachtes Formenrepertoire.

Im Einzugsbereich der Kalifenresidenz Madinat az-Zahra wurde ein Netz von Landsitzen, Jagd- und Lustschlössern angelegt. 1957 barg F. Hernández Giménez in dem zwischen Córdoba und Madinat az-Zahra liegenden Cortijo del Alcaide einen großen Komplex skulpierter Steinplatten (Abb. 159a.b). Die im Museum von Córdoba restaurierten Fragmente konnte er nicht mehr veröffentlichen. Wir durften sie in unsere Untersuchungen zum spanisch-islamischen Bauschmuck des 10. Jhs. einbeziehen. Eng mit den Wandpaneelen des Reichen Saales von Madinat az-Zahra verwandt, zeigen sie ein aus der Kalifenresidenz vertrautes Grundrepertoire, das nun aber mit vermutlich aus dem Orient importierten, neuen Formenelementen bereichert wurde: z. B. erscheinen die im abbasidischen Stuck so beliebten rasterartigen Siebstrukturen. Diesen Komplex möchten wir in das ausgehende 10. Jh. verweisen, d. h. in die Regierungszeit des al-Mansur, also in die Endphase des Kalifats von Córdoba, das kurz nach 1030 im Chaos versank. Künstler, vermutlich ganze Werkstätten, wanderten ab und fanden an den Höfen der Kleinfürsten Aufnahme, die aus der Konkursmasse des Kalifats schöpften.   GCE

Chronologische Übersichtstabelle

Zeitskala (oben und unten): 10.000 – 9000 – 8000 – 7000 – 6000 – 5000 – 4000 – 3000 – 2000 – 1000 – 500 – 0 – 500 – 1000

MESOPOTAMIEN	KLEINASIEN	TÜRKISCH-THRAKIEN	GRIECHENLAND	ITALIEN	ÄGYPTEN	NORDAFRIKA	IBERISCHE HALBINSEL	MITTELEUROPA
	Akeramisches Neolithikum *Göbekli Tepe* *Nevalı Çori*					*Östliches Rif*		
						Ibéromaurusien		
	Latmos	*Aşağı Pınar*				Cardialkeramik		
Frühe / Späte *Uruk-Zeit*		*Kanlıgeçit-West*	Frühhelladisch		Naqadazeit *Buto, Abydos*		*Zambujal*	
Gilgamesch	Troja I-IVV	*Kanlıgeçit-Nord*	Mittelhelladisch		Frühzeit	Glockenbecher	*Fuente Alamo*	
			Mykenisch *Tiryns*		Altes Reich *Dahschur, Giza*			
	Hethiter *Hattuscha*		*Kerameikos*	Griechische Kolonisation in Unteritalien	Mittleres Reich	Karthago	phönizische Niederlassungen *Torre del Mar*	
			Olympia		Neues Reich			
SYRIEN	Hellenistisch *Didyma* *Pergamon* Röm. Kaiserzeit *Selge* *Aizanoi*		Archaisch *Samos*		*Elephantine*			Latènezeit *Manching*
			Klassisch		Spätzeit			
			Hellenistisch		Ptolemäische Zeit			*Alesia* *Waldgirmes* Röm. Kaiserzeit
Hauran Röm. Kaiserzeit *Resafa*			Röm. Kaiserzeit	*Rom, Sonnenuhr* *Kolosseum* Kaiserzeit	Röm. Kaiserzeit	*Chemtou/Simitthus* Röm. Kaiserzeit	Röm. Kaiserzeit *Centcelles*	
Byzantinisch	Byzantinisch		Byzantinisch		Byzantinisch			Frühmittelalter *Peigen* *Moos-Burgstall*
Islamisch					Islamisch	Islamisch	Umaiyaden *Córdoba*	

Legende: Eisenzeit | Bronzezeit | Chalkolithikum | Neolithikum | Jungpaläolithikum

Zeittafel (Chronologie nach Regionen)

Zeit	SÜDAMERIKA	MITTEL-AMERIKA	NEPAL	SRI LANKA	SIBIRIEN	ZENTRALASIEN	IRAN	JEMEN
5000	Zentralanden	Maya	*Khyinga*					
4000								
3000					*Suchanicha/ Potroschilovo* Afanasevo			
2000					Okunev	*Muschiston*		
					Andronovo	Spätbronzezeit *Dscharkutan Karnab*		*Sabir*
1000	Früher Horizont (Chavín) *Montegrande*			Megalithkultur	Karasuk	Früheisenzeit		Sabäisches Reich *Marib*
500				Early Hist. Period	Tagar *Arschan*	Achaimeniden	Achaimeniden	
0	Frühe Zwischenperiode	Vorklassische Periode	Bauschicht 1	Buddhistische Mission *Tissamaharama*		Gräko-Baktrisch	Parther	
500	*Topará-Tal*	Klassische Periode *Yaxhá*	Bauschicht 2	Röm. Erwähnung *Taprobane*	Taschtyk	Kuschan	Sassaniden *Takht i-Suleiman*	
	Mittlerer Horizont (Tiahuanaco-Huari)		Bauschicht 3	China-Handel				
1000	Späte *Pailón* Zwischenphase	Nachklassische Periode *Topoxté*	Bauschicht 4			Islamisch	Islamisch	Islamisch
1500	Inka							

Eisenzeit · Bronzezeit · Chalkolithikum

Anhang

ABKÜRZUNGEN

Die bibliographischen Angaben erfolgen nach den Richtlinien des DAI im Archäologischen Anzeiger 1997, 611 ff.
Darüber hinaus werden folgende Abkürzungen verwendet:

AVA-Beiträge   Beiträge zur Allgemeinen und Vergleichenden Archäologie

AVA-Materialien   Materialien zur Allgemeinen und Vergleichenden Archäologie

LITERATUR

BRÜCKEN DER KULTUR

An der Nahtstelle der Kontinente (JE)
J. EIWANGER / A. MIKDAD, *Vorgeschichtliche Forschung im Rif* (Archäologie international: Marokko), *Archäologie in Deutschland* 4 (1997) 12 ff.
A. MIKDAD, *Découverte récente de tessons campaniformes dans la région au Rif oriental (Maroc)*, *AVA-Beiträge* 17 (1997) 169 ff.
W. WURSTER, *Jahresbericht 1996*, *AVA-Beiträge* 17 (1997) 403 ff.
DERS., *Jahresbericht 1997*, *AVA-Beiträge* 18 (1998) 405 ff.

Ex Oriente Lux? (MK)
E. SANGMEISTER / H. SCHUBART, *Zambujal. Eine befestigte Siedlung der Kupferzeit in Portugal*, *AW* 3 (1977) 23 ff.
DIES., *Zambujal. Die Grabungen 1964 bis 1973*, *MB* 5, 1 (1981).
M. KUNST, *Zambujal, Glockenbecher und kerbblattverzierte Keramik aus den Grabungen 1964 bis 1973*, *MB* 5, 2 (1987).
E. SANGMEISTER, *Kupferfunde aus den Grabungen 1964 bis 1973*, in: *MB* 5, 3 (1995) 1 ff. (Taf. 1–14).
H.-P. UERPMANN / M. UERPMANN, *Zambujal. Die Stein- und Beinartefakte aus den Grabungen 1964 bis 1973*, *MB* 5, 4 (im Druck vermutlich 1999).
M. KUNST, *Mauern und Türme der Kupferzeit*, in: H. SCHUBART / A. ARBEITER / S. NOACK-HALEY (Hrsg.), *Funde in Portugal, Sternstunden der Archäologie* XII (1993) 47 ff.
M. KUNST / L. J. TRINDADE, *Zur Besiedlungsgeschichte des Sizandrotals. Ergebnisse aus der Küstenforschung*, *MM* 31 (1991) 34 ff. (Taf. 3–14).
M. KUNST / H.-P. UERPMANN, *Zambujal (Portugal). Vorbericht über die Grabungen 1994*, *MM* 37 (1996) 10 ff. (Taf. 2–9).
M. KUNST, *Waren die «Schmiede» in der portugiesischen Kupferzeit gleichzeitig auch die Elite?*, in: B. FRITSCH / M. MAUTE / I. MATUSCHIK / J. MÜLLER / C. WOLF (Hrsg.), *Festschrift für Christian Strahm, Internationale Archäologie, Studia honoraria* 3 (1998) 541 ff.

An der Schwelle vom Vorderen Orient nach Europa (HP)
C. W. BLEGEN u. a., *Troy* I, II (1950, 1951); M. ÖZDOĞAN / Y. MIYAKE / N. ÖZBAŞARAN DEDE, *An Interim Report on Excavations at Yarımburgaz and Toptepe in Eastern Thrace*, *Anatolica* 17 (1991) 59 ff.
H. PARZINGER, *Studien zur Chronologie und Kulturgeschichte der Jungstein-, Kupfer- und Frühbronzezeit zwischen Karpaten und Mittlerem Taurus*, *RGF* 52 (1993).
H. PARZINGER / M. ÖZDOĞAN, *Die Ausgrabungen in Kırklareli (Türkisch-Thrakien) und ihre Bedeutung für die Kulturbeziehungen zwischen Anatolien und dem Balkan vom Neolithikum bis zur Frühbronzezeit*, *Bericht der Römisch-Germanischen Komission* 76 (1995) 5 ff.

Ostmediterrane Kauffahrer im fernen Westen (HS)
H. G. NIEMEYER / H. SCHUBART, *Toscanos. Die altpunische Faktorei an der Mündung des Río de Vélez, Grabungskampagne 1964*, *MF* 6,1 (1969).
DIES., *Trayamar. Die phönizischen Kammergräber und die Niederlassung an der Algarrobo-Mündung*, *MB* 4 (1975).
G. MAASS-LINDEMANN, *Toscanos. Die westphönikische Niederlassung an der Mündung des Río de Vélez, Grabungskampagne 1971*, *MF* 6,3 (1982).
H. SCHUBART, *Morro de Mezquitilla. Die Grabungskampagne 1982 auf dem Siedlungshügel an der Algarrobo-Mündung*, *MM* 24 (1983) 104 ff.
H. G. NIEMEYER, *Die Phönizier und die Mittelmeerwelt im Zeitalter Homers*, *JbRGZM* 31 (1984) (Sonderschrift) 1 ff.

Städte und Tempel Großgriechenlands (DM)
G. PUGLIESE CARRATELLI (Hrsg.), *I Greci in Occidente* (1996); engl. *The Western Greeks*; frz. *Grecs en Occident*.
D. MERTENS, *Der Tempel von Segesta und die dorische Tempelbaukunst des griechischen Westens in klassischer Zeit* (1984).
D. MERTENS, *Der alte Heratempel in Paestum und die archaische Baukunst in Unteritalien* (1993).
D. MERTENS, *Archäologische Stadtforschung*, in: A. BORBEIN / T. HÖLSCHER / P. ZANKER (Hrsg.), *Klassische Archäologie. Eine Einführung* (1999).

Wie wehrte sich Caesar gegen die Gallier? (SS, SvS)
NAPOLEON III., *Historie de Jules Cesar* (1865).
J. LE GALL, *Alesia. Archéologie et Histoire*[3] (1990).
M. REDDÉ / S. v. SCHNURBEIN / S. SIEVERS u. a., *Fouilles et recherches nouvelles sur les travaux de César devant Alésia (1991–1994); Bericht der Römisch-Germanischen Kommission* 76 (1995) 73 ff.

Was hat Augustus in Germanien erreicht? (GR, SvS)
J.-S. KÜHLBORN, *Germaniam pacavi, Germanien habe ich befriedet* (1995).
A. BECKER / G. RASBACH, *Der spätaugusteische Stützpunkt Lahnau-Waldgirmes*, *Germania* 76, 2 (1998) 673 ff.
B. TRIER (Hrsg.), *2000 Jahre Römer in Westfalen* (1989).
H.-G. HORN, *Die Römer in Nordrhein-Westfalen* (1987).

SIEDLUNGEN UND SIEDLUNGSRÄUME

Begraben und vergessen (BV)
B. VOGT, *Sabir – une ville de la fin du IIe millénaire dans l'arrière-pays d'Aden*, in: *Yémen au pays de la reine de Saba*, Ausstellungskatalog des Institut du Monde Arabe Paris (1998) 47 ff.
B. VOGT / A. SEDOV, *Die Sabir-Kultur und die jemenitische Küstenebene in der 2. Hälfte des 2. Jts. v. Chr.*, in: *Jemen – Kunst und Archäologie im Land der Königin von Saba*, Ausstellungskatalog des Kunsthistorischen Museums Wien 1998/1999 (1998) 129 ff.

So wollten sie wohnen (ELS)
TH. WIEGAND / H. SCHRADER, *Priene, Ergebnisse der Ausgrabungen und Untersuchungen in den Jahren 1895–1898* (1904).
D. M. ROBINSON / J. W. GRAHAM, *The Hellenistic House*, *Olynthus* VIII (1938).

D. M. ROBINSON, *Domestic and Public Architecture*, *Olynthus* XII (1946).
W. HOEPFNER / E.-L. SCHWANDNER, *Haus und Stadt im klassischen Griechenland, Wohnen in der klassischen Polis* I[2] (1994).
W. HOEPFNER (Hrsg.), *Geschichte des Wohnens* I, *5000 v. Chr.–500 n. Chr.*, Wüstenrot-Stiftung (1999).

Anatolien von Augustus bis Atatürk (KR)
D. KRENCKER / M. SCHEDE, *Der Tempel in Ankara* (1936).
R. NAUMANN, *Der Zeustempel zu Aizanoi* (1979);
K. RHEIDT, *AW* 6 (1997) 479 ff.
K. RHEIDT, *Ländlicher Kult und städtische Siedlung: Aizanoi in Phrygien*, in: *DiskAB* 7 (1999) 237 ff.
Berichte über die laufenden Ausgrabungen erscheinen seit 1978 im *AA*.

Forschungen in Pamphylien und Pisidien (JN)
A. MACHATSCHEK / M. SCHWARZ, *Bauforschungen in Selge* (1981).
J. NOLLÉ / F. SCHINDLER, *Die Inschriften von Selge* (1991).
SNG, *Pfälzer Privatsammlungen 5, Pisidien und Lykaonien* (1999).

Siedlungen und Städte im vorspanischen Amerika (WWW)
Zu Monte Grande, Nord-Peru: M. TELLENBACH, *Die Ausgrabungen in der formativzeitlichen Siedlung Montegrande, Jequetepeque-Tal, Nord-Peru*, *AVA Materialien* 39 (1986).
C. ULBERT, *Die Keramik der formativzeitlichen Siedlung Montegrande, Jequetepeque-Tal, Nord-Peru*, *AVA Materialien* 52 (1997).
Zum Topará-Tal, Süd-Peru: W. W. WURSTER, *Vorspanische Siedlungen im Topará-Tal, Südperu*, in: *AVA-Beiträge* 6 (1986) 454 ff.
DERS., *Vorspanische Städte in Südperu, Architectura, Zeitschrift für Geschichte der Baukunst* 17 (1987) 1 ff.
DERS., *Die Schatzgräber, Archäologische Expeditionen durch die Hochkulturen Südamerikas* (1991) 190 ff.
Zur Grabung in Pailón, Bolivien: H. PRÜMERS / W. WINKLER, *Archäologische Untersuchungen im bolivianischen Tiefland*, *AVA-Beiträge* 17 (1997) 343 ff.
DIES., *Auch Tote trugen Schalen, Archäologie in Deutschland* 4 (1998) 12 ff.

Pyramiden und Fürstengräber im tropischen Regenwald (WWW)
B. HERMES CIFUENTES, *La secuencia cerámica de Topoxté, un informe preliminar*, *AVA-Beiträge* 13 (1993) 221 ff.
R. NORIEGA GIRÓN, *La pirámide C en la isla Topoxté, Petén. Guatemala, trabajos de conservación*, *AVA-Beiträge* 15 (1995) 203 ff.
E. EGGEBRECHT / A. EGGEBRECHT (Hrsg.), *Die Welt der Maya. Archäologische Schätze aus drei Jahrtausenden* (1992).
B. RIESE, *Die Maya. Geschichte, Kultur, Religion* (1995).
L. SCHELE / D. FREIDEL, *Die unbekannte Welt der Maya. Das Geheimnis ihrer Kultur entschlüsselt* (1994).
W. W. WURSTER, *Erforschung und Erhaltung von Maya-Städten im zentralen Petén Guatemalas. Aktueller Stand des archäologischen Regionalprojektes «Triangulo Cultural Yaxhá-Nakum-Naranjo»*, *AVA-Beiträge* 15 (1995) 203 ff.
DERS., *Archäologie in Deutschland*, Band 10, Heft 3 (1993) 10 ff.

DERS., *Maya-Architektur auf der Insel Topoxté im See von Yaxhá, Petén, Guatemala, AVA-Beiträge* 12 (1992) 261 ff.

Burgen und Heiligtümer im Hohen Himalaja (HGH)

H.-G. HÜTTEL, *Archäologische Siedlungsforschung im Hohen Himalaja. Die Ausgrabungen der KAVA im Muktinath Tal/Nepal 1991–1992, AVA-Beiträge* 14 (1994) 47 ff.

DERS., *Archäologische Siedlungsforschung im Hohen Himalaja. Die Ausgrabungen der KAVA im Muktinath Tal/Nepal 1994–1995, AVA-Beiträge* 17 (1997) 7 ff.

H.-G. HÜTTEL / I. PAAP, *On the Chronology and Periodization of Khyinga Settlement Mound, AVA-Beiträge* 18 (1998) 5 ff.

TEMPEL UND HEILIGTÜMER

«Seine Majestät hocherfreut über neue Funde» (ELS)

W. DÖRPFELD in: J. LAUFF, *Kerkyra, Ein Festspiel, Königliche Schauspiele* (Programmheft Berlin, den 27.1.1913).

KAISER WILHELM II., *Erinnerungen an Korfu* (1924).

G. RODENWALDT (Hrsg.), *Korkyra, Archaische Bauten und Bildwerke* I (1940). II (1939).

E.-L. SCHWANDNER, *der Ältere Porostempel der Aphaia auf Aegina, DAA* 16 (1985).

D. MERTENS, *Der alte Heratempel in Paestum und die archaische Baukunst in Unteritalien, DAI Rom. Sonderschriften* 9 (1993).

Monumentalarchitektur im Heraion von Samos (HJK)

H. J. KIENAST, *AM* 113 (1998).

Der Schauplatz der Olympischen Spiele (HK)

A. MALLWITZ, *Olympia und seine Bauten* (1972) 180 ff.

Grabungsberichte: H. SCHLEIF, *Olympiabericht* II (1938) 5 ff.

DERS., *Olympiabericht* III (1940) 5 ff.

E. KUNZE, *Olympiabericht* V (1956) 10 ff.

A. MALLWITZ, *Olympiabericht* VIII (1967) 16 ff.

J. SCHILBACH, *Olympiabericht* XI (im Druck).

Des Kaisers neue Feste (MW)

Überblick und alle nötigen Literaturhinweise: *Der Neue Pauly* III (1997) 746 ff. s. v. *Domitianus* (W. ECK).

Über die Ausgrabungen des Gebäudes beim Leonidaion in Olympia: U. SINN und Mitarbeiter, *Nikephoros* 8 (1995) 161 ff.

Zur delphischen Inschrift: R. FLACELIÉRE, *Fouilles de Delphes* III 4 (1954) N. 120.

Zum ephesischen Domitianskult: H. ENGELMANN, *ZPE* 121 (1998) 305 ff.

Zum Amphitheatrum Flavium: *CIL* VI 8, 2, 40454a mit dem Kommentar von G. ALFÖLDY.

Zu Domitians Jupiterannäherung: J. R. FEARS, *Princeps a diis electus* (1977) 189 ff.

Ein neues Blatt in der Geschichte Olympias (US)

Vorläufige Besprechung der Inschriften: J. EBERT in seinem Sammelband *Agonismata* (1997) 317 ff.

Neue Aspekte in der Geschichte des Zeusheiligtums: U. SINN, *Olympia. Kult, Sport und Fest in der Antike* (1996).

Kulte und Tempel im Hauran (KF)

Zu den Bauten im Hauran allgemein: H. C. BUTLER, *Architecture and other Arts. Publications of an American Archaeological Expedition to Syria in 1899–1900* II (1904).

DERS., *Publications of the Princeton University Archaeological Expeditions to Syria in 1904–1905 and 1909. Division II: Architecture, Section A: Southern Syria* (1909–1918).

R. E. BRÜNNOW / A. v. DOMASZEWSKI, *Die Provincia Arabia* III (1909).

J. DENTZER-FEYDY in: J.-M. DENTZER (Hrsg.), *Hauran* I (1985) 261 ff.

Zu den Tempelbauten im Hauran: K. S. FREYBERGER, *Die frühkaiserzeitlichen Heiligtümer der Karawanenstationen im hellenisierten Osten, DaF* (1998) 46 ff. mit weiterführender Literatur.

Takht-i Suleiman (DH)

Vorberichte: *TeherF* I (1961); *AA* (1961, 1962, 1964, 1965, 1975); *AMI* (1977).

R. GÖBL, *Die Tonbullen vom Tacht-e Suleiman* (1976).

R. UND E. NAUMANN, *Takht-i Suleiman, Katalog der Ausstellung* (1976).

R. NAUMANN, *Die Ruinen von Tacht-e Suleiman und Zendan-e Suleiman* (1977).

VON DER RESIDENZ ZUR STADT

Ein bronzezeitlicher Fürstensitz in Südostspanien (HS)

Fuente Álamo. Vorberichte über die Grabungen in der bronzezeitlichen Höhensiedlung, MM 19 (1978) 23 ff.; 21 (1980) 40 ff.; 27 (1986) 28 ff.; 29 (1988) 21 ff.; 30 (1989) 76 ff.; 31 (1990) 154 ff.; 34 (1993) 1 ff.; 36 (1995) 150 ff.; 39 (1998) 14 ff.

H. SCHUBART / H. ULREICH, *Die Funde der Südostspanischen Bronzezeit aus der Sammlung Siret, MB* 17 (1991).

H. SCHUBART / V. PINGEL / O. ARTEAGA, *Fuente Álamo. Die Grabungen von 1977 bis 1991 in einer bronzezeitlichen Höhensiedlung Andalusiens, MB* 25 (1999 im Druck).

Tempel oder Palast? (DH)

A. ASKAROV / T. ŠIRINOV, *Le temple du feu de Džarkutan, le plus ancien centre culturel de la Bactriane septentrionale, Histoire et cultes de l'Asie centrale préislamique, Éditions du CNRS* (1991) 129 ff., Taf. 52–57.

DIES., *The «Palace», Temple and Necropolis of Jarkutan, Bulletin of the Asia Institute,* N. F. 8 (1994) 13 ff.

D. HUFF, *Deutsch-uzbekische Ausgrabungen auf dem Džandaulattepe und in Džarkutan, Süduzbekistan, 1993–1995, Mitteilungen der Berliner Gesellschaft für Anthropologie und Urgeschichte* 18 (1997) 83 ff.

Tiryns (JM)

Tiryns. Die Ergebnisse der Ausgrabungen des Instituts I–IV (1912–1938).

Tiryns. Forschungen und Berichte V–XI (1971–1990).

Die hethitische Reichshauptstadt Hattuscha (JS)

K. BITTEL, *Die Hethiter* (1976).

DERS., *Hattuscha. Hauptstadt der Hethiter* (1983); O. R. GURNEY, *The Hittites*² (1991).

P. NEVE, *Hattusa – Stadt der Götter und Tempel*² (1996).

T. BRYCE, *The Kingdom of the Hittites* (1998).

H. KLENGEL, *Geschichte des hethitischen Reiches* (1998).

Resafa (TU)

W. KARNAPP, *Die Stadtmauer von Resafa in Syrien* (1976).

M. MACKENSEN, *Eine befestigte spätantike Anlage vor den Stadtmauern von Resafa, Resafa* I (1984).

T. ULBERT, *Die Basilika des Heiligen Kreuzes in Resafa-Sergiupolis, Resafa* II (1986).

DERS., *Der kreuzfahrerzeitliche Silberschatz aus Resafa-Sergiupolis, Resafa* III (1990).

D. SACK, *Die Große Moschee von Resafa/Rusafat-Hišam, Resafa* IV (1996).

M. KONRAD, *Der spätrömische Limes in Syrien, Archäologische Untersuchungen an den Grenzkastellen von Sura, Tetrapyrgium, Cholle und in Resafa, Resafa* V (1999).

Die Macht der Kalifen von Córdoba (GCE)

C. EWERT / A. v. GLADISS / K.-H. GOLZIO / J.-P. WISSHAK, *Denkmäler des Islam, Hispania Antiqua* 3 (1997) mit älterer Literatur.

Neuere Forschungen: N. KUBISCH, *Der geometrische Dekor des Reichen Saales von Madinat az-Zahra. Eine Untersuchung zur spanisch-islamischen Ornamentik, MM* 38 (1997) 300 ff.

C. EWERT, *Die Dekorelemente des spätumaiyadischen Fundkomplexes aus dem Cortijo del Alcaide (Prov. Córdoba), MM* 39 (1998) 356 ff.

BILDNACHWEIS

Abb. I, III: Negative Photoarchiv DAI Berlin.

Abb. II: DAI Rom, Inst. Neg. 55.527.

Abb. 1, 27, 29, 32, 33: D. Mertens.

Abb. 2–4, 6, 7: J. Eiwanger.

Abb. 5, 87, 88: H. P. Wittersheim.

Abb. 8, 14, 15: M. Kunst.

Abb. 9: J. Patterson; Gemälde von J. P. Sobreiro nach einer Zeichnung von W. Nestler und den Angaben von E. Sangmeister und H. Schubart.

Abb. 10, 21, 24, 25, 125–127: P. Witte, Fotoarchiv DAI Madrid.

Abb. 11, 12: J. Patterson.

Abb. 13: J. Patterson; Gefäßrekonstruktionen L. J. Trindade.

Abb. 16–18, 20: M. Özdoğan.

Abb. 19: H. Parzinger.

Abb. 22, 23, 123: Paisajes Españoles/Madrid Nr. 827674, Nr. 108361, Nr. 670332.

Abb. 26, 28, 30, 31, 34: gez. von M. Schützenberger nach Angaben von D. Mertens.

Abb. 35: aus Goscinny / Uderzo, Asterix und der Avernerschild (1972) 5 Abb. oben links.

Abb. 36: aus Napoleon III. Histoire de Jules César (1865), Atlas Taf. 28.

Abb. 37–39: RGK.

Abb. 40: AKG.

Abb. 41: Westfälisches Museum für Archäologie, Münster.

Abb. 42: Vorlage RGK.

Abb. 43: RGK/Landesamt für Denkmalpflege Hessen.

Abb. 44, 45: RGK.

Abb. 46: Original DAI Istanbul; Repro D. Johannes, DAI Istanbul.

Abb. 47, 48, 50–53: M. Könsgen, DAI Sanaa.

Abb. 49: vereinfachte Umzeichnung nach E. Kurkina (Russ. Akademie der Wissenschaften Moskau) und H. Hitgen (DAI Sanaa).

Abb. 54, 55, 57: nach W. Hoepfner / E.-L. Schwandner, Haus und Stadt im klassischen Griechenland² (1994) Abb. 53 rechts, Abb. 64, Abb. 142.

Abb. 56: Universität Ioannina, Kassope-Grabung.

Abb. 58, 59: Archiv des DAI Istanbul.

Abb. 60, 61, 63–65, 66, 141: K. Rheidt, Aizanoigrabung.

Abb. 62: J. Denkinger, DAI Architektur-Referat 1998/99.

Abb. 67, 69, 70: J. Nollé.

Abb. 68: nach den entsprechenden Publikationen, die Fotos von Gipsen von Ch. Zocher.

Abb. 71–74, 77–81: W. W. Wurster.

Abb. 75, 76: H. Prümers.

Abb. 82, 83: M. L. Wurster.

Abb. 84–86, 89, 90: H. G. Hüttel.

Abb. 91, 147: G. Gerster.

Abb. 92: aus G. Rodenwaldt, Die Bildwerke des Artemistempels, Korkyra 2 (1939) Taf. 1.

Abb. 93: von Th. Jürgensen, Kiel, Archiv des DAI Berlin.

Abb. 94: aus E.-L. Schwandner, Der Ältere Porostempel der Aphaia auf Aegina, DAA 16 (1985) Frontispiz V.

Abb. 95–98: H. J. Kienast.

Abb. 99: G. Gruben.

Abb. 100: J. Denkinger nach Vorlage U. Sinn.

Abb. 101: DAI Athen.

Abb. 102: G. Hellner, Olympia-Archiv.

Abb. 103: aus SNG, Sammlung v. Aulock Nr. 1879.

Abb. 104: M. v. Wagner Museum der Universität Würzburg, Foto K. Öhrlein nach Vorlage M. Wörrle.

Abb. 105: E. Gehnen, DAI Athen.

Abb. 106: U. Sinn, Olympiagrabung.

Abb. 107, 110, 112, 113: K. Freyberger.

Abb. 108, 109, 114: P. Grunwald, DAI Berlin.

Abb. 111: Magenta 33, K. Obermeier.

Abb. 115–121, 128–131: DAI, Eurasien-Abteilung.

Abb. 122, 156: aus M. Barrucand, Maurische Architektur in Andalusien (1992) 52, 53, 77, Photos A. Bednorz.

Abb. 124: H. Schubart, Fotoarchiv DAI Madrid.

Abb. 132–137: Tiryns-Archiv, DAI Athen.

Abb. 138, 142, 144, 145: Grabung Boğazköy.

Abb. 139: H. P. Birk.

Abb. 140: O. Puchstein, Boğazköi. Die Bauwerke, WVDOG 19 (1912) Taf. 17.

Abb. 143: U. Betin, nach P. Neve.

Abb. 146: Resafa V (im Druck).

Abb. 148: I. Harder, Resafa-Archiv.

Abb. 149–152: St. Gabriel, Resafa-Archiv.

Abb. 153: H. N. Loose, Resafa-Archiv.

Abb. 154, 159a.b: Zeichnungen Ch. Ewert.

Abb. 155, 158: Juan Antonio Fernández-Oronoz Nieto 119903, 120039.

Abb. 157: DAI Madrid.

ADRESSEN DER AUTOREN

DR. JOSEF EIWANGER (JE)
Kommission für Allgemeine und
Vergleichende Archäologie des
Deutschen Archäologischen Instituts
Endenicher Str. 41
D-53115 Bonn

PROF. DR. GEORG CHRISTIAN EWERT (GCE)
Deutsches Archäologisches Institut
Abteilung Madrid
Serrano 159
E-28002 Madrid

PROF. DR. KLAUS STEFAN FREYBERGER (KF)
Deutsches Archäologisches Institut
Orient-Abteilung
Außenstelle Damaskus
8, Malki Street
POB 11870
Damaskus-Malki
Syrien

DR.-ING. DIETRICH HUFF (DH)
Deutsches Archäologisches Institut
Eurasien-Abteilung
Im Dol 2–6
D-14195 Berlin

DR. HANS GEORG HÜTTEL (HGH)
Kommission für Allgemeine und
Vergleichende Archäologie des
Deutschen Archäologischen Instituts
Endenicher Str. 41
D-53115 Bonn

DR.-ING. HERMAN J. KIENAST (HJK)
Deutsches Archäologisches Institut
Abteilung Athen
Fidiou 1
GR-10678 Athen

PROF. DR. MICHAEL KUNST (MK)
Deutsches Archäologisches Institut
Abteilung Madrid
Serrano 159
E-28002 Madrid

PROF. DR. HELMUT KYRIELEIS (HK)
Deutsches Archäologisches Institut
– Zentrale –
Podbielskiallee 69–71
D-14195 Berlin

PROF. DR. JOSEPH MARAN (JM)
Universität Heidelberg
Institut für Ur- und Frühgeschichte
Marstallhof 4
D-69117 Heidelberg

DR.-ING. DIETER MERTENS (DM)
Deutsches Archäologisches Institut
Abteilung Rom
Via Sardegna 79
I-00187 Rom

PROF. DR. JOHANNES NOLLÉ (JN)
Kommission für Alte Geschichte
und Epigraphik des
Deutschen Archäologischen Instituts
Amalienstr. 73 b
D-80799 München

PROF. DR. HERMANN PARZINGER (HP)
Deutsches Archäologisches Institut
Eurasien-Abteilung
Im Dol 2–6
D-14195 Berlin

DR. GABRIELE RASBACH (GR)
Römisch-Germanische Kommission des
Deutschen Archäologischen Instituts
Palmengartenstr. 10–12
D-60325 Frankfurt am Main

DR.-ING. KLAUS RHEIDT (KR)
Deutsches Archäologisches Institut
Architektur-Referat
Podbielskiallee 69–71
D-14195 Berlin

PROF. DR. SIEGMAR VON SCHNURBEIN (SvS)
Römisch-Germanische Kommission des
Deutschen Archäologischen Instituts
Palmengartenstr. 10–12
D-60325 Frankfurt am Main

PROF. DR. HERMANFRIED SCHUBART (HS)
Gickelhof 7
D-35282 Rauschenberg

DR.-ING. ERNST-LUDWIG SCHWANDNER (ELS)
Deutsches Archäologisches Institut
Architektur-Referat
Podbielskiallee 69–71
D-14195 Berlin

DR. JÜRGEN SEEHER (JS)
Deutsches Archäologisches Institut
Abteilung Istanbul
Gümüşsuyu/Ayazpaşa Camii Sk. 48
TR-80090 Istanbul

DR. SUSANNE SIEVERS (SS)
Römisch-Germanische Kommission des
Deutschen Archäologischen Instituts
Palmengartenstr. 10–12
D-60325 Frankfurt am Main

PROF. DR. ULRICH SINN (US)
Universität Würzburg
Seminar für Klassische Archäologie
Residenzplatz 2, Tor A
D-97070 Würzburg

PROF. DR. THILO ULBERT (TU)
Deutsches Archäologisches Institut
Abteilung Madrid
Serrano 159
E-28002 Madrid

DR. BURKHARDT VOGT (BV)
Deutsches Archäologisches Institut
Orient-Abteilung
Außenstelle Sanaa
Embassy of the Federal Republic of Germany
POB 2562
Sanaa
Republik Jemen

PROF. DR. MICHAEL WÖRRLE (MW)
Kommission für Alte Geschichte
und Epigraphik des
Deutschen Archäologischen Instituts
Amalienstr. 73 b
D-80799 München

PROF. DR. WOLFGANG W. WURSTER (WWW)
Kommission für Allgemeine und
Vergleichende Archäologie des
Deutschen Archäologischen Instituts
Endenicher Str. 41
D-53115 Bonn

Córdoba

Yaxhá, Topoxté

Montegrande

Toporá-Tal

Pailón